本书是北京师范大学中国化马克思主义理论研究与教育宣传协同创新中心的研究成果，得到北京师范大学马克思主义理论学科研究基金资助。

探索思想政治教育发展的内生动力

冯 刚 / 著

人民出版社

目 录

序　言 1

导　论　新时期高校思想政治教育的历史回顾 1

第一章　思想政治教育创新发展的思想引领 12
　　第一节　学习习近平总书记关于思想政治教育的新论述新要求 ... 12
　　第二节　思想政治教育创新发展的四个着力点 16
　　第三节　引领研究生思想政治教育的创新发展 28

第二章　高校培育和践行社会主义核心价值观 35
　　第一节　培育践行社会主义核心价值观的基本要求 35
　　第二节　着力培育大学生核心价值观 37
　　第三节　社会主义核心价值观与大学生利益需求的同构性 ... 45
　　第四节　着眼于学生成长发展需求培育践行核心价值观 53

第三章　思想政治教育的质量提升 62
　　第一节　大学生思想政治教育工作的新进展 62
　　第二节　党的十八大对思想政治教育提出的新要求 65
　　第三节　科学把握大学生思想政治教育的新任务 70

第四章　坚定青年学生的文化自信 74
　　第一节　为什么要坚定文化自信 74
　　第二节　文化自信从何而来 76
　　第三节　如何坚定文化自信 79
　　第四节　坚定文化自信在思想政治教育中的作用 82

第五章　以文化人与校园文化建设 87
第一节　提升大学文化建设水平 87
第二节　深化高校校园文化建设 91
第三节　文化传承创新与行业特色高校的发展路径 98
第四节　在以文化人中深化核心价值观培育践行 104

第六章　实践育人的理论探索与实现路径 112
第一节　实践育人的理论蕴含 113
第二节　实践在人才培养过程中的功能和作用 116
第三节　把握实践育人的变化特点和内在规律 118
第四节　构建实现实践育人有效性的科学路径 122

第七章　网络文化建设与网络思想政治教育 127
第一节　把握高校网络文化建设的重点要求 127
第二节　遵循高校网络文化建设的基本规律 129
第三节　破解高校网络文化建设的现实难题 130

第八章　高校心理健康教育 134
第一节　充分认识高校心理健康教育工作的形势任务 134
第二节　科学把握高校心理健康教育工作的成绩经验 137
第三节　深入推进高校心理健康教育工作的思路举措 138

第九章　高校党建与组织育人 142
第一节　把握创先争优的理论蕴涵 142
第二节　提升基层党建工作质量 151
第三节　提高高校党建工作科学化水平 158

第十章　思想政治教育学科建设 161
第一节　思想政治教育学科发展的时代要求 161
第二节　深化思想政治教育理论研究与实践创新的有机结合 170
第三节　探索思想政治教育学科建设科学路径 177

第十一章　思想政治教育激励机制构建的新探索 183
第一节　增强思想政治教育激励机制构建的时效性 184
第二节　增强思想政治教育反馈机制构建的系统性 187

第三节　增强思想政治教育激励机制构建的持续性 190
第十二章　高校辅导员队伍建设 193
　　　第一节　坚持质量导向和内涵发展 193
　　　第二节　辅导员队伍专业化、职业化发展路径 199
　　　第三节　高校辅导员培训和研修基地建设 208
第十三章　思想政治教育持续发展的内生动力 216
　　　第一节　以马克思主义为指导深刻把握中国发展大势 216
　　　第二节　思想政治教育目标与学生成长发展需求的一致性 219
　　　第三节　科学看待思想政治教育的供给结构 221
　　　第四节　激发思想政治教育持续发展的内生动力 224
第十四章　改革开放以来高校思想政治教育政策设计与发展展望 227
　　　第一节　改革开放以来高校思想政治教育政策发展回顾 227
　　　第二节　高校思想政治教育政策设计重点处理的几对关系 233
　　　第三节　高校思想政治教育政策的发展趋势 236
第十五章　高校思想政治教育质量评价 242
　　　第一节　改革开放以来高校思想政治教育质量评价的回顾 242
　　　第二节　高校思想政治教育质量评价研究的主要成果 245
　　　第三节　思想政治教育工作质量评价的时代特征 255
　　　第四节　新阶段高校思想政治教育质量评价的反思 264
第十六章　大学生思想政治教育的创新发展 267
　　　第一节　思想政治教育发展中的问题导向 267
　　　第二节　深刻把握思想政治教育的前沿问题 276
　　　第三节　在遵循规律中推动思想政治工作创新发展 285
第十七章　推动高校思想政治教育迈上新高度 295
　　　第一节　进一步明确高校思想政治教育的战略地位 295
　　　第二节　奠定青年学生人生成长发展的科学思想基础 300
　　　第三节　推动形成思想政治教育的工作合力 303

后　记 309

序　言

呈现在读者面前的这本书是笔者在近五年来发表论文的基础上修改完善而成的。与短暂的五年相比，思想政治教育学科建立已三十年有余。三十余年来，思想政治教育理论与实践积累了丰富成果，这些成果在促进人的全面发展和实现培养建设者、接班人的教育目标中发挥了重要作用。当前，国际环境风云变幻，国内社会矛盾明显增多，面对新形势、新任务、新挑战，思想政治教育该实现什么样的发展、怎样创新发展，成为新时期思想政治教育必须回答的现实问题。世上没有无源之水、无本之木，探索思想政治教育的创新发展，必须回归到思想政治教育活动本身，寻找其前进发展的内生动力，实现思想政治教育的内涵式发展和遵循规律的良性发展。那么，究竟该如何把握思想政治教育的内生动力，这是需要回答的重点问题。

从中国改革开放的伟大实践中寻找思想政治教育发展的内生动力。思想政治教育今天取得的成就得益于改革开放这一坚实基础，没有改革开放三十年的积淀，也就不可能有今天思想政治教育的积极成效。寻找思想政治教育的内生动力，必须扎根于中国大地，扎根于中国特色社会主义事业的伟大实践，扎根于中国梦的实现和中华民族伟大复兴的历史进程，从中汲取丰富的滋养，体现历史的纵深感。比如，用中国特色社会主义理论与实践丰富、发展、检验教育内容，回答人们在现实生活中最关心的问题，关注现实中最生动的事情，增强教育内容的时代感、影响力；用中国特色社会主义理论丰富思想政治教育的方法论，汲取中国特色社会主义实践经验，创新思想政治教育具体方法，使思想政治教育方法体现时代特色，适应教育对象的新特点。

从青年学生成长发展需求中寻找思想政治教育发展的内生动力。习近平总书记在全国高校思想政治工作会议上的讲话中指出,"思想政治工作从根本上说是做人的工作,必须围绕学生、关照学生、服务学生,不断提高学生思想水平、政治觉悟、道德品质、文化素养,让学生成为德才兼备、全面发展的人才"。① 思想政治教育的目标是促进青年学生自由全面发展,这与青年学生自身的发展需求是相契合的,二者并不是相互脱离的"两张皮"。寻找思想政治教育的内生动力,要坚持以人为本,密切关注和正视青年学生的发展需求,解决学生的实际问题。比如,思想政治理论课怎么讲才能入脑、入心?"思想政治理论课要坚持在改进中加强,提升思想政治教育亲和力和针对性,满足学生成长发展需求和期待。"② 提升教育的亲和力和针对性并不是简单地迎合教育对象,而是要从教育对象的成长发展需求出发,关注对象的全面、可持续、协调的发展,从中探索思想政治教育不断发展的内在着力点和生长点,激活思想政治教育与时俱进经久不息的内生动力。

从思想政治教育内在规律中寻找发展的内生动力。思想政治教育的规律是其运行过程中内在的、本质的必然的联系,反映着思想政治教育的本质。有效把握思想政治教育的规律,等于抓住了思想政治教育的本质内涵和运行的内在逻辑,这正是我们探索的思想政治教育内生动力的主要内容。遵循思想政治教育规律,要紧密结合中国特色社会主义理论与实践,把握大学生自身发展和思想实际,坚持以文化人、以文育人,在顶层设计、系统推进、协同创新和累积发展上下功夫,立标准、建机制、提质量、促发展,努力形成一套可示范、可检验、可复制、可推广的思想政治教育理论和实践成果,在持之以恒、绵绵用力中不断促进思想政治教育的可持续发展。

---

① 《习近平在全国高校思想政治工作会议上强调把思想政治工作贯穿教育教学全过程　开创我国高等教育事业发展新局面》,《人民日报》2016年12月9日。
② 《习近平在全国高校思想政治工作会议上强调把思想政治工作贯穿教育教学全过程　开创我国高等教育事业发展新局面》,《人民日报》2016年12月9日。

思想政治教育的内生动力不是抽象的理论建构，有效把握和寻找思想政治教育的内生动力一定要落到实处，与高校思想政治教育具体情况相结合。本书立足高校思想政治教育实践，从高校思想政治教育的主要内容入手，在各项具体工作的创新发展中探索其中的内生动力，进而推动高校思想政治教育的全面质量提升和创新发展。然而，思想政治教育的内生动力作为一个新的研究范畴，无论从理论还是从实践上本书都难免存在偏颇和不足。完成此书的目的，还是希望对近几年的工作实践和理论思考有一个回顾总结，也是为了更好地面向未来，探索和推动思想政治教育的创新发展。希望与同仁一道努力，将此研究做好并深入推进，能够更好地助力高校思想政治教育的深化和前行。

是为序。

冯　刚
2017年5月

导 论 新时期高校思想政治教育的历史回顾

自改革开放以来，大学生思想政治教育工作坚持育人为本，德育为先，坚持贴近实际、贴近生活、贴近学生，解放思想，开拓创新，结合马克思主义理论的新发展、中国特色社会主义建设的新实践、科学技术革命的新成就，以及对大学生思想教育规律的新认识，不断推进理论、内容、机制和方式方法的创新，在传承中发展、在改进中加强、在创新中深化，大学生思想政治教育的吸引力、感染力不断增强，科学化水平不断提高。

一、在传承中发展，马克思主义思想政治教育理论不断丰富和完善

马克思主义具有鲜明的实践品格和与时俱进的理论品质，它不仅指导实践的发展，而且本身也随着实践的发展而不断丰富和发展。党的十六大以来，尤其是《中共中央国务院关于进一步加强和改进大学生思想政治教育的意见》（以下简称中发16号文件）下发以来，各地各高校对大学生思想政治教育工作进行了深入的研究和探索，形成了丰硕的理论及实践成果。这些理论成果既一脉相承而又与时俱进，是对马克思主义思想政治教育理论的丰富和发展，也是推进大学生思想政治教育创新发展的理论指南。

进一步明确地回答了"为谁培养人"的问题。对"为谁培养人"

这一问题的回答，直接体现着社会主义大学的办学性质与方向，关系到我们培养的人究竟走什么路、跟谁走的问题。社会主义大学与资本主义大学的本质区别，就在于我们培养出来的学生具有社会主义觉悟，拥护共产党的领导，热爱社会主义祖国，努力为人民服务，立志为建设社会主义现代化强国而奋斗。我们党的历代领导集体都反复强调，培养社会主义事业的合格建设者和可靠接班人，是思想政治教育的根本性质与方向，高等院校必须把学生的思想政治教育放在重要的地位，忽视和削弱思想政治工作，必将犯历史性的错误。毛泽东提出政治工作是一切经济工作的生命线，强调："不论是知识分子，还是青年学生，都应该努力学习。除了学习专业之外，在思想上要有所进步，政治上也要有所进步，这就需要学习马克思主义，学习时事政治。没有正确的政治观点，就等于没有灵魂。"邓小平指出，"毫无疑问，学校应该永远把坚定正确的政治方向放在第一位。这不仅不排斥学习科学文化，相反，政治觉悟越是高，为革命学习科学文化就应该越加自觉，越加刻苦"。江泽民同志强调，当代大学生"树立什么样的理想，学到什么样的知识，具有什么样的能力，对于祖国和民族的未来关系重大"。党的十六大以来，以胡锦涛同志为总书记的党中央，反复强调教育是民族振兴的基石、高素质人才是决定国家和民族前途命运的重要力量，深刻阐述大学生思想政治工作在实现国家富强、民族振兴、人民幸福中的重要地位和作用，指出"切实加强和改进大学生思想政治教育工作，培养造就千千万万具有高尚思想品质和良好道德修养、掌握现代化建设所需要的丰富知识和扎实本领的优秀人才，使大学生们能够与时代同步伐、与祖国共命运、与人民齐奋斗，这对于确保实现全面建设小康社会、进而实现现代化的宏伟目标，确保实现中华民族的伟大复兴，具有重大而深远的战略意义。"

进一步系统地回答了"培养什么人"的问题。思想政治工作必须坚持以经济建设为中心，为全党全国工作大局服务，因此，对"培养什么人"这一问题的回答，直接关系到所要培养人才的素质与规格。毛泽东提出了培养造就千百万社会主义事业接班人的战略任务，明确提出，我们的教育方针，应该使受教育者在德育、智育、体育几方面都得到发展，成为有社会主义觉悟的有文化的劳动者。邓小平强调，我们要培养有理想、有道德、有文化、有纪律的"四有"新人。江泽民同志强调，当代大学生要成为理想远大、热爱祖国的人，追求真理、勇于创新的人，德才兼备、全面发展的人，视野开阔、胸怀宽广的人，知行统一、脚踏实地的人。党的十六大以来，以胡锦涛同志为总书记的党中央把大学生思想政治教育工作与党和人民的事业紧密结合起来，与中华民族伟大复兴紧密结合起来，从确保社会主义事业兴旺发达、社会主义中国长治久安和实现中华民族伟大复兴的战略高度，深刻洞察时代发展与社会进步为人的发展所创造的条件及其提出的新要求，对大学生思想政治教育"培养什么人"这一问题进一步做出了创造性回答，大学生思想政治教育的培养目标更加丰富。胡锦涛同志殷切希望当代大学生"努力成为理想远大、信念坚定的新一代，品德高尚、意志顽强的新一代，视野开阔、知识丰富的新一代，开拓进取、艰苦创业的新一代"。这一创造性的论述，深刻阐明了促进大学生全面发展在当代中国的现实目标与具体要求，揭示了大学生全面发展与成为中国特色社会主义事业合格建设者与可靠接班人之间的内在联系，指明了大学生思想政治教育的目标和任务。

进一步创造性地回答了"如何培养人"的问题。对"如何培养人"这一问题的回答，关系着高校思想政治工作能否以科学的方法实现既定的目标。毛泽东曾指出，要用马克思主义的基本理论武装干部和教育人民，强调提高马克思列宁主义政治理论课的教学水平，是学校思想建设的中心环节。在新的历史条件下，邓小平强调，老祖宗不能丢，学马列要精、要管用的，要高度重视四项基本原则教育，反对资产阶级自由化，要用中国的历史教育青年；要把思想政治教育与业务教学结合起来，要用事实说话，要按照个人在成长过程中所表现出来的才能和品德的差异给予区别对待。江泽民同志强调，当代大学生要"坚持学习科学文化与加强思想修养的统一""坚持学习书本知识与投身社会实践的统一""坚持实现自身价值与服务祖国人民的统一""坚持树立远大理想与进行艰苦奋斗的统一"，最终成为全面发展的人。党的十六大以来，尤其是中发 16 号文件颁发以来，我们党基于对人的全面发展规律、思想道德建设规律的深刻把握，对"如何培养人"的问题做出了进一步的深入回答，强调指出，全国高校都要始终不渝地全面贯彻党的教育方针，坚持学校教育、育人为本，德智体美、德育为先，充分发挥高校思想政治工作主阵地、主课堂、主渠道的作用，全方位、全过程推进高校思想政治工作，努力营造人人都是德育工作者的育人氛围，多方面促进大学生全面发展；大学生思想政治教育要坚持知识、能力的培育与价值观的培育紧密结合、课内教育与课外教育紧密结合、解决思想问题与解决实际问题紧密结合、主动服务学生与学生自我服务相结合、专职教师队伍与兼职教师队伍紧密结合、学校教育与家庭教育紧密结合、传统方法与现代手段紧密结合、即时应对和建立长效机制紧密结合，不断提高大学生思想政治教育工作科学化水平。这些创造性的论述，深刻揭示了大学生思想政治教育的原则和规律，指明了大学生全面发展的根本道路，确立了大学生思想政治教育工作的科学方法论。

二、在改进中加强，大学生思想政治教育不断取得新成绩新经验

　　新世纪以来，随着国际国内形势的深刻变化，大学生思想政治教育面临许多新情况、新问题、新挑战。为适应形势任务的发展要求，进一步提高大学生思想政治素质，促进大学生全面发展，中央颁发 16 号文件，习近平总书记在全国高校思想政治工作会议上做出了重要指示，为新时期大学生思想政治教育指明了方向。

　　更加注重思想政治理论课建设，课堂教学对大学生思想政治教育的主导作用得以凸显。思想政治理论课是大学生的必修课，是帮助大学生树立正确世界观、人生观、价值观的重要途径，体现了社会主义大学的本质要求。中发 16 号文件强调，"要加强对思想政治理论课的宏观指导，采取有力措施，力争在几年内使思想政治理论课教育教学情况

有明显改善"。为此，中宣部、教育部联合下发了《关于进一步加强和改进高等学校思想政治理论课的意见》，对新形势下加强和改进高等学校思想政治理论课的重要性、指导思想和总体要求进行了系统阐述。在中央的高度重视和周密部署下，高校思想政治理论课以学科建设为基础，以课程建设和教材建设为关键，以教师队伍建设为保障，取得了显著成效。学科建设是思想政治理论课建设的基础，是推进党的思想理论建设、巩固马克思主义在高等学校教育教学中的指导地位、培养思想政治教育工作队伍的重要支撑。自20世纪80年代以来，随着思想政治教育科学化的发展，思想政治教育的学科设置不断调整，学科地位不断提升。2005年12月，国务院学位委员会和教育部发布的《关于调整增设马克思主义理论一级学科及所属二级学科的通知》决定在《授予博士、硕士学位和培养研究生的学科、专业目录》中增设马克思主义理论一级学科及所属二级学科，思想政治教育成为马克思主义理论一级学科下设的"马克思主义基本原理""马克思主义发展史""马克思主义中国化研究""国外马克思主义研究""思想政治教育"5个二级学科中的一个（2008年增设"中国近现代史基本问题研究"二级学科）。思想政治教育专业名称在本科、硕士、博士三个层次得到统一，思想政治教育的学科建设取得重要进展。与此同时，高等学校思想政治理论课的课程体系进一步完善，确定了新的课程方案；教材编写质量不断提高，经中央审定的《思想道德修养与法律基础》《毛泽东思想和中国特色社会主义理论体系概论》《中国近现代史纲要》《马克思主义基本原理概论》等教材出版发行；教师队伍培训不断加强，教学方式和手段不断创新，高校思想政治理论课对大学生思想政治教育的主渠道作用得以凸显。

更加注重理论研究和实践探索，大学生思想政治教育工作的针对性和实效性不断提高。思想政治工作是中国共产党在长期的革命和建设实践过程中积累起来的处理人民内部思想政治问题的方法和艺术，在社会主义革命和建设过程中发挥着"生命线"的重要作用。改革开放以来，伴随着思想政治教育科学化的进程，思想政治教育的科学研究逐步向前推进。党的十六大以来，这一进程迅速加快，涌现出一大批思想政治教育理论专家，出版了一大批思想政治教育优秀研究成果，带动了一大批思想政治教育一线工作者投身于理论和实务研究，为大学生思想政治教育工作提供了学理支撑。随着思想政治教育学科建设的不断发展，部分从事马克思主义研究、高等教育研究的理论工作者开始关注并转向思想政治教育研究，一些长期在大学生思想政治教育一线工作的同志，也开始注重理论研究和实践经验的总结，这两部分力量逐渐汇集并形成了思想政治教育学科最根本的理论工作队伍。理论研究队伍的不断壮大推动了研究成果的不断丰富，一方面形成了诸如《思想政治教育学原理》《思想政治教育哲学》《现代思想政治教育学》《思想政治教育系统论》《思想政治教育基本理论问题研究》等理论研究成果；另一方面，针对大学生思想政治教育工作面临的新形势新任务，大量与实践工作紧密联系的方法论研究不断涌现，如《思想政治教育方法论》《大学生日常思想政治教育实效性研究》《大学生网络思想政治教育理论与方法》《新时期高校思想政治教育队伍建设实证研究》等。理论研究与实践探索的不断深入，推动大学生思想政治教育工作走向精细化和科学化，提高了工作的针对性和实效性，增强了大学生思想政治教育的吸引力和感染力。

更加注重队伍建设，大学生思想政治教育工作队伍素质不断提升。中发16号文件明确指出："大学生思想政治教育工作队伍主体是学校党政干部和共青团干部，思想政治理论课和哲学社会科学课教师，辅导员和班主任。"近年来，大学生思想政治教育工作队伍建设不断加强，队伍素质得到不断提升。以辅导员队伍建设为例。2005年，教育部发布的《关于加强高等学校辅导员、班主任队伍建设的意见》指出："要从战略和全局的高度，充分认识新形势下加强辅导员、班主任队伍建设的特殊重要性和紧迫性"，要求认真做好辅导员、班主任队伍的选聘配备工作，大力加强队伍的培养培训工作，切实为辅导员、班主任工作和发展提供政策保障。在此基础上，2006年，教育部颁布了《普通高等学校辅导员队伍建设规定》，明确"辅导员是高等学校教师队伍和管理队伍的重要组成部分，具有教师和干部的双重身份"，同时对辅导员队伍的要求与职责、配备与选聘、培养与发展、管理与考核进行了系统规定。辅导员队伍"双重身份、双线晋升、双线管理"的格局逐渐清晰，辅导员队伍的吸引力和稳定性大大提高。同时，以教育部高校辅导员培训研修基地建设为主导，各地教育主管部门、各高校通过多种方式加强辅导员培养培训，辅导员队伍的整体素质得到进一步提升。以辅导员为代表的大学生思想政治教育工作队伍素质的不断提升，为进一步加强和改进大学生思想政治教育，提高工作科学化水平提供了重要的组织保证。

更加注重全员育人，全党重视、全社会共同参与的大学生思想政治教育的合力初步形成。中发16号文件指出："全社会都要关心大学生的健康成长，支持大学生思想政治教育工作"，"形成全党全社会共同关心支持大学生思想政治教育的强大合力"。在这一要求指导下，中央、地方、学校之间的配合更加密切，学校、家庭、社会之间的联动更加紧密。一方面是中央组织领导、地方积极参与、学校具体实施的工作思路逐渐清晰。党的十六大以来，各地党委和政府按照中央要求，把加强和改进大学生思想政治教育作为培养中国特色社会主义事业合格建设者和可靠接班人、确保党和人民的事业兴旺发达的战略任务，作为提高党的执政能力、巩固党的执政地位的一项重要工作，摆在更加突出的位置。各地党政领导高度重视大学生健康成长，越来越多的省部级领导干部走进高校参加大学生活动，为大学生作形势政策报告，与大学生谈话谈心，着力解决影响大学生学习和生活的实际问题。另一方面是教育机制互联、教育功能互补、教育力量互动的学校、家庭、社会三结合的工作格局逐渐形成。各高校加强了与学生家长之间的沟通联系，及时向家长通报情况，使家长增进对学校及学生思想情况的了解，更好地配合学校教育工作。加强家庭教育研究和指导，充分发挥家庭教育的情感性、亲和性的优势，关注子女的思想动态。学校与社会合作，共同解决好资助家庭经济困难学生、完善就业市场、建设社会实践基地、治理校园周边环境等实际问题。社会宣传、理论、新闻、文艺、出版等方面，坚持弘扬主旋律，努力为大学生健康成长营造良好的舆论环境。社会各方力量按照中央的要求和总体部署，主动承担起相应的责任，关心和支持大学生思想政治教育的整体合力初步形成。

三、在创新中深化，不断开创大学生思想政治教育的新局面

党的十六大以来，大学生思想政治教育取得了重要成效，积累了宝贵经验。但也要清醒地看到，随着经济社会发展与变革的不断推进，大学生思想政治教育的环境与形势正在发生深刻变化。思想政治教育在理论和实践中都还面临着诸多新的考验和挑战，不仅既有的工作范畴呈现出新内容和新特征，新的具有规律性、前沿性的问题也不断涌入理论视野和实践空间。思想政治教育的创新和发展必须要站得更高，看得更宽，想得更远，做得更实，在新的起点、新的平台、新的方位上做整体思考和全局谋划。

着眼于理论创新，坚持用马克思主义中国化最新成果武装大学生头脑，构筑大学生成长成才的精神支柱和前进动力。坚持把运用马克思主义和丰富发展马克思主义有机结合起来，用马克思主义中国化的最新成果武装头脑、指导实践、推进工作，是我们党不断从一个胜利走向另一个胜利的法宝。高等教育担负着培养社会主义建设者和接班人的使命，旗帜问题、方向问题，永远是第一位的。高校是知识分子汇聚之地，是各种思想文化集散之地，也是新观念新思想的重要源泉。新的形势下，各种社会思潮对高校的影响越来越深刻，社会各种变化在高校的传导越来越迅速。面对这些挑战和考验，要培养中国特色社会主义事业合格建设者和可靠接班人，必须坚持以马克思主义中国化最新成果武装青年学生头脑。中国特色社会主义理论体系，是马克思主义中国化最新成果，是党的理论创新最可宝贵的政治和精神财富，也是全国各族人民团结奋斗的共同思想基础。所以，推进马克思主义思想政治教育理论的创新和发展，首先要把中国特色社会主义理论体系的宣传、学习和教育

融入思想政治教育的全过程,下好先手棋、打好主动仗、掌握话语权、占领制高点、唱响主旋律,增强对广大学生言行的影响和引导,凝聚广大学生的智慧和力量,引导广大学生确立正确的价值取向,培养广大学生正确认识问题、科学分析问题和有效解决问题的能力,增强社会主义主流思想观念的吸引力和凝聚力。其次还要着力研究把握青年学生的理论需求,敢于面对和回答青年学生在理论和实践上存在的困惑和疑虑,并以青年学生的接受心理和接受方式为切入点,用青年学生喜闻乐见的形式来宣传和普及马克思主义中国化最新成果,力求让理论的研究和宣传普及与学生的思想脉搏共振,让理论走进青年学生的心田,在青年学生的思想中"生根",在行动中"发芽",让越来越多的学生由认知走向认同,在共鸣中产生共识,进而在不同的深度和广度上学习了解马克思主义理论,自觉接受马克思主义理论的指导,并转化为众志成城、积极进取的精神动力。

着眼于文化创新,充分发挥文化的育人功能,不断丰富和完善思想政治教育的文化内涵。一个政党只有把自己的政治纲领由政治层面深入到文化层面,其执政地位才能更好地得到广大人民群众的自觉拥护,一种社会制度只有从文化层面得到普遍的价值认同,才能更好地得到广大人民群众的自觉认同。大学生思想政治教育不仅仅是客观的工作存在,更是一种文化存在和精神存在。无论从使命和目标、内容和形式,还是从方法和路径来分析,大学生思想政治教育都有着丰富的文化内涵,是提高专业素养和加强思想品德修养的文化,是提高创新思维能力和积极投身社会实践的文化,是追求全面发展和彰显本色个性的文化。思想政治教育就是通过引领先进文化建设,坚持以社会主义核心价值体系引领多元文化,尊重差异,包容多样,最大限度地凝聚社会思想共识,形成一个既有核心、有主导,又百花齐放、百家争鸣的良好局面。在当前风云变幻、纷繁复杂的国际国内形势下,深入推进文化创新,不断丰富和发展思想政治教育的文化内涵,一是要着眼于坚持科学精神和人文精神的统一,坚持科学精神,就能对"是与非""真与假"作出正确的判断,也才能实事求是,追求和坚持真理,尊重实践和敢于创新;

坚持人文精神，就能对"善与恶""美与丑"作出正确的分析，就能抑恶扬善，拒丑求美，养成高尚的道德情操。二是要着眼于广大学生的发展需求，把学生的成长发展和素质提升很好地结合起来，维护好广大学生的精神文化权益，突出学生在文化传承创新中的历史主体、价值主体和实践主体地位，并用社会主义核心价值体系引领学生的精神文化需求始终沿着健康、正确的方向前进。三是要坚持文化的全方位创新发展，既要重视"大楼、大树"的拔地而起，也要重视"大师、大家"的脱颖而出，还要重视"大气、大爱"的培养培育，从理念文化、制度文化、物质文化、行为文化等方面不断丰富思想政治教育的文化内涵，用文化优化育人过程，用文化熏陶学生品格，用文化辐射社会文明。

着眼于方法创新，坚持解决思想问题与解决实际问题相结合，不断提升思想政治教育的针对性和实效性。科学有效的思想政治教育方式方法，需要遵循受教育者身心发展的一般规律，这些规律主要包括受教育者的心理发展规律、思想素质养成规律、智商智力发展规律以及行为活动规律和环境适应规律等方面。遵循受教育者身心发展的规律，要求在思想政治教育的过程中，既要正确处理好统一要求与因材施教的关系，又要根据受教育者身心发展规律坚持反复教育与强化教育。反复和强化不是指简单地重复某一原理或结论，而是从各个层级和侧面来阐述某个基本原理，从而使受教育者在感受生动性、鲜明性、独特性和新颖性中理解和接受。思想政治教育的方法创新往往要致力于揭示思想政治教育某一部分、某一环节、某一形式的内在本质联系。同时，思想政治教育的环境与经济、社会和文化的发展密不可分。所以，深入开展思想政治教育的方法创新，提升工作的针对性和实效性，一是要立足于正确把握当前教育主客体和教育环境所处的时代，坚持用科学客观的视角、正确的方法去研究和实践，坚持教书与育人相结合，坚持教育与自我教育相结合，坚持政治理论与社会实践相结合，坚持解决思想问题与解决实际问题相结合，坚持继承优良传统与改进创新相结合。二是要善于运用现代管理学的方法，科学要求，科学教育，科学管理，对广大学生施之以爱、导之以行。三是要善于运用心理学方法，改进新形势下的大学生思想政治工作，作决策、想问题、办事情都要注意分析学生的心理效应，充分考虑学生的承受能力，理顺学生情绪、化解校园矛盾、帮助学生释疑解惑，要尊重学生的个性差异，尊重学生的心理感受，走进学生的心灵，把工作做到学生的心坎上，以真挚的情感和真诚的交流打动人、感染人，赢得广大学生的拥护和支持。四是要善于运用定性分析与定量分析相结合的数理方法，谋划思路、拟定制度、评价激励都尽可能要在科学分析和客观评价的基础上，合理安排时间、人力、物力和财力，不断提升思想政治教育的科学化水平。

第一章　思想政治教育创新发展的思想引领

自改革开放以来，思想政治教育面临着诸多新情况、新形势、新挑战。在机遇与挑战面前，要结合中国发展大势，深入学习习近平总书记关于思想政治教育的新思想新论述，准确把握思想政治教育的着力点，提升思想政治教育的针对性和有效性，科学引领思想政治教育创新发展。

第一节　学习习近平总书记关于思想政治教育的新论述新要求

党的十八大以来，习近平总书记高度重视大学生思想政治教育工作，多次作出重要论述，对推进大学生思想政治教育创新发展具有重要意义。学习领会习近平总书记的相关重要论述，既是当前和今后一段时期的首要政治任务，也是开展高校思想政治教育理论和实践研究的强大动力和丰富资源。习近平总书记多次就加强高校意识形态工作、促进青年学生成长成才发表重要讲话，作出重要指示，深刻回答了"培养什么人、怎样培养人"的重大理论和现实问题，为推动高校思想政治教育创新发展指明了前进方向、提供了根本遵循。

一、学习研究习近平总书记关于加强高校意识形态工作的重要论述

习近平总书记多次强调，意识形态工作是党的一项极端重要的工作，关乎旗帜、关乎道路、关乎国家政治安全。必须把意识形态工作的领导权、管理权、话语权牢牢掌握在手中，任何时候都不能旁落，否则就要犯无可挽回的历史性错误。意识形态领域存在特殊的复杂性和多变性，境外敌对势力加大渗透和西化力度，境内一些组织和个人不断变换手法，制造思想混乱，与我争夺人心。要明确意识形态工作的目标任务和底线要求，严格贯彻落实属地管理和谁主管谁负责的原则，管好高校的课堂、论坛、讲座、校园网等宣传思想阵地，不给错误思想观点提供传播渠道。习近平总书记多次强调，各级党委主要负责同志和分管领导应该旗帜鲜明地站在意识形态工作第一线，责无旁贷地承担政治责任，落实党委领导的政治责任和领导责任。学习贯彻、研究宣传这些重要论述，就需要广大理论和实践工作者站稳立场，不断强化底线思维，坚持守土有责、守土负责、守土尽责，做到因势而谋、应势而动、顺势而为，使高校意识形态工作领导权和话语权牢牢掌握在忠诚于马克思主义的人手里。

二、学习研究习近平总书记关于高校党建的重要论述

一是加强党的领导是办好中国特色社会主义大学的根本保证。习近平总书记强调，要全面贯彻党的教育方针，坚持育人为本、德育为先，坚持以理服人、以文化人，遵循规律、勇于创新、务求实效，为党和人民事业培养合格建设者和可靠接班人。他还强调，党委领导下的校长负责制符合我国国情和高等教育发展规律，推进高等教育和高校改革，必须坚持和加强这一制度。二是把高校建设成为学习研究宣传马克思主义的重要阵地。习近平总书记指出，高校要把马克思主义作为必修课，成为马克思主义学习研究宣传的重要阵地；要自觉坚持马克思主义的指导地位，坚持把马克思主义基本原理同当代中国实际和时代特点紧密结合起来，自觉把中国特色社会主义理论体系贯穿研究和教学全过程，转化为清醒的理论自信、坚定的政治信念、科学的思维方法；要加强高校马克思主义理论学科建设、马克思主义学院建设、马克思主义理论队伍建设，深化马克思主义理论研究教育宣传，让搞马克思主义的人有尊严、有自信、有底气、有本事。学习领会、研究宣传这些重要论述，就要坚持党对高校的领导不动摇，坚持全面贯彻党的教育方针不动摇，坚持中国特色社会主义大学的办学方向不动摇，把党的领导全面地、具体地体现到办学治校的各个方面；就要把学习研究宣传马克思主义作为高校教学科研的重中之重，解决好真懂真信、为什么和怎么用的问题，坚持不懈地用马克思主义中国化的最新成果武装师生，让当代中国马克思主义绽放出更加灿烂的真理光芒。

三、学习研究习近平总书记关于青年成长成才的重要论述

党的十八大以来，习近平总书记多次出席青年活动，与青年谈心，给青年回信，对新形势下青年的成长和发展提出希望和要求。在同各界优秀青年代表座谈时，指出青年最富有朝气、最富有梦想，青年兴则国家兴，青年强则国家强，对青年提出"坚定理想信念，练就过硬本领，勇于创新创造，矢志艰苦奋斗，锤炼高尚品格"的"五点希望"。在同北京大学师生座谈时，对青年提出"勤学、修德、明辨、笃实"的"八字真经"。在给华中农业大学"本禹志愿服务队"的回信中，提出希望青年弘扬奉献、友爱、互助、进步的志愿精神，坚持与祖国同行、为人民奉献，以青春梦想、用实际行动为中国梦作出新的更大贡献。到中国科学技术大学视察时，号召青年做"有理想、有追求"的大学生，做"有担当、有作为"的大学生，做"有品质、有修养"的大学生。在与知识分子、劳动模范、青年代表座谈会上，强调广大青年要自觉践行社会主义核心价值观，不断养成高尚品格；要自觉加强学习，不断增强本领；要自觉奉献青春，为全面建成小康社会多作贡献；要保持初生牛犊不怕虎的劲头，不懂就学，不会就练，敢于做先锋，而不做过客、当看客，让创新成为青春远航的动力，让创业成为青春搏击的能量，让青春年华在为国家、为人民的奉献中焕发出绚丽光彩。在"七一"重要讲话中，强调全党要关注青年、关心青年、关爱青年，倾听青年心声，做青年朋友的知心人、青年工作的热心人、青年群众的引路人。学习贯彻、研究宣传这些重要论述，重点是要研究如何坚持立德树人，把培育社

主义核心价值观融入教书育人全过程，体现在学校的日常教育管理中，其关键在落细、落小、落实，真正让社会主义核心价值观内化为大学生的价值追求，外化为他们的自觉行动。

四、学习研究习近平总书记关于加强网络建设管理的重要论述

习近平总书记强调，网络安全和信息化建设事关国家安全、政权安全和国家发展。没有网络安全就没有国家安全，没有信息化就没有现代化。要做到"三个坚定不移"，即维护网络主权坚定不移、维护国家利益坚定不移、依靠群众力量坚定不移。要加强网络意识形态安全。总书记强调，网络安全包括很多方面，如意识形态安全、数据安全、应用安全、资本安全等，但意识形态安全是第一位的。要创新网络舆论引导，打赢网上舆论斗争。总书记强调，要把网上舆论工作作为宣传思想工作的重中之重来抓，坚决打赢网上舆论斗争。坚持正能量是总要求，管得住是硬道理。按照网络生态和运行规律，依法加强网络社会管理，把握好网上舆论引导的时、度、效，让网络空间清朗起来。要完善网络阵地建设。总书记强调，要增强阵地意识，主动占领网络宣传思想阵地，增强主流意识形态凝聚人心的说服力、影响力。要加强网络队伍建设。总书记强调，要把人才凝聚起来，化指为拳，建成一支政治强、业务精、作风好的强大网军，关键时刻站出来、顶得起、冲得上、打得赢。学习贯彻、研究宣传这些重要论述，就要主动研究厘清高校网络文化建设面临什么样的形势，承担什么样的任务，存在什么样的问题，需要采取什么样的对策。

当前和今后一段时期，学习研究习近平总书记关于思想政治教育的系列重要论述，就是要研究其核心要义和精神实质，研究其丰富内涵和科学方法，并转化为推动思想政治教育创新发展的强大动力。要在吃透精神上下功夫。要立足于学全、学深、学活，做到融会贯通、掌握实质、运用自如。要再学习、再领会，把握中央部署、领会中央精神，做到学而信、学而用、学而行。要在聚焦问题上下功夫。学习领会是前提，解决问题、推动工作是最终目的。要强化问题意识、树立问题导向，引导大家活学活用，指导解决实际问题，转化为做好本职工作、推动事业发展的生动实践。要在推动创新发展上下功夫。要不断增强工作的科学性、预见性、主动性，以更加负责的态度、更加有力的措施来推进工作，通过推动理念创新、学术创新、手段创新、管理创新，开创高校思想政治工作新局面。

第二节 思想政治教育创新发展的四个着力点

党的十八大以来，习近平总书记站在为实现"两个一百年"奋斗目标和中华民族伟大复兴中国梦培养建设者和接班人的高度，多次就加强高校思想政治教育、加强高校宣传思想工作、促进青年学生成长成才和加强教师队伍建设发表重要讲话、作出重要指示，深刻回答了"培养什么人、怎样培养人"的重大理论和现实问题。2016年12月，他在全国高校思想政治工作会议讲话中指出："高校思想政治工作关系高校培养什么样的人、如何培养人以及为谁培养人这个根本问题。要坚持把立德树人作为中心环节，把思想政治工作贯穿教育教学全过程，实现全程育人、全方位育人。"[①] 这为推动高校思想政治教育创新发展指明了前进方向，提供了根本遵循。当前，学习贯彻习近平总书记系列重要讲话精神，要坚持把立德树人作为中心环节，把思想工作贯穿于教育教学全过程，实现全程育人、全方位育人，特别是要在课程育人、实践育人、文化育人、网络育人四个着力点上进一步研究和认真探索。

一、课程育人：用马克思主义中国化的最新理论成果武装师生头脑

关于马克思主义在人类社会历史发展中的地位和作用，正如列宁所说的："我们完全以马克思的理论为依据，因为它第一次把社会主义

[①] 《习近平在全国高校思想政治工作会议上强调把思想政治工作贯穿教育教学全过程 开创我国高等教育事业发展新局面》，《人民日报》2016年12月9日。

从空想变成科学，给这个科学奠定了巩固的基础，指出了继续发展和详细研究这个科学所应遵循的道路。"① 马克思主义及其在中国的发展，为党和人民事业的发展提供了既一脉相承又与时俱进的科学理论指导，为增进全党全国各族人民团结统一提供了坚实的思想基础。习近平总书记在主持中央政治局第二十次集体学习时强调："必须高度重视理论的作用，增强理论自信和战略定力，对经过反复实践和比较得出的正确理论，要坚定不移坚持。要根据时代变化和实践发展，不断深化认识，不断总结经验，不断实现理论创新和实践创新良性互动，在这种统一和互动中发展 21 世纪中国的马克思主义。"② 这为我们坚持马克思主义基本原理，用马克思主义中国化最新理论成果武装师生头脑指明了方向。

关于高校马克思主义理论教学和研究，习近平总书记强调，高校要把马克思主义作为必修课，成为马克思主义学习研究宣传的重要阵地；要自觉坚持马克思主义的指导地位，坚持把马克思主义基本原理同当代中国实际和时代特点紧密结合起来，自觉把中国特色社会主义理论体系贯穿研究和教学全过程，转化为清醒的理论自信、坚定的政治信念、科学的思维方法。这就要求我们始终坚持课程育人不放松，不断加强马克思主义尤其是思想政治教育学科建设，提升教师队伍的科研教学能力和水平，发挥好课堂在思想政治教育中的重要作用。"要用好课堂教学这个主渠道，思想政治理论课要坚持在改进中加强，提升思想政治教育亲和力和针对性，满足学生成长发展需求和期待，其他各门课都要守好一段渠、种好责任田，使各类课程与思想政治理论课同向同行，形成协同效应。"③

一是加强思想政治教育学科建设，为课程育人奠定理论基础。推动高校思想政治教育创新发展，离不开学科的理论滋养和智慧支持。首

---

① 《列宁专题文集·论马克思主义》，人民出版社 2009 年版，第 94 页。
② 《习近平在中共中央政治局第二十次集体学习时强调坚持运用辩证唯物主义世界观方法论　提高解决我国改革发展基本问题的能力》，《人民日报》2015 年 1 月 25 日。
③ 《习近平在全国高校思想政治工作会议上强调把思想政治工作贯穿教育教学全过程　开创我国高等教育事业发展新局面》，《人民日报》2016 年 12 月 9 日。

先,要进一步明确学科定位。鉴于思想政治教育学科的特殊性,要更加明确以马克思主义为指导、以展现学术前沿为标准、以满足思想政治工作需要为目标的学科定位。以马克思主义为指导是我国思想政治教育学科的根本所在,要求必须把马克思主义基本立场、观点、方法贯穿于教学和研究全过程。当前,尤其要把以习近平同志为核心的党中央治国理政新理念新思想新战略作为理论指导和重要内容。其次,要进一步完善学科架构。在国内、国际、多学科等视野下,总体把握思想政治教育学科在社会需要、历史文化、实践经验、政策支持等方面面临的发展机遇和条件,逐步优化和调整学科建设的节奏和步伐。把推进均衡发展作为重要方向,整合力量,科学布局,帮强扶弱,实现思想政治教育学科的整体推进和协调发展。最后,要进一步规范学科设置。通过完善相关体制机制,切实解决部分高校思想政治教育学科理论和专业建设存在的问题,引导学科建设资源的合理有效配置,实现学科研究领域、研究边界和研究话语的协调统一。

二是加强理论和实践的前沿问题研究,始终保持研究动力和活力。习近平总书记强调:"问题是创新的起点,也是创新的动力源。只有聆听时代的声音,回应时代的呼唤,认真研究解决重大而紧迫的问题,才能真正把握住历史脉络、找到发展规律,推动理论创新。"[①] 这就要求我们牢固树立问题意识和创新意识,时刻瞄准理论和实践前沿,不断凝练具有中国特色、时代特征和问题导向的研究方向,在寻找前沿、抓住前沿、突破前沿的良性循环中,推动思想政治教育学科创新发展。首先,要把握理论前沿,就是要紧紧围绕习近平总书记系列重要讲话精神,围绕党中央治国理政新理念新思想新战略,加强选题策划,加强资源整合,组织集体攻关,推出更多有分量的研究成果。其次,要把握实践前沿,就是要立足国家经济社会发展实践,立足高校思想政治教育工作实际,在服务国家经济社会发展中获得位置、获取自信,在服务学生健康成长中体现价值、赢得尊重,逐步增强研究的感召力、公信力和影响

---

① 习近平:《在哲学社会科学工作座谈会上的讲话》,人民出版社2016年版,第14页。

力。最后，要体现创新性，就是要坚持立足中国、以我为主，围绕构建中国特色、中国风格、中国气派的思想政治教育学科的目标，不断挖掘新材料、发现新问题、提出新观点、构建新理论，构建起思想政治教育的中国话语体系。

三是加强教师队伍建设，提高教师科学研究和教书育人水平。习近平总书记在2013年教师节给全国广大教师的慰问信中指出："教师是立教之本、兴教之源，承担着让每个孩子健康成长、办好人民满意教育的重任。"① 在哲学社会科学工作座谈会上，习近平总书记强调："坚持以马克思主义为指导，是当代中国哲学社会科学区别于其他哲学社会科学的根本标志，必须旗帜鲜明加以坚持。"② 以马克思主义为指导，加强教师队伍建设，是思想政治教育创新发展的关键，而教师队伍建设是系统工程。首先，要加强学科梯队建设，优化队伍结构。依托高校智库建设、重大研究项目和重点马克思主义学院建设，发现、培养、集聚一批有深厚理论素养的名师大家，一批理论功底扎实、勇于理论创新的学科带头人，一批朝气蓬勃、锐意进取的青年学术骨干，从而建设一支政治坚定、业务精湛、师德高尚、结构合理的人才梯队。其次，要推动理论与实践相融合，实现相互促进、共同发展。一方面，要鼓励和引导从事思想政治教育实践工作的党政干部主持和参与重大理论与实践问题的攻关研究，推动理论成果的转化应用，为思想政治教育创新发展提供实践土壤。同时，也要探索建立思想政治教育理论工作者参与实践的机制和平台，构建理论队伍对实践问题进行跟踪研究的长效机制，实现理论研究和实践创新相互促进、共同发展。最后，要加强培养训练，提升专业能力和水平。通过搭建学术平台、加强学术交流、加强教育培训、开展实践锻炼等方式，提升学科队伍的整体素质，尤其是马克思主义理论修养和理论水平，使整个教师队伍真正做到"学马""懂马""信马"，自觉成长为具备坚定的政治信念、高度的理论自觉和科学的思维方法的思

---

① 习近平：《向全国广大教师致慰问信》，《人民日报》2013年9月10日。
② 习近平：《在哲学社会科学工作座谈会上的讲话》，人民出版社2016年版，第8页。

想政治教育工作者。

四是推动思想政治教育内容和方式创新，构建科学完善有效的思想政治教育体系。一方面，要不断丰富和完善思想政治教育内容体系。深入挖掘提炼各学科、各专业蕴含的思想政治教育价值和元素，坚持整体设计与分类指导相结合、教学目标与德育目标相融合、知识学习与实践体悟相统一，明确教材编写、课堂教学、实习实践等环节的思想政治教育要求，促进各学科、各专业的科学属性、社会属性和思想政治教育属性深度融合，不断丰富和完善思想政治教育内容体系。另一方面，要积极探索科学有效的思想政治教育方式。要立足当代大学生思想道德和价值观发展需求，坚持贴近社会、贴近学生、贴近实际，加强各学科、各专业开展思想政治教育的特点、规律和实效性研究。要通过"理论讲授"方式，帮助学生建立起完善的知识结构；通过"情境讨论"方式，引导学生通过思考，培养健康的情感和道德判断能力；通过"实践体悟"方式，引导学生养成正确的道德行为习惯。

五是加强课堂阵地管理，牢牢掌握意识形态工作领导权和话语权。马克思主义认为："统治阶级的思想在每一时代都是占统治地位的思想。这就是说，一个阶级是社会上占统治地位的物质力量，同时也是社会上占统治地位的精神力量。支配着物质生产资料的阶级，同时也支配着精神生产资料，因此，那些没有精神生产资料的人的思想，一般的是隶属于这个阶级的。占统治地位的思想不过是占统治地位的物质关系在观念上的表现，不过是以思想的形式表现出来的占统治地位的物质关系；因而，这就是那些使某一个阶级成为统治阶级的关系在观念上的表现，因而这也就是这个阶级的统治的思想。"[1] 中国共产党从成立之日起，就把马克思主义写在自己的旗帜上，坚持马克思主义在意识形态领域的指导地位是加强高校思想政治教育的题中应有之义。

党的十八大以来，习近平总书记站在全局和战略的高度，对意识形态工作作出了一系列论述，强调意识形态工作是党的一项极端重要的

---

[1] 《马克思恩格斯文集》第1卷，人民出版社2009年版，第550页。

工作，关乎旗帜、关乎道路、关乎国家政治安全。这就要求广大思想政治教育工作者尤其是一线教师队伍，要站稳立场，不断强化底线思维，坚持守土有责、守土负责、守土尽责，做到因势而谋、应势而动、顺势而为，使高校意识形态工作领导权和话语权牢牢掌握在忠诚马克思主义的人手里。一方面，要深入实施马克思主义理论研究和建设工程，建设以马克思主义为指导，充分反映党的理论创新成果，充分体现中国特色社会主义实践经验和生动案例，具有中国特色、中国风格、中国气派的哲学社会科学教材体系。另一方面，要发挥好高校思想政治理论课的主渠道作用，把我们底气充足的思想理念讲深讲透，使我们想说的内容入耳入脑入心，不断增强青年大学生的道路自信、理论自信、制度自信、文化自信。

二、实践育人：培养走在时代前面的奋进者、开拓者、奉献者

习近平总书记在给北京大学考古文博学院学生的回信中指出："只有把人生理想融入国家和民族的事业中，才能最终成就一番事业。"勉励青年学生"勇做走在时代前面的奋进者、开拓者、奉献者，努力使自己成为祖国建设的有用之才、栋梁之材，为实现中国梦奉献智慧和力量"①。艰辛知人生，实践长才干。坚持理论学习、创新思维与社会实践相统一，坚持向实践学习、向人民群众学习，是大学生成长成才的必由之路。鼓励、引导大学生投身社会实践、志愿服务，并为其提供政策、制度等多方面保障，是高校思想政治教育的重要任务，也是思想政治教育创新发展的题中应有之义。

一是创新实践育人理念。第一，要注重发挥学生的主体意识。学生虽然是实践育人的对象，但同时也是参与社会实践和志愿服务活动的主体。少数高校在开展学生社会实践、志愿服务时，片面强调社会影响、宣传效果，却忽视了作为活动主体的学生的主观愿望和参与感、收获感，这是导致活动吸引力不足、长效性不够的重要原因。这就要求我

---

① 习近平：《给北京大学学生的回信》，《人民日报》2013年5月5日。

们在设计活动时，必须抓住青年学生成长特点和规律，建立和完善科学的考核激励机制，鼓励和引导学生自主设计、自我管理、自我服务，让学生成为社会实践的主人。第二，要注重形成协同理念。实践育人是一项系统工程，既要协同多个育人主体，还要整合多方面育人内容。当前实践育人的众多途径没有整合，各自为政，单打独斗，降低了社会实践的思想政治教育效果。要积极探索建立高校与政府部门、科研院所、行业企业等单位之间的校外协同机制，逐步形成实践育人合力。第三，要注重形成融合理念。完善社会实践与思想教育、专业学习、志愿服务、创新创业相结合的体制机制，促进第一课堂与第二课堂、理论与实践在思想政治教育上的深度融合。

二是丰富实践育人内涵。思想政治教育鲜明的时代特征，决定了实践育人的内容也必然具有与时俱进的特点。党的十八大以来，思想政治教育把社会主义核心价值观教育和中国梦宣传教育放在更加突出的位置，高校社会实践也应该将这两方面内容作为重中之重。首先是开展社会主义核心价值观宣传教育。社会主义核心价值观是社会主义根本价值理想、价值原则和价值规范的集中表现，大学生不仅要做到自己认同和践行，还要自觉承担起向身边人宣传教育的责任。高校社会实践为大学生搭建起从课堂到实践、从校内到校外的桥梁，通过主题设置、宣传鼓励等方式引导大学生面向社会、面向基层、面向群众开展社会主义核心价值观宣传教育，既有利于扩大宣传教育的覆盖面，又能使大学生在宣传教育过程中加深理解，真正做到知行合一，内化于心、外化于行。"道不可坐论，德不能空谈。"实现中华民族伟大复兴的中国梦是全国人民共同的理想，而理想的实现是生动的社会实践过程。因而，对中国梦的宣传教育要融入大学生社会实践，让大学生走出校园，走进工厂、社区、农村，边宣传、边学习、边成长，才能增强其对中国梦有更加深刻的理解和体会，才能使其懂得只有通过全国人民的团结奋斗、不懈奋斗、艰苦奋斗，才能真正实现中国梦，只有将个人理想汇入中国梦的洪流，才有实现的可能，才有精彩的人生。

三是做实创新创业教育。习近平总书记在《致2013年全球创业周中国站活动组委会的贺信》中强调:"全社会都要重视和支持青年创新创业,提供有利的条件,搭建更广阔的舞台,让广大青年在创新创业中焕发出更加夺目的青春光彩。"① 深化高等学校创新创业教育改革,是国家实施创新驱动发展战略、促进经济提质增效升级的迫切需要,是推进高等教育综合改革、促进高校毕业生更高质量创业就业的重要举措。② 当前,高校创新创业教育要进一步明确"渠道"、促进"衔接"、强调"差异"、注重"协同"。第一,要明确"渠道"。将创新创业教育纳入教学主渠道,充分借鉴素质教育的理念和专业教育的方法,冲破把创新创业教育"窄化"为职业教育或"泛化"为素质教育的思想藩篱,强调为学生提供知识与技能、过程与方法、情感态度与价值观三个维度的教育。第二,要促进"衔接"。使创新创业教育与全面实施素质教育一脉相承,深度契合素质教育主体性、全体性、全面性和长效性的特征,同时与大学生职业发展及就业指导有机结合,实现"创新引领创业、创业带动就业"。第三,要强调"差异"。创新创业教育需要分层次、分阶段、分群体具体推进。同样是创新创业教育,面对文科和理科两类专业特点迥异、思维方式悬殊的大学生,教育和引导的方式必然不同。同时,还要准确掌握同一专业学生在不同学历层次的阶段性发展特点,以动态视角开展与之相匹配的创新创业教育。第四,要注重"协同"。高校创新创业教育不仅涉及学校内部的课程教学改革、实践活动开展、校园文化建设等内容,而且涉及国家政策、社会环境、企事业单位等多个主体的配合,必须建立科学协调机制,充分考虑多主体、多因素的协同运作,凝成合力,推动工作和谐共赢。

---

① 习近平:《致2013年全球创业周中国站活动组委会的贺信》,《人民日报》2013年11月9日。
② 国务院办公厅:《关于深化高等学校创新创业教育改革的实施意见》,见http://www.gov.cn/zhengce/content/2015—05/13/content_9740.htm。

三、文化育人：树立和提升当代大学生的文化自觉和文化自信

习近平总书记在主持中央政治局第十三次集体学习时指出："对历史文化特别是先人传承下来的价值理念和道德规范，要坚持古为今用、推陈出新，有鉴别地加以对待，有扬弃地予以继承，努力用中华民族创造的一切精神财富来以文化人、以文育人。"在庆祝中国共产党成立95周年大会上，他对坚持"文化自信"做了重要阐述，强调"文化自信，是更基础、更广泛、更深厚的自信"[1]。这些论述思想极为丰富和深刻，强调了文化在实现中华民族伟大复兴中的重要地位和巨大作用，也对高校开展文化育人提出了新的要求。

一是深刻理解文化育人的科学内涵。马克思主义认为，经济、政治和文化是一定社会的基本组成部分。"一定的文化（当作观念形态的文化）是一定社会的政治和经济的反映，又给予伟大影响和作用于一定社会的政治和经济。"[2] 在现实学术理论研究中，人们对文化概念有不同的理解和定义，这里不做深入讨论。但必须注意，文化有正确的和错误的、先进的和落后的之分。如果用正确的、先进的文化育人，对青年学生成长成才具有积极的甚至决定性的意义；反之，如果用错误的、落后的文化育人，则会使人误入歧途、贻误终生。因此，文化育人要牢牢把握住文化的先进性这一根本。要重视对青年学生进行在五千多年文明发展中孕育的中华优秀传统文化教育，更要加强对其在党和人民伟大斗争中孕育的革命文化和社会主义先进文化的教育。所谓文化育人，就是要重视人文教育、知性教育，注重青年学生的精神成长和思想提升。在进行文化育人时，我们强调要坚持潜移默化、润物无声，就是通过隐性的教育方式，长久地、默默地、逐渐地感染人、影响人、转化人，让青年学生在不知不觉中接近和接受正确的、先进的、高尚的文化，远离和摒弃错误的、落后的、低俗的文化，从而实现"蓬生麻中不扶自直"和

---

[1] 习近平：《在庆祝中国共产党成立95周年大会上的讲话》，《人民日报》2016年7月2日。

[2] 《毛泽东选集》第二卷，人民出版社1991年版，第663—664页。

"入芝兰之室久而自芳"的教育效果。

二是注重加强中华优秀传统文化教育。中华优秀传统文化是中华民族的"根"和"魂"。习近平总书记高度重视中华优秀传统文化,并将其作为治国理政的重要思想文化资源。他反复强调:"中华优秀传统文化是中华民族的突出优势,中华民族伟大复兴需要以中华文化繁荣为条件,必须结合新的时代条件传承和弘扬好中华优秀传统文化。"① 加强中华优秀传统文化教育,要以习近平总书记相关论述为指导,坚持历史唯物主义和辩证唯物主义的立场、观点、方法,深入挖掘和阐发中华优秀传统文化讲仁爱、重民本、守诚信、崇正义、尚和合、求大同的时代价值,处理好继承和创新的关系,重点做好创造性转化和创新性发展。要坚持中华优秀传统文化教育与时代精神教育和革命传统教育相结合,既要大力弘扬以爱国主义为核心的民族精神,又要积极弘扬以改革创新为核心的时代精神,继承和弘扬革命传统文化。当前,就是要深入贯彻落实《完善中华优秀传统文化教育指导纲要》,把中华优秀传统文化教育系统融入高校课程和教材体系,进一步加强有关学科教材传统文化内容,开展礼敬中华优秀传统文化活动,开展中华优秀传统文化艺术传承活动,引导青年学生树立和坚持正确的历史观、民族观、国家观、文化观,不断增强中华民族的归属感、认同感、尊严感、荣誉感。

三是将文化育人与社会主义核心价值观宣传教育结合起来。习近平总书记强调:"坚守我们的价值体系,坚守我们的核心价值观,必须发挥文化作用。"② 社会主义核心价值观从价值层面体现了社会主义的本质,是社会主义社会的灵魂和支柱,影响着社会个体或群体的思想观念与价值取向,是社会主义先进文化区别于其他文化的基本价值观念。社

---

① 中共中央宣传部:《习近平总书记系列重要讲话读本(2016年版)》,学习出版社、人民出版社2016年版,第201页。
② 《习近平在省部级主要领导干部学习贯彻十八届三中全会精神全面深化改革专题研讨班开班式上发表重要讲话强调完善和发展中国特色社会主义制度 推进国家治理体系和治理能力现代化》,《人民日报》2014年2月18日。

会主义核心价值观以凝练的表达反映了中国特色社会主义先进文化的深刻追求，反映了中国人民的理想和奋斗，传达着中国人民的价值观和精神世界。可以说，社会主义核心价值观正是先进文化建设的根本内容，是文化育人的核心内容和第一要义。文化育人与社会主义核心价值观宣传教育之间是一体两面、辩证统一的。当前，我们推动思想政治教育创新发展，必须贯彻落实习近平总书记关于将社会主义核心价值观"落细、落小、落实"的要求，将社会主义核心价值观融入高校教育教学、研究宣传、社会实践、校园文化和网络文化建设，进一步完善培育和践行社会主义核心价值观工作的长效机制，不断增强工作的针对性和实效性。

四是多种途径充实丰富校园文化。校园文化对大学生的思想观念、价值取向和行为方式有着潜移默化的影响。优秀的校园文化，可以塑造人的思想品格、提升人的人文修养、陶冶人的道德情操。推进高校校园文化建设改革创新，能使大学生在日常生活和各种活动中感受到思想和文化的力量，起到春风化雨、润物无声的效果。校园文化建设不仅体现在硬件上，更体现在软件上；要提炼大学的精神气质，弘扬古今中外的优秀经典，使校园环境的使用功能、审美功能、教育功能达到和谐统一。要通过校训、校歌、校风的凝练和传扬，让青年学生感受先辈创业的艰辛历程，培养知恩感恩、追比先贤的精神品质。要通过开展文明课堂、文明寝室、文明校园等活动，培养学生尊师重教、注重礼仪、团结互助、友爱他人的思想品德。

四、网络育人：培养中新一代"四有"好网民

当前，网络已经成为高校师生学习生活的"第一环境"，也是高校思想政治教育工作面临的"最大变量"。因此，推动高校思想政治教育创新发展，必须加强网络文化建设，发挥网络文化育人功能。

一是准确把握网络和信息化工作规律，推动各类媒体融合发展、为我所用。媒体融合发展是一种趋势、一种潮流。只有不断推进媒体从"相加"到"相融"，构建分众化、差异化传播体系，实现从"我加

上你，你加上我"到"我中有你，你中有我"再到"我就是你，你就是我"的转变，才能掌握网络文化建设的话语权，提升网络文化的传播力和影响力。一方面是推动传统媒体与新兴媒体融合发展，深入研究传统媒体和现代媒体在内容、渠道、平台、管理等方面的深度融合机制，探索建立立体多样、交叉融合、精准对接的校园传播体系，实现同频共振、优势互补。另一方面是推动全国性网络平台与校园网络平台的融合发展，深入研究全国高校校园网络联盟建设、"易班"推广行动计划和中国大学生在线引领工程的经验做法，探索建立全国性主题教育网站、网络互动社区等平台的共建共享、要素配置和示范推广机制，打通增量与存量，推动全国性网络平台与校园网络平台的融合发展，实现平台无缝衔接、信息互联互通。

二是强化网络舆论引导，加强网络阵地建设，打赢网上舆论斗争。主旋律高昂、正能量充沛是网络文化建设的目标和任务。当前，网络信息泥沙俱下，网民群体鱼龙混杂，网络空间"围观吐槽"的多于"暖心点赞"的，"传谣造谣"的多于"崇德向善"的，导致网络文化正能量不足。因此，我们要把握网络文化传播规律，深入研究网络信息在生成发布、接收传递、评论转发、互动反馈等各环节的特点规律和大学生群体的上网规律，提高网络文化传播的效率和效果。要鼓励研发和创作网络文化产品，发挥高校智力资源充沛的优势，推出一批有态度、有温度、有厚度、有力度的网络文化产品，探索建立"多形式加工、多终端适配、多形态传播"的网络文化产品供给体系，增强网络文化作品的吸引力，壮大网络空间的正面舆论场。要增强网络阵地意识，坚持正能量是总要求，管得住是硬道理，主动占领网络宣传思想阵地，按照网络生态和运行规律，依法加强网络社会管理，把握好网上舆论引导的时、度、效，增强主流意识形态凝聚人心的说服力、影响力，让网络空间清朗起来。

三是从根源上增强网络工作动力，培养"四有"校园师生好网民。在网络文化建设工作中，有的同志认为事不关己，所以高高挂起；有的同志认为写了不算成果，说了不算成绩，所以不想写，不愿说。归根结底，就是一个动力源不足、动力机制不健全的问题。因此，我们要从动力机制入手，结合"全国网络文化研究评价中心"建设，深入研究探索优秀网络文化成果的评价认证机制，积极推动认证结果在科研成果统计、职称职务评审、评奖评优条件中的应用，激励引导更多高校中的学术大师、教学名师、辅导员和班主任以及广大学生积极参与网络文化建设，从而唤醒"沉默的大多数"，解决不想写、不愿说的问题。要研究校园好网民培育机制，发挥高校相关部门的统筹聚合优势，发现、培养和集聚一批有高度的安全意识、有文明的网络素养、有守法的行为习惯、有必备的防护技能的"四有"校园师生好网民，作为校园网络工作队伍的主力军和生力军，积极传递和弘扬正能量。

总之，党和国家对高校思想政治教育的高度重视，促进广大青年学生健康成长成才的现实需要，对我们推进思想政治教育理论创新和实践发展提出了新的要求，注入了强大动力。只有牢牢把握住立德树人根本任务，时刻关注国家、社会和青年发展需求，才能真正抓住推动理论创新和实践发展的关键着力点，从而推动思想政治教育不断迈上新的台阶。

第三节　引领研究生思想政治教育的创新发展

新时期进一步加强研究生思想政治教育，要重点围绕学习贯彻习近平总书记系列重要讲话精神，结合高校宣传思想工作和研究生思想政治教育工作面临的新情况新要求，全面贯彻党的教育方针，坚持立德树人、育人为本、德育为先，坚持以理服人、以文化人，遵循思想政治教育规律，遵循教育规律，遵循人才成长发展规律，遵循学生接受的规律和心理规律，坚持顶层设计规划，注重协同育人，进一步提升研究生思想政治教育工作科学化水平，挖掘提升研究生思想政治教育质量的生长点和创新点。

一、研究生人才培养要主动适应和引领经济发展新常态，为经济社会发展提供高层次人才支撑和智力保障

研究生教育是培养高层次人才的主要途径，是国家创新体系的重要组成部分，是实现创新驱动发展、促进经济提质增效升级的重要支撑。研究生教育作为国民教育的金字塔和国家创新体系的生力军，承担着"高端人才供给"和"科学技术创新"的双重使命，要在观念、认识、方法、举措上主动适应经济发展新常态。

首先，充分认识和把握经济发展新常态对研究生教育提出的新挑战新要求。目前高等教育综合改革进入新的发展阶段，增长速度由高速增长转向中高速增长，国家社会发展、经济的新常态回归到正常发展状态，包含高等教育在内的社会其他方面都要适应经济发展的新常态。研究生教育事业的发展方式也应从规模、速度这种粗放增长向质量效益增长转变。其一，树立竞争意识。国家产业转型升级发展加快，人才市场的供需关系正发生变化，以高校为主导的供给驱动正逐步转变为用人单位为主导的需求驱动，这就要求高校必须树立竞争意识、优胜劣汰的危机感，主动对接社会发展和行业产业需求，在优化调整人才培养结构、加快创新创业教育和职业引导上有所作为，在适应社会需要的同时注意发挥引导作用，不能变成简单地按照社会需求、社会标准来做。其二，强调服务社会和引领同步。随着创新驱动发展战略的实施，特别是全社会对先进人才和高素质人才的需求量日益加大，高等教育服务社会的功能还要发挥。在支持服务社会的同时，高校要坚持需求导向，合理定位，更加主动、更加自觉地和国家的"五位一体""四化同步"要求紧密结合起来，通过服务能力的提升和贡献力的提升，更好地与经济社会的发展深度融合。就创新创业而言，这不仅是关涉技能培养、知识传授的问题，而且是关涉价值观塑造、方法论提升的问题。其三，注重改革驱动作用的发挥。高等教育进入大众化阶段的中后期，高等教育发展从要素驱动转为改革驱动，通过综合改革把原有的资源整合，体制机制的作用发挥更加关键。很多设计要以高等教育的体系内容制定的现代化为前提，包括现代大学制度构建，党委领导下的校长负责制，高校的学术组织、学生会、工会、教代会以及治理机构等的运行和彼此之间的民主监督等。研究生思想政治教育工作要放到整个高校发展的背景下考虑，综合考虑相关的资源配置、管理模式、方式方法、应急处置等。

其次，要充分认识研究生思想政治教育的使命和责任。党的十八届三中全会《决定》对深化教育领域综合改革推出了许多改革举措。立德树人、加强学生政治思想教育，是中央反复强调的重点。《决定》要求，要全面贯彻党的教育方针，坚持立德树人，加强社会主义核心价值体系教育，增强学生社会责任感、创新精神、实践能力。教育部、财政部、国家发改委颁布的《关于深化研究生教育改革的意见》，明确把"全面贯彻党的教育方针，把立德树人作为研究生教育的根本任务"作为指导思想。由此可见，立德树人是教育工作的第一要务。研究生教育更应当坚持正确的办学方向，服务党的中心工作，服务国家大局。坚持正确的政治导向和正确的办学方向是研究生教育的根，教书育人、立德树人是研究生教育之本。研究生思想政治教育工作，最核心的是思想引导的问题，意识形态、宣传思想工作里面，思想教育一定要重视，这就是党中央交给我们"培养什么人、如何培养人"的战略任务，也是高校思想政治工作者的使命和责任。

再次，高校思想政治工作创新发展要注重质量提升。研究生思想政治教育面对的是来源构成复杂的研究生，在高等教育进入内涵发展、提高质量这个阶段后，高校思想政治工作更要强调质量，更要坚持立标准、建机制、提质量、促发展。其一，讲创新要更加注重质量，创新是以质量为前提的，不是为了创新而创新；其二，高校思想政治工作是以继承为前提的，创新不是另起炉灶，创新是在继承的基础上创新；其三，创新应以有效为前提，提升思想政治教育的针对性、实效性，是我们要统筹解决的问题。高校思想政治工作，光是铺开摊子、做做样子很容易，但要产生影响、发挥作用、取得实效，接地气、不空转，不下一番"笨""实"功夫是不行的。高校思想政治工作与研究生教育培养密切相关，要站得更高、看得更远，扎根中国大地办大学，遵循研究生教育规律，真正使研究生教育办出中国特色、办出世界水平。

二、坚持问题导向，充分把握、有效应对研究生思想政治教育面临的新情况新问题

我国在校研究生近180万人，其中博士生近30万人。研究生教育事业不仅是关系研究生成长成才的实际问题，也是关乎"四个全面"战略布局的原则性问题。高校思想政治工作包括研究生思想教育是一项铸魂工程，实施起来不是一朝一夕的事，需要日积月累、潜移默化、循序渐进。这项工作有其特殊规律，忽冷忽热、时松时紧不行，简单化、搞运动更不行。

从研究生思想政治教育本身来看，问题主要体现在：一是部分高校研究生思想政治教育的领导体制仍不健全。不同程度上存在工作机制不畅通、分工不明确、管理不到位等问题。特别是对研究生思想政治教育的重视程度没有像本科生那样高，对研究生思想政治教育的规律性认识和把握还不够。相比之下，本科生思想政治教育的生均经费投入、力量投入、辅导员配比都高于研究生。二是部分高校对研究生思想政治教育工作的重要性认识还不到位。"说起来重要、做起来次要、忙起来不要""党委重视、行政忽视，专职重视、专业轻视"的现象没有从根本上得到解决。部分高校研究生思想政治教育主要局限在学生工作系统，专业教师、行政管理、后勤服务等方面还缺乏自觉的育人意识，研究生思想政治教育工作成了学校相关行政部门、群团组织的专职工作。部分省市和高校研究生思想政治教育工作专项经费没有随着学校规模扩大和研究生数量增长而增加，硬件设施建设条件差，育人条件保障功能不足。少数地区和学校没有设立专门预算科目，或者没有建立起持续的财政投入机制，用于研究生思想教育的资金存在很强的随意性和不确定性。三是研究生思想政治教育工作发展不平衡的问题还很突出。不同地区、不同层次、不同类型高校工作的力度和成效呈现出一定差异。西部地区高校思想政治教育工作相对薄弱，而这些高校的教育资源又相对匮乏、教育投入不足，差距有可能进一步拉大。四是高校研究生教育合力育人的机制还不够健全。虽然各地区大都意识到合力机制的重要性，但在具体实施过程中，一些部门对大学生思想政治教育的支持力度不够。

一些高校反映，有的部门对一些单项的、不涉及人财物的政策措施能够落实，而对综合性的、长远的、制度化、投入大的措施往往打折扣。宣传、教育、组织、人事、文化、综治等部门不能有效协调配合，"出力不合力、行动不联动"等形式上聚力、实质上松散的情况依然存在，"劲往一处使、力往一处发"的一盘棋工作局面仍然需要大力推动形成。这些问题都值得深入研究并认真加以解决。

三、注重质量、确保实效，全面落实提升高校研究生思想政治工作质量的重点任务

第一，从顶层设计上科学谋划高校研究生思想政治教育工作。教育部思政司目前正抓紧研究制订《关于深入实施"大学生思想政治教育质量提升工程"的意见》，着力建立健全大学生思想政治教育的创新机制和动力机制，形成能示范、易检查、可评估、好推广的工作项目。推动将"质量工程"纳入教育"十三五"规划并争取纳入国家"十三五"规划重大项目中。要把大学生思想政治教育工作在国家的重大发展规划中得到体现，落实到中央财政的经费支持中。各地各高校要把大学生思想政治教育工作跟高校人才培养工作紧密地结合起来，将其纳入学校、各省（区、市）的改革发展规划中，纳入人才培养的改革发展规划中，形成支持、保障研究生思想政治教育工作的专项财政预算，才能够有稳定的支持、持续的发展。要扎实做好研究生思想理论教育，加强理论阐释和思想引导，科学谋划、统筹考虑、有效开展社会主义核心价值观培育践行以及中国梦、中国特色社会主义理论体系"三位一体"教育，在实际工作中不能简单地把它们分开来，应将其有机统一起来。

第二，从制度政策的设计上保障研究生思想政治教育，特别是要在制度体系、工作体系、实践体系等方面逐步形成一套科学完备的制度。一方面，我们要坚持依法治教、依法治校，运用正确的政策导向，切实做好有关法规制度的设计、制定和完善，使教育教学、人才培养、科学研究、文化传承等各方面的政策措施和制度安排都有利于立德树人根本任务的落实，有利于广大师生树立共同理想，筑牢共同信念。另一

方面，我们要学会有效运用法治思维来加强对师生言行的管理和规范。要将管理约束错误思想言论传播的各项要求纳入教学、科研、学术活动管理和教师聘用聘任等工作中，以制度管人，按制度办事，使教育引导、管理约束、依法处理有机衔接，无缝对接。要运用法治思维积极推动解决维护学校安全、保护学生权益的实际问题，善于在法治框架内妥善解决涉校纠纷，不断巩固高校和谐稳定的良好局面。

第三，要更多地面向基层、服务基层，重视发挥基层作用。全面提升研究生思想政治教育质量，既需要科学的顶层设计，也需要充分尊重基层的首创精神，秉承"真正的智慧在基层、真正的创新在基层"的工作理念，加强面的覆盖、线的分类指导，点线面相结合，确保研究生思想政治教育的覆盖面和实效。要鼓励各地教育工作部门和高校大胆探索创新，鼓励师生群众广泛参与，为破解研究生思想政治教育难题，推动教育领域综合改革创造可复制、可示范、可推广的经验。要围绕高校思想政治工作的重点领域和关键环节，梳理总结提炼基层的好经验好做法，并且以制度文件的形式把它固定下来，坚持下去。

第四，要充分发挥研究生思想政治工作部门主导作用和研究生导师育人作用。要着力有效解决导师育人职责问题，坚持服务学生与教育引导学生相结合，着力培养研究生的社会责任感、创新精神和实践能力。要强化师德师风建设。首先要把对教师品行的要求放在第一位。要求高校把师德表现作为教师绩效考核、聘用和奖惩的首要标准，实行师德"一票否决制"，也就是从制度上确保品行有问题的人不能当教师。要把社会主义核心价值观教育纳入导师业绩考核体系，改进导师育人工作评价办法。改变重论文轻实践、重数量轻质量的倾向，在实践中让所指导的研究生放手挑大梁、放手创新，关键时候扶一把、送一程。要发扬科学民主，尊重个性，宽容失败，包容互鉴，为研究生成才创造广阔的自由发展空间。要充分调动和发挥导师队伍在研究生思想素质培养中的重要作用。从现实中看，研究生与导师的接触、联系最为密切，导师也往往比其他人更容易影响学生。因此，无论是从职责的"应然"还是从现实的"必然"看，都必须加强导师队伍建设，以充分发挥导师在研究生思想政治教育中的积极作用。

  第五，要不断凝练研究生思想政治教育的经验，加强理论研究和实践探索。推动思想政治教育工作创新要与时俱进，要集中精力学习好中央文件精神。我们不能只埋头干事，也要加强学习研究。要有宽广的心胸和开阔的视野，提升科学素养和学术素养。培育、支持、推动一批创新示范项目和专项试点，优化教育资源配置、强化政策支持保障、搭建交流研究平台。依托教育部人文社会科学研究高校思想政治工作专项、辅导员工作精品项目、思想政治教育研究文库、高校德育文库、思想政治教育中青年杰出人才计划等项目支持建设，为高校思想政治工作者开展研究生思想政治教育的理论研究、实践研究创造更好的条件、搭建更多的平台，支持高校思想政治工作者积极探索适合自己的成长路径，推出更多有分量有价值的研究成果，把经验上升为科学，把辛苦转化为成果。

第二章　高校培育和践行社会主义核心价值观

社会主义制度的确立，是中国历史上深刻的社会变革，经过几十年奋斗，我们党开辟了中国特色社会主义道路，形成了中国特色社会主义理论体系。建设中国特色社会主义是政治、经济、文化、社会、生态全面发展繁荣的伟大事业，离不开马克思主义的指导。社会主义核心价值观是社会主义意识形态的本质体现，在整个文化建设中居于统摄和支配地位。切实把社会主义核心价值观融入国民教育和精神文明建设全过程，高校是重要载体。把社会主义核心价值观教育作为学校教育的一条红线，融入高校教育、管理和服务的全过程，贯穿大学生日常学习生活的各方面，体现到青年学生成长成才的各环节，引导青年学生牢固树立社会主义核心价值观，使他们坚定理想信念，牢记光荣使命，把个人的成长进步融入推动国家发展、民族振兴的时代洪流中去，这是教育工作者的责任。

第一节　培育践行社会主义核心价值观的基本要求

"勤学、修德、明辨、笃实"这8个字，来源于博大精深的中华优秀传统文化，结合时代特征进行了创造性转化和创新性发展，是培育和践行社会主义核心价值观的基本要求，也是重要途径和有效方法。要准确把握这8个字的内在逻辑，从落细、落小、落实入手，教育和引导广大青年学生把社会主义核心价值观内化为精神追求、外化为自觉行动。

在青年学生中培育践行社会主义核心价值观，勤学是前提。"学如弓弩，才如箭镞。"知识是树立核心价值观的重要基础，青年正处于学知识、长本领的黄金时期。广大青年学生要培育和践行社会主义核心价值观，唯有下得真功夫、求得真学问。大学之所以神圣，就在于它是知识的渊薮，是科学真理生长的园地，科学真理从产生那天起就肩负改造世界、实现人类梦想的重任。作为当代青年学生，求是求真就是要做到按照客观世界的本来面目揭示客观规律，用科学的思想方式观察问题，用科学的方法处理问题、解决问题。如饥似渴地去学习，既扎实打牢知识基础又及时更新知识，既刻苦钻研理论又积极掌握技能，自觉运用科学于社会实践。要勇于担当社会责任和历史使命，自觉把个人成才和国家发展、社会进步联系在一起，把成长动力建立在对祖国、对人民的忠诚和高度责任感之上，为成为德智体美全面发展的社会主义建设者和接班人而努力学习。

在青年学生中培育践行社会主义核心价值观，修德是基础。"功崇惟志，业广惟勤。"要教育引导青年学生以大德为方向，把祖国的利益、人民的要求、社会发展的需要作为崇德修身的目标和方向，将个人的成长成才融入祖国和人民的伟大事业之中，走得更正、走得更宽、走得更远，走出充实而无悔的青春。要以小善为基础，做好小事、管好小节，以高尚品德为积淀，不断从中华民族优秀传统文化中汲取营养，学会劳动、学会勤俭、学会感恩、学会助人、学会谦让、学会宽容、学会自省、学会自律。立意高远，方能胸怀天下，志在四方，成就大业；立足平实，方能脚踏实地，始于小善，终成大德。

在青年学生中培育践行社会主义核心价值观，明辨是保障。"学而不思则罔，思而不学则殆。"面对深刻变化的社会、丰富多样的生活、形形色色的思潮，要教育引导青年学生正确把握青春奋斗与奉献的航向，善于明辨是非，善于决断选择。要从实际出发，在对科学理论理性认同、历史规律正确认识、基本国情准确把握的基础上，学会运用马克思主义的立场、观点和方法回答现实生活中的问题。要在大是大非面前保持清醒头脑，在鱼龙混杂、泥沙俱下的现象中洞察真谛，正确认识各种社会思潮，既能够尊重差异、包容多样，又能够自觉抵制各种错误思潮的影响。要把家国情怀和世界眼光结合起来，以开放的视野和胸襟，增进对不同国家、不同文化的认识和理解，自信不自满、坚守不自封。

在青年学生中培育践行社会主义核心价值观，笃实是关键。"天下难事，必作于易；天下大事，必作于细。"要教育引导青年学生以求是笃实为做人为学创业的行动指南，在脚踏实地、坚忍不拔的奋斗中，从自身做起，从点滴做起，把小事当作大事干，一步一个脚印往前走。要发挥艰苦奋斗的精神，把艰苦环境作为磨砺自己意志和能力的人生机遇，在挫折和困难面前迎难而上，自觉经受社会实践的历练和困难环境的磨砺。要驰而不息地奋斗，勇于到条件艰苦的基层、国家建设的一线、项目攻关的前沿，到基层和人民中去建功立业，让青春之花绽放在祖国最需要的地方。

第二节 着力培育大学生核心价值观

大学生核心价值观是当代大学生在实践中逐步培养和形成的对于各种价值关系的基本观点和理念，是处理各种价值问题的基本态度和准则。它应该集中体现大学生的优良传统和精神风貌，也应该是当代大学生的最高价值追求。高校要把握核心价值观教育的基本特征，着力完善大学生核心价值观的培育路径。

一、大学生核心价值观培育的特点

一是主导性。现实社会中价值观是多种多样的。其中，由社会基本经济制度和政治制度所决定的占主导地位的价值观是一个社会的核心价值观。我们要从为中国特色社会主义事业培养什么人、怎样培养人的政治高度，以总体的眼光和全局的视野来开展大学生核心价值观培育。具体来说，就是要引导青年学生学习掌握马克思主义基本理论，深刻认识马克思主义的理论本质和当代价值，使青年学生树立正确的世界观和方法论，发挥其价值导向性作用；就是要帮助青年学生认识到中国特色社会主义是凝聚几代中国共产党人智慧和心血的共同理想，是马克思主义和中国实际相结合的产物，从而使学生树立中国特色社会主义共同理想，矢志为实现中华民族伟大复兴而奋斗，发挥其价值凝聚性作用；就是要引导青年学生明确如何从我国以爱国主义为核心的民族精神和以改革创新为核心的时代精神中汲取力量，发挥其价值动力性作用；就是要引导青年学生自觉践行社会主义荣辱观，发挥其价值规范性作用。

二是丰富性。从现实条件来看，随着经济全球化的推进，我国社会经济成分、组织形式、就业方式、利益关系和分配方式日益多样化，人们思想活动的独立性、选择性、多变性和差异性日益增强，这些因素既有利于青年学生自强意识、创新意识、成才意识、创业意识的形成，也给大学生树立正确的世界观、人生观、价值观带来挑战。这决定了大学生核心价值观培育必须把握社会主义核心价值观内容的丰富性，把握生动变化的实际及其发展趋势。一方面，我们要以扎实的学术理论功底向学生讲清楚社会主义核心价值观的理论内涵和精神实质，坚定大学生的政治信念，提升大学生的理论思维和认知水平。另一方面，要密切联系实际，讲清楚社会主义核心价值观鲜明的现实指向性、理论彻底性和不断发展的开放性，从而使大学生在亲切和生动的感受中把握社会主义核心价值观的精神实质，以不断实现理论成熟和政治坚定。

三是开放性。开放性是马克思主义理论本质的重要体现。在马克思主义发展史上，以理论突破带动实践飞跃，以实践发展推动理论创新的例子很多。正是通过这种不断深入的辩证运动，马克思主义在中国蓬勃发展并结出丰硕的理论成果。培育大学生社会主义核心价值观，要以开放的视野和胸襟，直面新的实际，在重大理论性、原则性问题上始终坚持马克思主义指导地位，同时根据变化了的客观实际，自觉地把思想认识从那些固守本本、漠视实践、超越或落后于实际生活的做法中解放出来，从而永葆科学理论的旺盛生命力。具体来说，一要紧密联系发展中国特色社会主义事业的伟大实践，直面当代科技和社会发展对马克思主义理论提出的新课题，从学生的思想实际出发，引导青年学生运用马克思主义的立场、观点和方法回答现实生活中的重大问题。二要注重引导学生正确认识各种社会思潮，既能够尊重差异、包容多样，又能够自觉抵制各种错误思潮的影响。引导大学生不断增强社会责任感和历史使命感，树立全心全意为人民服务的思想，为承担中华民族伟大复兴的历史重任准备条件。三要注重把学校教育与家庭教育、社会教育结合起来，变封闭式教育为开放式教育。只有多方努力，形成合力，才能更好地培育大学生核心价值观。

二、明确核心价值观培育的理念和原则

如何使大学生面对多样的社会价值取向而不脱离社会主义核心价值观的主导，是我们探讨核心价值观培育和实现路径的基础和出发点。大学生社会主义核心价值观的培育必须体现时代发展和进步的基本诉求，必须体现当代大学生的精神风貌，也就是要坚持正确的方向和导向。在具体的培育路径方面必须注重系统性、整体性、协同性和科学性，遵循思想文化建设和人才成长的内在规律。

要注重灵活多样方式的引导。核心价值观培育的价值在于为当代大学生提供正确的价值导向。面对拜金主义、个人主义、享乐主义等腐朽思想冲击和影响，青年学生容易产生道德困惑、理想迷失和信仰危机。社会上一些不良风气如浮躁、急功近利等的影响，也对青年学生的健康成长产生着负面作用。引导大学生树立高尚的价值目标既是大学生全面发展、健康成长的需要，也是国家、民族未来发展的需要。引导离不开思想政治教育者的灌输，从根本上说，灌输就是坚持以社会主义核心价值观为导向，以理想信念教育、形势政策教育、法制教育和道德教育等为内容，以大学生喜闻乐见的形式，引导大学生在教育和自我教育中启发自觉、转变观念、树立信念、提升自我。当代大学生有很强的独立意识，他们遇到问题时善于独立思考，不随波逐流，不人云亦云，不盲目地跟从别人，希望表达自己的独立见解，具有求新、求异、求变思维的特点。家庭背景、成长经历、个性特征在这一代学生身上所表现出来的独立性、选择性、差异性比以往任何时候都更为明显和突出。针对

大学生的这些特点，核心价值观教育应倡导共建共享的渗透教育。具体来说，在思想政治理论课课堂上应建立以学生为主体的教育模式，让学生参与讨论，各抒己见，在认识的交流中达成共识，在观点的争论中加以引导。在课外要让学生自己组织各种社团开展活动，让他们在社会活动中更深刻地认识奉献的价值。

突出人文内涵的吸引和传递。大学生的价值观深受环境影响，由于生活在和平发展和改革开放的时代，青年学生大多习惯通过报刊、电视、广播、网络等多种媒体快速获取大量的信息。由于年龄和社会阅历方面的原因，他们分析问题和判断是非容易局限于个人的视角，甚至有时也有片面的因素。因此，核心价值观教育要想真正收到成效，必须充分了解学生的思想现状和实际需要，加强针对性，以期收到更好的效果。核心价值观的培育要贴近大学生的思想实际，要与解决他们的实际问题相结合，把大学生最关心、最直接、最现实的利益问题作为教育引导的重点，要及时主动为学生释疑解惑，排忧解难，把核心价值观培育过程变成密切联系学生、解决学生问题、理顺学生情绪的过程。要注重学校文化的建设和学校精神的培育，通过积极健康向上的学校文化来引领学生的价值取向和健康成长。要注意在管理中体现导向，可以让学生通过学校各级学生组织参与学校的决策管理，充分行使自己的话语权，充分表达自己的意见和建议，承担相应的义务和责任，形成和谐有序的人才培养和成长机制与环境，在潜移默化中树立科学的核心价值观。

要构建多种角度调节和培育的机制。要通过营造公平、公正、平等、关爱的环境氛围，尊重差异，包容多样，最大限度地引导青年学生形成思想共识。要通过制定一系列体现核心价值观内容的管理规章制度来实现培育的要求，如可以研究制定大学生的行为准则和道德规范条例，从日常行为规范抓起，从学生的一言一行抓起，培养文明健康的价值观念；严格校风校纪，特别是考试纪律，促使学生形成正确的价值评价；制定大学生测评体系，把学生的学业道德表现与其利益结合起来，形成正确的价值标准；建立完善的奖助贷机制，通过奖惩制度引导学生作出正确的价值选择。还要注意通过教育者之间的行动来培育大学生的核心价值观，学校党政组织管理机构和全体教师可以根据各自的优势，以不同的形式，全员参与到对学生的核心价值观教育中，改变过去只依靠少数思想政治理论课教师和辅导员进行教育的现状，在全员、全方位、全过程育人中体现对大学生核心价值观的培育。

三、大学生核心价值观培育的基本要求

大学生核心价值观培育是大学生思想政治教育的核心内容之一，与之相关的教育活动应围绕核心价值观的培育展开，并把握总体取向，体现鲜明特点。

首先，体现鲜明的时代特点。近些年来，国际国内的重要变化深刻地影响着我国社会的发展变迁，我们在前进过程中遇到了前所未有的机遇和挑战。大学生核心价值观培育要体现鲜明的时代要求，反映时代发展变化的新特点。要深入研究我国思想文化建设的新形势和新任务，深刻总结我国大学生思想政治教育的丰富实践和宝贵经验，努力探索社会主义核心价值观融入国民教育全过程需要解决的问题以及好的经验做法，这样才能准确把握当代大学生的思想脉搏，创造性地开展工作，提高教育的针对性、实效性和吸引力、感染力。培育大学生核心价值观，需要我们按照时代要求丰富大学生核心价值观的教育内容，把人与自然协调共生的教育、科技道德教育、经济伦理教育、网络道德教育等内容融入进来，使爱国主义、集体主义、社会主义教育更具新意并富有时代气息。

其次，贯穿共同的价值目标。一种思想或精神要得到广泛认同并发挥行为导向作用，重要的一点就是看这种思想或精神是否反映了人们共同的愿望与价值。大学生是中国特色社会主义建设事业的未来生力军，肩负建设中国特色社会主义的光荣使命。大学生核心价值观培育的重要内容之一就是帮助青年学生形成符合党和人民事业发展要求的价值目标。这就要求我们引导青年学生明确中国特色社会主义价值体系中的价值主体定位、价值目标、价值追求、价值取向的深刻内涵，掌握科学的价值标准和评价体系，提高价值分析、价值判断和价值选择能力，在

实践中深刻体会中国特色社会主义事业所具有的旺盛生命力，从而促使青年学生在构建社会主义和谐社会、加快社会主义现代化建设的历史进程中不断前进。

再次，突出强烈的人文关怀。科学理论只有扎根于大学生的思想深处，才能转化为他们行动的力量。因而，在大学生核心价值观培育过程中，要充分尊重大学生的主体地位，贴近实际、贴近生活、贴近学生，通过尊重人、理解人来解决人的情感问题，通过教育人、引导人来解决人的思想认识问题，通过服务人、满足人来解决人的利益需求问题。在应对青年学生的精神诉求、思想困惑和利益需求的过程中，引导他们自我教育、自我提高、自我完善，自觉接受社会主义核心价值体系，树立正确的核心价值观。同时，我们要注意不同学科背景学生对社会主义核心价值体系理解和接受程度的差别，针对不同专业、不同特点的学生开展各具特色的教育培育，从而实现大学生核心价值观培育与校情、专业特点相结合，与学生成长成才同进步、同发展。

最后，反映社会的道德诉求。一个和谐的社会，必定是物质文明、精神文明、政治文明、生态文明协调发展的社会，其中道德建设不可或缺。以"八荣八耻"为主要内容的社会主义荣辱观，集中体现了社会主义思想道德的先进性和广泛性，是与社会主义市场经济相适应、与社会主义法律规范相协调、与中华民族传统美德和优秀革命道德相承接的社会主义思想道德体系，是当代人们判断行为得失、确定价值取向、做出道德选择的基本准则。所以，大学生核心价值观培育要引导青年学生在遵守"八荣八耻"这一社会的共同价值标准和基本道德规范的基础上，以昂扬向上的精神状态，不断提高道德境界，不断升华道德追求。引导青年学生明确认识到应当坚持和提倡什么、应当反对和抵制什么，自觉把实现自我价值和社会价值有机地统一起来，逐步走向自我实现与服务社会相统一的道路，站在当今时代道德发展的前列。

四、培育大学生核心价值观的路径

培育大学生核心价值观，要从培养中国特色社会主义建设者和接班人的全局出发，遵循大学生思想品德形成发展的基本规律，健全把社会主义核心价值体系融入国民教育全过程的工作机制，运用灵活有效的教育手段，使社会主义核心价值观内化为青年学生的人格素养、行为习惯和自觉行动。

加强课堂教学的主渠道作用。马克思指出："理论只要说服人，就能掌握群众；而理论只要彻底，就能说服人。所谓彻底，就是抓住事物的根本。"①

社会主义核心价值观是兴国之魂，是社会主义先进文化的精髓，它具有先进性、彻底性、开放性等理论特征。我们要发挥课堂教学主渠道作用，把社会主义核心价值观教育融入高校思想政治理论课教学，融入高校哲学社会科学教学研究，切实推动大学生思想政治教育工作取得新成效、迈上新台阶。要坚持把社会主义核心价值观的基本内容和要求贯穿到思想政治理论课建设之中，用社会主义核心价值观引领教材体系建设和教学体系建设。要加强学科德育意识，引导其他专业学科教师自觉肩负起德育的职责，既注重科学知识的讲授，又注重人文精神的传承，把专业教育与社会主义核心价值体系教育结合起来，把"传道"与"授业""解惑"结合起来，既给学生以知识的力量，也给学生以思想的启迪。要不断创新教育教学方式，探索建立以学生为主体的教育模式，让学生参与讨论，畅所欲言，在争论、辩论中引导青年更好地认识自我、评价自我、完善自我，自觉树立科学的世界观、人生观、价值观，把个人理想与国家、民族的前途命运紧密联系在一起，从而达到实现自身价值与报效祖国、服务人民相统一。

发挥网络平台的育人效果。党的十七届六中全会指出，加强网络思想文化阵地建设，是社会主义文化建设的迫切任务。从高校思想政治教育的实践来看，在贯彻落实中发〔2004〕16号文件精神的过程中，很多高校开辟了网络这个与专业学习的第一课堂和课外实践的第二课堂并驾齐驱的"第三课堂"，在充分发挥网络课堂可以超越时空、随时随

---

① 《马克思恩格斯文集》第1卷，人民出版社2009年版，第11页。

地开展工作的育人优势的过程中推进大学生社会主义核心价值观的培育。为了更好地发挥网络平台的育人功能，要加强对网络的监控和管理，对网络上参差不齐、良莠并存的海量信息进行甄别和过滤，创造一个健康的网上育人环境；要积极开发思想政治教育信息软件，构建各级思想政治教育网络；要建立大学生咨询服务网站，把与学生有关的思想、政治、道德、心理、人际关系等方面内容融入网站建设，为学生提供各种咨询服务，也可设立网上论坛，让同学之间、师生之间充分交流，以引起思想共鸣，还可以提供专门的电子信箱，解答大学生在生活和学习中的思想困惑；要努力提高大学生思想政治教育工作队伍的素质，努力培养一支既懂教育艺术又懂网络信息技术的新型队伍，实现大学生核心价值观教育手段的现代化。

注重人文方式的涵育作用。以人为本是社会主义核心价值体系的基本理念，它体现了对人的主体需要的契合与满足。核心价值观培育归根结底是要帮助大学生确立科学的世界观、人生观和价值观，实现全面发展与健康成长。在核心价值观培育过程中，要坚持贯彻"以人为本"的育人理念与基本价值追求，充分了解学生的思想现状和实际需要，把大学生最关心、最直接、最现实利益问题的解决作为工作抓手，及时主动为学生排忧解难，把核心价值观培育过程变成密切联系学生实际、解决学生思想问题的过程，并把解决思想问题与解决实际问题结合起来。核心价值观的教育与渗透，既要体现人格平等和人与人之间的爱与关怀，又要广开言路，体现以文化人的丰富内涵，化解学生心里的疙瘩和矛盾，引导他们提升思想境界和道德觉悟。

突出实践育人的重要功能。党和国家历来高度重视实践育人工作。坚持教育与生产劳动和社会实践相结合，是党的教育方针的重要内容。践行就是把内化所得的价值观念通过实际行动贯彻到社会生活中，把内心强大的力量释放出来，用于指导日常的学习、生活和其他行为。要使社会主义核心价值体系为学生所感知、认同、接受并践行，必须紧密联系学生实际，通过科学实验、专业实习、社会活动等一系列行之有效的实践活动，培育他们对社会主义核心价值体系的认同感，最后转化为自觉的行为。在实践活动中熏陶思想、净化心灵、提高觉悟、升华认识，提高青年的社会责任感和历史使命感，达到学思结合、知行合一的要求，从而真正培育起大学生的社会主义核心价值观。

着眼于多方力量的统筹协调。核心价值观培育是一项系统工程，需要组织和协调各方面力量，形成多方支持、通力合作的整体合力。要注重和谐师生关系建设，从思想上贴近学生、了解学生，与学生形成良好的交流与互动，最大限度地达成理解和共识。学校党政干部和全体教师要根据各自的优势，主动履行职责，以不同的形式参与大学生核心价值观培育，"使专兼职队伍在知识结构、思想认识与工作经验方面实现资源共享与相互支撑"[1]，形成以党政干部和共青团干部为核心、以辅导员和班主任为骨干、以思想政治理论课教师和哲学社会科学课教师为主体的核心价值观培育的工作合力。要注重长效工作机制建设，将大规模的集中教育与日常的渗透式教育结合起来，着力构建全方位、全过程的日常思想政治教育机制和核心价值观培育机制；制定一系列体现核心价值观的管理规章制度，形成管理导向机制；完善大学生思想政治教育测评体系，把学生的学业表现、道德表现和成长发展结合起来，形成正确的价值导向；建立完善的机制，严格校风校纪，引导学生做出正确的价值判断和价值选择。

第三节 社会主义核心价值观与大学生利益需求的同构性

"'思想'一旦离开'利益'，就一定会使自己出丑"[2]，国家、民族的核心价值观如果忽视人民的利益需求，很容易脱离实际、不接地气，削弱自身的生命力、凝聚力和感召力。一般说来，人有三种具体利益需

---

[1] 冯刚：《德育新视野》，当代中国出版社2011年版，第109页。
[2] 《马克思恩格斯文集》第1卷，人民出版社2009年版，第286页。

求，即物质利益需求、社会关系利益需求和个人全面发展利益需求。社会主义核心价值观与大学生的这三种利益需求是相契合的。正确把握此同构性，对于提升高校培育和践行社会主义核心价值观的有效性具有积极意义。

一、社会主义核心价值观契合大学生的物质利益需求

"思想、观念、意识的生产最初是直接与人们的物质活动，与人们的物质交往，与现实生活的语言交织在一起的"[①]。社会主义核心价值观作为一种思想观念，与大学生的物质生活紧密相连。但需要指出的是，这里所讲的物质利益需求是有条件的，正如邓小平指出的："每个人都应该有他一定的物质利益，但是这决不是提倡各人抛开国家、集体和别人，专门为自己的物质利益奋斗，决不是提倡各人都向'钱'看。"[②]

富强是大学生实现物质利益需求的现实起点。为了谋求生存与发展，人类一刻也没有停止对物质利益的追求。马克思和恩格斯指出："人们为了能够'创造历史'，必须能够生活。但是为了生活，首先就需要吃喝住穿以及其他一些东西。"[③] 在人类历史上，从国家诞生起，个人物质利益的获取就同国家发展联系在一起。国家是个人获取物质利益的依托，国家富强是个人实现物质利益需求的现实基础，离开富强谈实现物质利益需求只能是空想。从新中国成立特别是自改革开放以来，我国生产力水平不断提高，综合国力显著增强，大学生的学习和生活条件得到极大改善，物质利益需求逐渐得到了量和质的满足。如移动电话基本普及，在校大学生再也不用为排队使用公共电话而焦躁等，多元且充足的学习生活物资极大地满足了大学生的物质利益需求。

民主是大学生表达自身物质利益需求的正确方式。历史上，人们习惯性地在政治层面上使用民主的概念，用以描述科学有效的政治制

---

① 《马克思恩格斯文集》第 1 卷，人民出版社 2009 年版，第 524 页。
② 《邓小平文选》第二卷，人民出版社 1994 年版，第 337 页。
③ 《马克思恩格斯文集》第 1 卷，人民出版社 2009 年版，第 531 页。

度。而在现代社会中，人们也常常将民主与人们的经济权利或物质利益联系在一起，用以保障自己的基本权利和利益诉求。民主作为一种制度，本质上是一种上层建筑，它由经济基础决定，并服务于经济基础。社会主义民主保证人民享有当家作主的权利，这其中就包含人民享有表达自身物质利益需求的权利，确保大学生可以通过民主的方式向学校、社会和国家表达利益诉求，促使有关部门制定或完善相应政策，保障大学生的物质利益需求得以顺利实现。在创新创业实践中，大学生可以通过民主的方式向相关主管部门反映自己遇到的实际困扰，帮助相关部门在调研的基础上完善相关扶持政策，满足大学生在创新创业中的物质利益需求。

平等是大学生实现物质利益需求的重要条件。在经济领域当中，平等包括基本经济权利完全平等和非基本经济权利比例平等两个方面。① 基本权利的完全平等，不仅可以保障人民的基本生存需求，同时鉴于国家的繁荣富强，还可以平等共享改革发展成果，提升人民物质利益需求的实现质量。非基本经济权利比例平等，就是鼓励个人在社会主义市场经济条件下坚持按劳分配原则，按照自己付出的劳动比例获得物质利益。对于大学生的物质利益需求而言，基本权利的完全平等就是全体大学生能够共享改革发展的成果，确保每个大学生都能实现自身的基本物质利益需求；非基本物质利益需求要做到比例平等，即是说要按照自己的贡献和投入来按照比例获取物质利益需求，激发大学生的积极性，例如奖学金的评定就要按照实际投入和贡献度来进行，在保证比例平等的同时提升大学生的学习积极性。

法治是大学生实现物质利益需求的制度保障。人在实现物质利益需求的过程中涉及两种矛盾，一种是人与物的矛盾，即获利者与物质利益本身的矛盾，一种是人与人的矛盾，即获利者与予利者、获利者与其他获利者的矛盾。这三对矛盾直接影响人们能否顺利实现自身物质利益需求，法治为解决这些矛盾提供了重要保障。一方面，法治肯定人的

---

① 王海明：《平等新论》，《中国社会科学》1998年第9期。

物质利益需求，保护人的物质利益。党的十八届四中全会强调，要依法"保障公民人身权、财产权、基本政治权利等各项权利不受侵犯，保障公民经济、文化、社会等各方面权利得到落实，实现公民权利保障法治化"①。法治使大学生的物质利益需求得到了法律保护，物质利益不受侵犯。另一方面，法治保障人们能够民主、平等地实现物质利益需求。民主和平等在人实现物质利益需求的过程中发挥着重要作用，但民主和平等本身需要法律作保障，没有法律保障的民主和平等是没有实际意义的。在我国，平等是社会主义法律的基本属性，党的十一届三中全会以来，我们党就提出必须使民主制度化、法律化，这对实现人的物质利益需求具有重要意义。

二、社会主义核心价值观契合大学生的社会关系利益需求

从现实性上讲，人的本质是一切社会关系的总和。社会关系作为人现实本质的构成要素，其本身也是人的利益需求。当代中国社会在发展工业文明和市场经济的过程中，满足人民物质利益需求的同时却承受着大自然无情的报复、社会关系的紧张以及个体心灵的孤独等代价。②这一问题同样反映在当代大学生身上，家庭关系、恋爱关系、朋辈关系、师生关系等出现了不同程度的问题，构建和谐稳定的社会关系成为大学生的重要利益需求。

实现社会关系利益需求需要和谐的社会环境。社会关系是在人身处的实践活动中结成的，而实践活动本身又处于广泛的社会环境之中。社会环境对人的社会关系实践具有重要影响。一方面，社会环境关乎人能否顺利构建自身所需要的社会关系；另一方面，社会环境关乎人形成什么样的社会关系。社会环境是人结成社会关系的温床，在和谐的社会

---

① 《中共中央关于全面推进依法治国若干重大问题的决定》，《人民日报》2014年10月29日。
② 朱培丽：《意识形态安全视阈下传统文化的转化与发展》，《湖北社会科学》2015年第5期。

环境中，人与人之间得以真诚相处，社会关系才能够顺利结成。但如果人在一个矛盾丛生的社会环境中，人与人之间更多的则是相互猜忌，无法进行真正的人际交往，由此也无法结成真正的社会关系。同时，在和谐环境中结成的社会关系才会牢固稳定，而在充满矛盾的社会环境中结成的社会关系则脆弱易变。校园环境充满矛盾，大学生就无法结成稳定牢固的同学关系、师生关系；工作环境充满矛盾，大学生就无法结成顺畅可靠的同事关系；生活环境充满矛盾，大学生就无法结成亲密牢靠的亲朋关系。

实现社会关系利益需求需要相对自由的空间。在传统农业社会，个人以家庭为中心，社会关系相对简单明了。而在现代工业信息化社会，由于生活方式的转变，人与人之间的联系越来越密切，人从传统的"家庭人"向"单位人""社会人"转变，人的社会关系利益需求也越发显著。但人欲构建的社会关系，是客观存在的人与人之间的联系，而非主观臆造的联系。单方面的社会关系是不存在的，想要结成客观存在的社会关系，人就需要在现实世界中进行必要的实践，而自由则是参加实践活动的重要条件。以自由为条件，在客观世界中，人可以突破传统社会壁垒，通过自身努力，按照自己的需求参加实践活动，在学习、工作以及生活中建立各种社会关系；在主观世界中，人可以解放思想，打破思维定式，使人按照自身意愿，在实践的基础上建立各种社会关系。在校园生活中，自由可以扩展大学生的实践领域和思维模式，使大学生能够在广泛的实践中，自由自觉地建立各种社会关系。

实现社会关系利益需求需要平等公正的机制。现代社会中，社会关系已成为人的一项重要资源。作为一项资源，它本身就存在如何配置的问题，因此一些社会关系出现了非对称性，甚至具有排他性。在传统社会中，由于没有保障机制，普通社会成员一般不能按照自身意愿参加一些实践活动，即使能够参加一些特定的实践活动，由于身份、等级、观念、思维方式的不同，也不能轻易地建构稳定的社会关系。而在现代社会中，公正和平等作为一项法律、一种制度、一个观念，为人们突破这些障碍创造了可能，它们使人回归到了人的类本质，人可以在普遍的劳动中按照自己的意愿建立社会联系，避免客观因素对其造成障碍。当面对非对称性、排他性的社会关系资源时，平等和公正机制可以确保大学生能够站在同一个平台上竞争，为普通大学生实现社会关系利益需求建立一条绿色通道。

实现社会关系利益需求需要诚信友善的品质。人在实现自身社会关系利益需求的过程中，除了需要外界提供保障，还需要不断完善自身的道德品质。"你若盛开，蝴蝶自来。"良好的道德品质是社会关系主客体双方对彼此的一个基本要求，诚信和友善就是其中的重要内容。它们是社会关系中双方的试金石，也是构建和谐社会关系的通行证。缺少这块试金石、通行证，社会关系中的双方就很难得到彼此的信任与赏识，没有信任和赏识这个基础，人就无法构建起真正的社会关系，即使能够结成，这样的社会关系也是不稳定的、脆弱的。校园内，大学生大多来自不同的省市，生活习惯、性格特点存在一定的差异，没有诚信友善的个人品质，会给师生关系、同学关系造成不利影响；校园外，由于长期在校园中学习和生活，在社会化程度较低的情况下，本身容易被外界人员质疑，如果缺乏诚信和友善，大学生则会丧失必要的社会关系。

三、社会主义核心价值观契合大学生的全面发展利益需求

文化素养的提升、专业技能的增强和思维视域的扩展，使大学生的全面发展利益需求比其他人群更为突出。与"德、智、体、美、劳"全面发展的目标相对应，身心健康、创新创业、审美情趣、专业技能是当前大学生全面发展利益需求的部分具体表现，社会主义核心价值观与它们是相契合的。

文明与和谐营造大学生身心健康发展的良好环境。当前，一些大学生不同程度地存在价值取向扭曲、艰苦奋斗精神淡化、心理素质欠佳等问题，这些与大学生所处的社会环境是分不开的。自改革开放以来，我国社会经济成分、组织形式、就业方式、利益关系和分配方式日益多样化，这些变化为大学生的全面发展带来新机遇的同时，也为其身心健

康发展带来了困扰,改善社会环境显得尤为迫切。文明和谐的社会环境有助于大学生树立正确的人生观、世界观、价值观,建立和谐的社会关系,正确地对待竞争和利益分配,减少由于竞争和利益分配对其身心发展带来的不利影响。不仅如此,文明和谐的社会环境也有助于促进大学生身心协调发展,促进大学生心理与身体和谐共进,使大学生不仅拥有健全的人格,还具有健康的体魄,实现自身全面发展利益需求。

自由与平等助建大学生创新创业发展的广阔舞台。2016年党中央颁布的《国家创新驱动发展战略纲要》明确指出了我国科技事业发展的目标,在当前大众创业、万众创新的时代,有效把握机遇,积极创新创业成为大学生全面发展需求的一项重要内容。但是,大学生仍处于学习阶段,创新创业尚有诸多限制。大学生的思想、行为容易受到外部干扰,导致其不能充分发挥自己的主观能动性,自由自觉地从事创新创业活动。同时,由于大学生在资源占有、实践经验等方面存在短板,在市场竞争中缺乏平等的机遇。由此,自由平等在大学生的创新创业中就显得尤为重要。习近平总书记在2016年科技大会上指出,在基础研究领域,包括一些应用科技领域,要允许科学家自由畅想、大胆假设、认真求证。① 大学生的创新创业亦是如此,以自由为前提,才能充分调动和发挥大学生的主观能动性,提高大学生创新创业的能力,扩展创新创业的舞台。同时,创新创业思想最终要转换为创新创业成果,平等可以确保大学生能够共享创新创业资源,在创新创业中完成知行合一、产学合一。

爱国、敬业、诚信、友善指引大学生提升审美情趣的目标方向。人类进步的历史反映着人对美的认识和追求,正如马克思指出的:"人也按照美的规律来构造。"② 在现代社会中,良好的审美情趣是个人素养的重要内容。作为时代的精英,提升审美情趣自然成为大学生寻求自身

---

① 习近平:《为建设世界科技强国而奋斗——在全国科技创新大会、两院院士大会、中国科协第九次全国代表大会上的讲话》,《人民日报》2016年6月1日。
② 《马克思恩格斯文集》第1卷,人民出版社2009年版,第163页。

全面发展的具体表现。但是,审美情趣是人在生产实践中不断丰富和发展的主观认识,在多元文化交错的现代社会,大学生在审美判断和审美选择时容易误入歧途。社会主义核心价值观个人层面的四个内容为大学生提升审美情趣指明了方向。爱国体现精神之美,它展现着个人美好的精神追求与价值信仰;敬业体现劳动之美,劳动作为人的类本质,体现着人最为本质的美;诚信体现道德之美,"美是道德的象征"①,诚信作为道德的重要内容,充分展现了人的道德之美;友善体现人性之美,友善不仅仅指朋友之间友善相处,更泛指像朋友一样友善地对待身边的人和事,展现人性因善而美。

文明与敬业提供大学生专业素养发展的驱动力。与普通群众相比,大学生的优势在于经过系统学习,具备较高的专业素养。大学生只有掌握扎实的专业知识,才能够被社会认可,为社会接受,因此提升专业素养也是大学生的全面发展利益需求的重要内容。影响个人专业素养提升的因素主要包括个人和社会两个方面。就社会而言,国家如果掌握了先进的理论、思想、理念、技术,个人就能够顺利地从中吸取营养,以此提高自身素质。但一个国家如果缺乏这些条件,个人的专业素养也就无法顺利提升。就个人角度而言,如果自身不能做到"干一行,爱一行",不能坚持"工匠精神",那么专业素养的提升也只是一句空谈。文明不仅仅包括精神文明,还包括广泛的物质文明,我国生产力水平不断发展,科学技术不断进步,思想理念不断完善,这为大学生专业素养的提升提供了必要的智力支持。同时,敬业作为公民道德标准,是大学生专业素养发展的内在要求,它在客观上促进大学生在实践中专于工作,精于素养,为大学生专业素养发展注入内在驱动力。

社会主义核心价值观与大学生的利益需求是紧密相关的,不是相互分离的"两层皮"。高校社会主义核心价值观教育也不是脱离大学生实际生活的无味宣教,它与大学生实现利益需求的目标是相契合的。在教学实践中,科学把握二者的同构关系,不仅有助于提高大学生对社会

---

① [德] 康德:《判断力批判》(上卷),宗白华译,商务印书馆1964年版,第201页。

主义核心价值观的认同，增强大学生践行社会主义核心价值观的内驱力，更有助于促进大学生的全面发展。因此，在高校培育和践行社会主义核心价值观中，管理者和教研人员要认同社会主义核心价值观与大学生利益需求的同构性，将二者的同构关系讲清楚、说明白，自觉将此同构性运用到高校管理和教学实践中。

第四节 着眼于学生成长发展需求培育践行核心价值观

习近平总书记指出："一种价值观要真正发挥作用，必须融入社会生活，让人们在实践中感知它、领悟它。要注意把我们所提倡的与人们日常生活紧密联系起来，在落细、落小、落实上下功夫。"[①]青年的成长发展需求是联系价值观与大学生实际生活的重要纽带，高校在培育和践行社会主义核心价值观过程中，要立足大学生成长发展需求，坚持思想引领和以人为本，在联系实际和改进创新中提升培育有效性。

一、坚持思想引领，强化大学生成长成才的精神动力

科学理论在个人发展中具有重要意义。首先，科学理论有助于推进人的劳动实践持续发展。物质资料的生产本身是人类的第一个历史活动，促进劳动实践的不断进步是人生存与发展的内在要求。在劳动实践中逐渐深化的科学理论，可以提升人认识世界和改造世界的能力，指引人的劳动实践向更高的水平迈进。其次，科学理论有助于激发人的劳动实践活力。人在劳动实践中会有不同的思想状态，有积极主动的，有消极适应的，甚至也有被动排斥的，科学理论可以改善人的思想状态，激发劳动热情与活力，使人以积极、主动、乐观的态度参与实践。最后，科学理论有助于实现人的自由全面发展。人的发展受多种因素制约，比

---

① 《习近平谈治国理政》，外文出版社2014年版，第165页。

如在资本主义社会中,劳动异化为资本家制造剩余价值的工具,人的自由全面发展受到阻碍,即使在非阶级社会中,由于人的认识水平和实践能力存在差异,自由自觉的全面发展也同样会受到影响,科学理论不仅可以指导人实现自由解放,同时也可以提升人认识水平和实践能力,以至实现自身的自由全面发展。

大学生成长成才需要科学思想引领。青年大学生正处在价值观形成和确立的时期,能否树立科学理论关乎他们的成长成才,正如习近平总书记指出:"这就像穿衣服扣扣子一样,如果第一粒扣子扣错了,剩余的扣子都会扣错。人生的扣子从一开始就要扣好。"① 然而现实中,社会环境的复杂多变给大学生科学理论的建立带来了挑战。随着社会主义市场经济的深入发展,大学生的自立自强意识不断完善,创新创业能力不断提升,但同时也存在一些不容忽视的负面问题。面对拜金主义、极端个人主义、享乐主义等腐朽思想的冲击和影响,一些大学生不同程度地存在政治信仰迷茫、理想信念模糊、价值取向扭曲、诚信意识淡薄、社会责任感缺乏、艰苦奋斗精神淡化、团结协作观念较差、心理素质欠佳等问题。不仅如此,国际敌对势力也加紧了对大学生的政治渗透,通过影视剧作、流行歌曲、社交网络等对大学生进行思想灌输,某些腐朽没落的生活方式对大学生的影响不可低估。因此,面对客观环境的新情况新挑战,对大学生进行科学思想引领是十分必要的,对其成长成才具有现实意义。

社会主义核心价值观是当代大学生的科学思想引领。不同时代、不同国家、不同民族都会具有不同的核心价值观,就当代中国而言,社会主义核心价值观与中国特色社会主义发展要求相契合,与中华优秀传统文化和人类文明优秀成果相承接,是我们党凝聚全党全社会价值共识作出的科学论断。习近平总书记指出:"我们提出的社会主义核心价值观,把涉及国家、社会、公民的价值要求融为一体,既体现了社会主义本质要求,继承了中华优秀传统文化,也吸收了世界文明有益成果,体

---

① 《习近平谈治国理政》,外文出版社2014年版,第172页。

现了时代精神。"① 因此，作为凝聚优秀文化并达成社会共识的社会主义核心价值观，可以成为大学生成长成才的科学思想引领。社会主义核心价值观与大学生成长成才是相契合的，"富强、民主、文明、和谐"是大学生成长成才的国家保障，"自由、平等、公正、法治"是大学生成长成才的社会保障，"爱国、敬业、诚信、友善"是大学生成长成才的自我保障。因此，作为与大学生成长成才密切相关的重要保障，社会主义核心价值观能够成为大学生成长成才的科学思想引领。

对大学生进行思想引领，重要的是要立足现实，将其转化为大学生成长成才的精神动力。以社会主义核心价值观为思想引领，就是要告诉大学生现时期什么样的思想是正确的，什么样的理论是科学的，应该做出怎样的价值判断和价值选择，在此基础上，帮助大学生自觉将其转化为自己成长成才的精神动力，激发大学生学习与实践活力，提升大学生创新创业能力，促进大学生全面发展。因此，培育和践行社会主义核心价值观是一个内化于心、外化于行的全过程，这个全过程就是要让大学生在多元价值冲突中理解社会主义核心价值观，在理解中主动认同社会主义核心价值观，在认同中将社会主义核心价值观内化为自己的思想，在内化中转化为精神动力，激发行为潜能，促进大学生成长成才。

二、坚持以人为本，关注大学生的价值追求和利益关切

自改革开放以来，在思想解放和社会主义市场经济深入发展的时代背景下，大学生的价值追求和利益关切逐渐得到关注。但是，在高校思想政治教育中，仍然有部分教育者和管理者重灌输而轻实际，比如把培育和践行社会主义核心价值观简单地当作一种政治任务，对大学生的价值追求和利益关切关注得不够。从根本意义上讲，没有超越一切利益、一切时代的价值观，一种思想或精神要得到广泛认同并发挥行为导向作用，重要的一点就是看这种思想或精神是否反映了人们共同的愿望

---

① 《习近平谈治国理政》，外文出版社2014年版，第169页。

与价值。① 因此，是否重视大学生的价值追求和利益关切，不仅关系到培育和践行社会主义核心价值观的有效性，还影响到社会主义核心价值观在大学生成长成才中作用的发挥。

要完善社会主义核心价值观的培育理念。面对新形势新挑战，高校要完善教学和管理理念，坚持以人为本。坚持以人为本，就是要科学把握在培育和践行社会主义核心价值观过程中大学生的主客体统一，正视大学生的价值追求和利益关切。从本质上讲，社会主义核心价值观是文化的一种形态。文化是人在劳动实践中创造的生存方式，在它的生成过程中，人是创造主体，生存方式以及其表现形式（各种文化形态）都不是主观想象或外部移植的，是由人在劳动实践过程中创造的，文化的生成过程充分展现了人的主体性。文化生成后会发挥其自在的育人属性。文化不是一个人的自发生存方式，而是为群体所接受的共同生存方式，文化一旦生成，就会发挥其内在的群体规范性，要求群体中的成员接受并践行这一生存方式，这时人就由创造文化的主体转化为群体生存方式规范的客体，完成了创造主体和教育客体的统一。社会主义核心价值观作为文化的一种形态，是在人类广泛的劳动实践中形成的，培育社会主义核心价值观，就是用人类自己在劳动实践中生成的文化教育人自身。因此，充分发挥社会主义核心价值观自身的育人属性，就要正视培育实践中大学生的主体性，正视与其相关的价值追求和利益关切。

要准确把握当代大学生的思想特点。高校培育和践行社会主义核心价值观，面对的是富有时代特征的青年学生，只有了解大学生的思想特点及变化规律，才能全面了解培育对象，理解其价值追求和利益关切的深层动因，提升培育的主动性和前瞻性。社会性是人的本质属性，马克思指出："人的本质不是单个人所固有的抽象物，在其现实性上，它是一切社会关系的总和。"② 当社会环境及周围的社会关系发生变化时，人也会呈现出不同的特点。大学生正处于身心成长的关键时期，具有较

---

① 冯刚：《着力培育大学生社会主义核心价值观》，《高校理论战线》2012年第9期。
② 《马克思恩格斯选集》第1卷，人民出版社2012年版，第135页。

强的好奇心和求知欲，社会环境及社会关系的改变对其产生的影响与一般人相比更为明显。自改革开放以来，我国社会经济成分、组织形式、就业方式、利益关系和分配方式日益多样化，人们思想活动的独立性、选择性、多变性和差异性日益增强。① 这些新情况使大学生所处的社会环境和社会关系发生了相应的改变，因此其自身也呈现出新的特点。与以往时期相比，大学生的主体意识、成才意识、全面发展意识更加强烈，思维方式更加灵活，视野更加开阔，信息面更加丰富。在这些新特点的影响下，大学生的价值追求和利益关切变得更为明显和直接。

要积极回应大学生的利益关切。鉴于当代大学生的思想特点，积极回应其利益关切是促进大学生价值选择和行为外化的重要途径。当然，这里所讲的利益关切是指大学生正当的价值愿望和利益需求。一方面，高校教师及管理人员要有效运用"课堂内外"和"线上线下"等渠道，通过课堂教学、实践教学和网络平台，与大学生进行有效互动，实现师生之间的无障碍沟通，及时洞察、收集、整合、研究、评估学生的利益关切；在校园管理中，有效利用校园广播、校报、校内网络、社交媒体等信息平台，完善意见征询和决策听证制度，确保信息"上下通畅"，使大学生切实感受到教育者和管理者对自己价值追求和利益关切的关注。另一方面，高校教师及管理人员要做到及时反馈，积极回应大学生的价值追求和利益关切，坚持解决思想问题与解决实际问题相结合的原则，充分发挥服务育人功能，激发大学生培育和践行社会主义核心价值观的内生动力。

三、坚持联系实际，找准结合大学生成长发展需求的交汇点

社会主义核心价值观具有深刻的现实基础，培育实践要紧密联系实际。从《中国人民政治协商会议共同纲领》中提倡"爱祖国、爱人民、爱劳动、爱科学、爱护公共财物"，到《中华人民共和国宪法》（1982年）中提倡"爱祖国、爱人民、爱劳动、爱科学、爱社会主义"，

---

① 《十六大以来重要文献选编》（中），中央文献出版社2006年版，第178页。

到《公民道德建设实施纲要》中倡导"爱国守法、明礼诚信、团结友善、勤俭自强、敬业奉献",到党的十六届六中全会提出社会主义核心价值体系,再到党的十八大提出"三个倡导",这个持续完善并逐渐丰富的过程,是对不同时期人民反映的思想问题的积极回应,与人民生活实际密切相关。从现实实践中来的社会主义核心价值观,对它的培育和践行也要回到现实实践中去。高校要联系大学生实际,在大学生的现实生活中展现社会主义核心价值观的重要意义。找准与大学生成长发展需求的交汇点,是培育践行社会主义核心价值观的有力抓手,它要求高校教师以及管理人员要深入理解社会主义核心价值观,分析社会主义核心价值观在大学生成长成才中的现实意义,在此基础上准确把握二者之间的交汇点。

要加强社会主义核心价值观的理论研究。准确理解社会主义核心价值观的科学内涵,是找准其与大学生成长发展需求交汇点的基础。首先,厘清社会主义核心价值观的形成历程,把握其中的理论逻辑和历史逻辑,理解其在不同阶段的实际意义。其次,把握社会主义核心价值观的科学内涵。一要坚持以马克思主义为指导,立足于中国特色社会主义理论与实践,将社会主义核心价值观与实现中华民族伟大复兴的中国梦结合起来;二要总结中华优秀传统文化的精神追求和精神特质,汲取其思想精华和道德精髓,传承和展现中华优秀传统文化基因;三要观照现实,结合国家发展和时代特征,了解现阶段人民群众的思想动态,理解社会主义核心价值观所回应的具体问题,把握它在现阶段的实际意义。最后,理解社会主义核心价值观的优秀文化本质。准确认识社会主义核心价值观是在人类广泛的劳动实践中形成的,是人生存方式的具体表现,按照文化发展的规律涵养、培育社会主义核心价值观,循序渐进,务求实效。

要做到社会主义核心价值观的对象化。所谓社会主义核心价值观的对象化,就是将其内容映射到人民群众的具体生活中,使"二十四字"成为鲜活的、人们熟知的表现形式。针对大学生群体,就是要将社会主义核心价值观的具体内容映射到他们的学习、生活和实践当中,使

"二十四字"转变成为大学生实际生活中的具体内容,例如文明和谐的校园文化、民主平等的管理制度、公正法治的奖惩机制、诚信友善的同学关系等。通过这种现实对象化,拉近社会主义核心价值观与大学生实际生活的距离,明确大学生成长成才的必备品格和关键能力,在此基础上寻找社会主义核心价值观与大学生成长发展需求的交汇点。

要挖掘社会主义核心价值观与大学生成长发展需求的同构性。社会主义核心价值观与大学生成长发展目标是相契合的,二者不是相互分离的"两张皮",具有同构性。在培育践行中科学把握二者的同构关系,有助于提高大学生对社会主义核心价值观的认同,增强大学生践行社会主义核心价值观的内驱力,提升培育实践的有效性。大学生是宝贵的人才资源,是民族的希望和祖国的未来,与普通群众相比,他们的发展需求更为强烈。一般而言,大学生成长发展需求主要包括学业需求、生活需求、文化需求、情感需求、心理需求、社交需求、就业需求、安全需求等。社会主义核心价值观契合于这些具体需求,例如富强为实现这些需求提供物质基础,民主和平等为实现这些需求提供制度保障,文明和谐为实现这些需求提供良好的社会环境,自由为实现这些需求提供空间和舞台等。在高校培育和践行社会主义核心价值观中,管理者和教研人员要认同这一同构性,深入挖掘这一同构性,将二者的同构关系理清楚、讲明白,自觉将此同构性运用到管理和教学实践中。

四、坚持改进创新,形成有利于培育社会主义核心价值观的长效机制

培育和践行社会主义核心价值观是一项长期的系统工程,完善的制度机制不仅是培育践行有序开展的保障,也是提升培育践行有效性的重要途径。面对新情况新挑战,要结合高校实际和大学生思想特点,进一步改进创新培育制度机制,促进这项系统工程持续有效运行。

坚持管理导向。校园管理要做到讲社会责任、讲公平竞争、讲诚信守约、讲爱岗敬业,通过校园管理彰显社会主义核心价值观,充分发挥管理育人功能。在学生管理中,一方面,通过制定一系列体现社会主义核心价值观的规章制度来实现培育要求，如可以研究完善大学生的行为准则和道德规范条例，从日常行为规范抓起，从学生的一言一行抓起，培养文明健康的价值观念；另一方面，管理理念和管理方式要体现社会主义核心价值观，让大学生在校园管理中切身感受到社会主义核心价值观的效用。在教师管理中，以社会主义核心价值观为指引，一方面规范教师言行，使教师队伍充分展现社会公德、职业道德、家庭美德、个人品德，为学生树立良好榜样；另一方面，学校党政组织管理机构和全体教师可以根据各自的优势，以不同的形式，全员参与到对学生的核心价值观教育中，改变过去只依靠少数思想政治理论课教师和辅导员进行教育的现状，形成一种全员、全方位、全过程的培育局面。

推进文化融入。文化是培育社会主义核心价值观的重要载体。以校园文化为依托，将社会主义核心价值观有效融入其中，潜移默化地影响大学生，是完善培育机制的重要内容。一般而言，文化包括物质文化、精神文化、制度文化和行为文化，在培育社会主义核心价值观中推进文化融入，就是要从这四种文化形态入手。物质文化是人类在劳动实践中形成的对象性物质产物，这里主要指校园环境。校园环境建设要将社会主义核心价值观融入各种基础设施中，在校园建筑、文体设施中彰显社会主义核心价值观，使其兼具应用价值和德育功能。精神文化是人类文化心态及观念形态的对象化，校园精神文化建设要坚持以社会主义核心价值观为引领，在办学理念、校训校歌等精神文化产品中坚持核心价值引领，发挥其精神引领作用。制度文化是人类处理个体与他人、个体与群体之间关系的文化产物，校园制度文化建设要以社会主义核心价值观为导向，在大学章程、行为规范等制度文化产品中突出价值导向，在规范大学生行为的同时实现价值引导。行为文化是人类劳动实践活动的具体表现，这里主要指各类校园文体活动。校园文体活动建设要依托在师生中具有广泛影响力的校园文化精品项目，结合读书会、朗诵会、歌咏比赛、舞台剧等形式，综合运用文字、图片、视频、动漫、微电影等多种方式，在校园中形成人人讲、处处讲社会主义核心价值观的浓厚氛围。①

完善激励评价制度。科学的激励评价制度不仅可以激发受教育者行为外化的动力，同时对受教育者的行为也具有积极的规范作用。一方面，要完善奖助贷机制，将社会主义核心价值观融入利益机制的全过程，完善和创新大学生利益增进、分配和服务机制，通过奖惩制度引导学生做出正确的价值选择，定期开展征集、展示、评比等活动，激发大学生践行社会主义核心价值观的动力；另一方面，要完善大学生测评体系，将践行社会主义核心价值观作为重要指标，建立诚信档案，在学年鉴定、毕业鉴定、就业推荐中，把学业信息和道德表现结合起来，在丰富评价内涵的同时引导学生自觉践行社会主义核心价值观。总的来讲，通过完善激励评价制度推动大学生践行社会主义核心价值观，就是要使符合核心价值观的行为得到鼓励，违背核心价值观的行为受到制约，以此提升培育社会主义核心价值观的有效性。

---

① 冯刚、刘晓玲：《坚持以文化人　深入推进社会主义核心价值观培育践行》，《思想理论教育导刊》2015年第1期。

第三章 思想政治教育的质量提升

党的十八大报告提出了"把立德树人作为教育的根本任务""培养学生社会责任感、创新精神、实践能力""全面提升党的建设科学化水平"等一系列战略部署,为全面贯彻党的教育方针赋予了新的时代内涵,为加强大学生思想政治教育指明了方向。大学生思想政治教育工作队伍学习贯彻党的十八大精神,就是要深刻认识其新高度,科学把握其新内涵,正确领会其新要求;就是要进一步落实立德树人这一教育的根本任务,坚持育人为本、德育为先,努力提升大学生思想政治教育质量;就是要全面实施素质教育,把社会主义核心价值体系融入国民教育全过程,坚持不懈用中国特色社会主义理论体系武装师生头脑;就是要不断创新高校基层党组织建设,进一步夯实党在高校培养人才、推动发展、服务群众、凝聚人心、促进和谐中的组织基础。

第一节 大学生思想政治教育工作的新进展

党的十六大以来,围绕立德树人这一根本任务,大学生思想政治教育工作在改进中加强,在创新中发展,不断丰富途径方法,完善体制机制,吸引力、感染力不断增强,科学化水平不断提高。

第一,马克思主义思想政治教育理论不断丰富和完善。党的十六大以来,各地各高校围绕马克思主义中国化、时代化、大众化的理论与实践进行了深入研究和探索,形成了丰硕的理论及实践成果。一是进一步明确地回答了"为谁培养人"的问题。我们党的历代领导集体都反复强调，培养社会主义事业的合格建设者和可靠接班人，是思想政治教育的根本性质与方向，高等院校必须把学生的思想政治教育放在重要地位。党的十六大以来，以胡锦涛同志为总书记的党中央，反复强调要切实加强和改进大学生思想政治教育工作，为中国特色社会主义的伟大事业培养造就千千万万具有高尚思想品质和良好道德修养、掌握现代化建设所需要的丰富知识和扎实本领的优秀人才，使广大学生与时代同步伐、与祖国共命运、与人民齐奋斗。二是进一步系统地回答了"培养什么人"的问题。思想政治工作必须坚持围绕中心，服务大局，因此，对"培养什么人"这一问题的回答，直接关系到所要培养人才的素质与规格。以胡锦涛同志为总书记的党中央把大学生思想政治教育工作与党和人民的事业紧密结合起来，与中华民族伟大复兴紧密结合起来，殷切希望当代大学生努力成为理想远大、信念坚定的新一代，品德高尚、意志顽强的新一代，视野开阔、知识丰富的新一代，开拓进取、艰苦创业的新一代。三是进一步创造性地回答了"如何培养人"的问题。对"如何培养人"这一问题的回答，关系着大学生思想政治工作能否以科学的方法实现既定的目标。党的十六大以来，我们党基于对人的全面发展规律、思想道德建设规律的深刻把握，强调指出，全国高校都要始终不渝地全面贯彻党的教育方针，坚持学校教育、育人为本，德智体美、德育为先，充分发挥高校思想政治教育工作主阵地、主渠道的作用，全方位、全过程推进大学生思想政治教育工作，努力营造全员育人的环境和氛围，努力促进大学生全面发展和健康成长。对于这些问题的创造性回答，深刻揭示了大学生思想政治教育的原则和规律，指明了大学生全面发展的前进道路，确立了大学生思想政治教育的科学方法论。

第二，大学生思想政治教育的针对性实效性明显增强。中央领导同志多次充分肯定大学生思想政治教育工作取得的显著成效，高度评价大学生思想政治面貌发生的深刻变化。一是领导体制工作机制逐步健全。各地各高校各负其责，把推进大学生思想政治教育作为重要职责纳入目标考核体系，相继出台一系列配套文件及具体措施，为大学生健康成长营造良好的社会环境，特别是良好的文化环境、舆论环境和校园周边环境。二是辅导员队伍专业化建设切实加强。召开新中国成立以来第一次全国高校辅导员队伍建设工作会议，出台《普通高等学校辅导员队伍建设规定》等一系列政策措施，强化辅导员双重身份、落实双重待遇、实现双线晋升。建立教育部高校辅导员培训和研修基地。从整体上看，本专科生一线专职辅导员岗位设置已基本达到"总体上按师生比不低于1∶200的比例"。三是思想政治教育的方法途径不断创新。在主题教育环节，围绕庆祝建党90周年等重大主题，精心设计和广泛开展理论学习研讨、大型文艺活动、主题教育、先进典型宣传等宣传教育活动。在实践育人环节，教育部等七部门联合印发了《关于进一步加强高校实践育人工作的若干意见》，对系统开展社会实践活动进行了全面部署。在形势与政策教育环节，百余位省部级领导和一批道德模范、劳动模范走进高校为大学生作报告。在校园文化建设环节，组织开展高校校园文化建设优秀成果评选活动，目前已举办六届。在心理健康教育环节，印发《普通高等学校学生心理健康教育工作基本建设标准》及《普通高等学校学生心理健康教育课程教学基本要求》。四是网络思想政治教育积极拓展。推动形成了全国—地方—高校三个层级的校园网站格局。不断夯实校园网信息安全管理的基础，营造健康向上的校园网络环境。特别是2005年，推动高校实施BBS"校内用户信息交流平台"和"用户实名注册"两项管理措施，为目前高校BBS健康有序发展奠定了良好基础。五是大学生先进典型的榜样力量持续增强。组织评选"中国大学生年度人物"，组织全国大学生优秀事迹报告团、大学毕业生建功立业先进事迹报告团、全国见义勇为舍己救人大学生英雄集体先进事迹报告团等，多次走进高校作巡回报告，在校园里掀起崇尚先进、学习先进、赶超先进的热潮。

第三，高校基层党组织和党员队伍建设取得积极进展。一是《中国共产党普通高等学校基层组织工作条例》修订颁布，有效落实。1996年3月，中央颁布的《中国共产党普通高等学校基层组织工作条例》是我们党历史上第一个关于高校党组织建设的党内法规。新修订的《条例》紧紧围绕高校党委统一领导学校工作这一根本，对加强高校基层党组织建设、加强高校党员队伍建设、发展高校党内民主的有关内容进行了调整和充实，突出强调高校党委统一领导学校思想政治工作，要求牢牢把握党对学校意识形态工作的主导权。二是学习实践科学发展观和创先争优两大活动深入开展，富有成效，有力推动了教育事业科学发展，促进了教育热点难点问题的解决，切实促进了政风行风学风的转变，建立了推动广大党员发挥先锋模范作用的常态长效机制，切实加强了基层党组织建设。三是高校基层党组织进一步巩固和加强，焕发活力。在创新党支部设置方式方面，正式将党政联席会议制度确立为院（系）级党组织的工作体制和决策方式，积极探索在学生社团、学生公寓等成立党小组，积极探索在实验室、课题和项目组等学术组织设置教师党支部。在创新党支部活动方式方面，各高校注重开展好主题教育、社会实践、民主评议、"三会一课"等活动，实施基层党建创新项目立项建设，探索建立信息化工作平台。在高校党员发展方面，按照坚持标准、注重质量、优化结构的原则，加大在优秀大学生、学科带头人和青年教师中发展党员的力度，优化高校党员队伍结构和质量。进一步加强了民办高校党建工作。高校基层党组织战斗堡垒作用和党员队伍先锋模范作用发挥的进一步增强，为提高大学生思想政治教育的针对性和实效性提供了坚强的思想保障和组织保障。

第二节 党的十八大对思想政治教育提出的新要求

坚持和发展中国特色社会主义是贯穿党的十八大报告的一条主线，加强和改进大学生思想政治教育必须把这条主线作为聚焦点、着力点和出发点，深入推进中国特色社会主义理论体系进教材、进课堂、进头脑，深入开展社会主义核心价值体系学习教育，积极培育和践行社会主义核心价值观，培养德智体美全面发展的社会主义合格建设者和可靠接班人。

党的十八大提出，坚持不懈用中国特色社会主义理论体系武装全党、教育人民，对在广大师生中广泛开展理想信念教育提出更高要求。习近平同志在参观《复兴之路》展览时提出，"每个人都有理想和追求，都有自己的梦想。现在，大家都在讨论中国梦，我以为，实现中华民族伟大复兴，就是中华民族近代以来最伟大的梦想。"[①] 大学生思想政治教育工作队伍要用更有深度、更有价值的理论学习和研究成果去帮助广大师生更全面、更深刻地理解和把握中国特色社会主义理论体系，树立理想信念，为实现国家富强、民族复兴、人民幸福的伟大"中国梦"而发奋学习、不懈奋斗。一是要研究探索用中国特色社会主义理论体系武装广大师生。中国特色社会主义理论体系，凝结了几代中国共产党人带领人民不懈探索实践的智慧和心血，是马克思主义中国化最新成果，是党最宝贵的政治和精神财富。在当前，要持续推进中国特色社会主义高等教育事业，就必须用中国特色社会主义理论体系武装师生、教育师生，进一步深化广大师生对中国特色社会主义理论体系的时代背景、科学内涵、重要意义和实践要求的认识，使之获得广泛认同，形成普遍共识。二是要研究探索用中国特色社会主义理论体系凝聚师生力量。随着经济全球化的发展和改革开放的深入，高校一定意义上成为社会变化的晴雨表，在整个社会发展中发挥着基础性和先导性作用。要坚持和巩固马克思主义在思想理论领域的指导地位，正确诠释时代和社会发展中不断出现的新情况、新问题，需要坚持不懈地用中国特色社会主义理论体系凝聚师生力量，大力推进社会主义核心价值体系建设，增强社会主义意识形态的吸引力和凝聚力，推动在广大师生中牢固树立中国特色社会主义共同理想。三是要研究探索用中国特色社会主义理论体系解答师生的困惑。马克思主义理论不是书斋中的学问，而是用来指导实践，释疑解惑的。用中国特色社会主义理论体系武装师生头脑就是要敢于面对、敢于接触、敢于回答师生的思想困惑，以及经济社会发展中的重要理论和现实问题，着力于引导师生的价值取向和行为选择，帮助师生自觉增强道路自信、理论自信和制度自信。

---

① 《习近平总书记深情阐述"中国梦"》，《人民日报》2012 年 11 月 30 日。

党的十八大提出，把立德树人作为教育的根本任务，培养学生社会责任感、创新精神和实践能力，对坚持育人为本、德育为先提出更高要求。十八大报告明确提出要把立德树人作为教育的根本任务，培养德智体美全面发展的社会主义建设者和接班人，提出培养学生社会责任感、创新精神和实践能力，提出"全党都要关注青年、关心青年、关爱青年，倾听青年心声，鼓励青年成长，支持青年创业"[①]。这充分体现了中央对党的事业后继有人和国家长治久安的战略思考。这要求我们，必须将思想政治教育融入学校教育教学全过程，将育人责任落实到学校每一位教育、管理、服务者身上，将具体工作结合到资源配置的环节之中，更高质量地做好大学生思想政治教育。一是要启动实施立德树人工程。组织开展全国大学生思想政治教育测评，以评促改、以评促建，及时发现和推广典型和先进经验，全面提高大学生思想政治教育科学化水平。多渠道提高辅导员培训质量，加强辅导员队伍专业化建设。深入推进实践育人工作，建设若干个全国大学生社会实践活动示范基地，启动大学生社会实践活动示范品牌建设项目。深入实施大学生心理健康素质提升计划。二是要进一步丰富和发展思想政治教育的文化内涵。要从战略的高度科学谋划大学文化建设工作，确立符合人才培养目标的文化建设方向，加强高校文化育人载体建设，培育优秀校园文化建设品牌，着力推进文化育人工作。要深入开展社会主义核心价值体系学习教育，积极培育和践行社会主义核心价值观。三是要坚持解决思想问题与解决实际问题相结合，不断提升思想政治教育的针对性和实效性。要遵循受教育者身心发展的规律，善于运用现代管理学、心理学、社会学等学科的知识和方法，科学要求，科学教育，科学管理，对广大学生施之以爱、导之以行。注重人文关怀和心理疏导，培育自尊自信、理性平和、积极向上的健康心态。要尊重学生的个性差异，尊重学生的心理感受，走进

---

① 胡锦涛：《坚定不移沿着中国特色社会主义道路前进　为全面建成小康社会而奋斗——在中国共产党第十八次全国代表大会上的报告》，人民出版社2012年版，第56—57页。

学生的心灵，把工作做到学生的心坎上，帮助学生释疑解惑，以真挚的情感和真诚的交流打动人、感染人，赢得广大学生的信任和支持。

  党的十八大提出，加强和改进网络内容建设，唱响网上主旋律，对进一步强化高校校园网络文化建设提出更高要求。把这一要求落到实处，就必须坚持一手抓发展、一手抓管理，主动占领网上思想文化阵地。一是要加强网络阵地建设。网络既是信息技术平台，也是重要的思想文化阵地。要继续加大资源整合力度，着力推进"中国大学生在线"建设，打造高校网络文化建设的示范引领平台；要努力培育一批区域性大学生综合网络社区和网络文化平台；围绕学生党建、社会实践、心理健康、就业创业等主题，建设好一批具有思想性、教育性、服务性和互动性的校园网站。统筹规划建设各类主题网站，主动介入在师生中具有广泛影响的社交网络平台，深入推进辅导员博客、校办微博建设，拓宽网上文化产品和服务的供给渠道。二是要丰富网上教育内容。结合高校数字化校园建设，着力打造一批网上名家讲坛、网上报告厅等校园网络文化的品牌。积极拓展网络学堂、网络电台、网络电视台、网络资源下载等网络媒介形式，进一步发挥校园网为大学生服务的功能，在深化服务中教育引导学生。鼓励和支持思想政治理论课教师、班主任、辅导员和大学生在网络社区、个人博客等网络平台创作发布优秀散文、诗歌、摄影、微电影等文学、艺术作品，不断丰富网上思想政治教育的形式和内容。鼓励和支持高校有关专家学者参与和推动优秀中华文化的数字化、网络化传播，精心设计和组织开展思想政治、学术科技、休闲娱乐等网络文化活动，充分利用重大节庆日和纪念日加强网上主题教育，把思想政治教育内容融入大学生网上生活。三是要提高网络工作能力。高校应该成为先进网络文化的重要引领力量，这需要从配备与选聘、培养与发展、管理与考核等方面入手，加快培养和造就一支高素质的校园网络文化建设和管理队伍。要不断强化队伍培训，着力推动工作队伍熟悉网络基本知识和基本技能，把握网络文化发展的特点和规律，提高运用和驾驭网络的能力，提高网络舆情发现、预警、研判和处置能力。要深入研究校园网络文化建设、发展的规律，深入研究校园网络文化建设和管理的方式方法，注重出成果出人才，不断提高队伍的专业化水平。

党的十八大提出，以改革创新精神全面提升党的建设科学化水平，对深入推进高校党的建设提出更高要求。"以改革创新精神全面提高党的建设科学化水平"，这是中国共产党对自身建设认识上的一次大飞跃，明确提出把握"一条主线"，加强"五大建设"，提高"四个能力"，建设"三型政党"等重大战略部署。新形势下，领会好、落实好十八大关于加强高校党的建设的精神实质要求，一是要牢牢把握高校意识形态领域的领导权和主动权，坚持马克思主义指导地位，深入推进中国特色社会主义理论体系进教材、进课堂、进头脑，深入开展社会主义核心价值体系学习教育，加强国情教育、形势政策教育、民族团结教育，引导师生正确认识国家的前途和命运，正确理解只有国家好、民族好，才能自己好，正确把握自己的社会责任，坚定在中国共产党领导下实现民族复兴的信心和决心，筑牢抵御各种错误思潮影响和渗透的思想防线。二是要抓好基层，打牢基础。要坚持工作重点放在基层、骨干力量充实基层、财力物力保障基层，积极推进高校基层党建工作创新，不断夯实党在高校的组织基础。要按照全覆盖、求实效、受欢迎的要求，"优化基层党组织设置形式，推行在实验室、课题和项目组、科研平台、实践基地设置党支部，探索党组织进学生社区、进公寓、进社团"，推进教师党支部与学生党支部共建，优化基层党务干部队伍结构；要大力创建基层服务型党组织，强化基层党组织的服务功能，要严格党内组织生活，创新活动方式，适应师生需求，运用现代技术，采取多种方式，开展有特色、显实效的活动，增强基层党组织的战斗力。三是要进一步加强高校学生党员发展和教育管理服务。要坚持标准，把政治标准作为首要标准，把综合素质作为重要考察内容，把参加社会实践活动的情况作为重要依据，防止简单地把学习成绩作为发展学生党员的主要条件。要严格程序，对于入党积极分子的推荐确定、培养教育，发展对象的政治审查、公示，预备党员的接收、教育、考察和转正等各个环节，都要严格把关。要建立健全教育、管理、服务学生党员的长效机制，从政治、思想、学习和生活上关心爱护帮助学生党员。

第三节　科学把握大学生思想政治教育的新任务

"努力办好人民满意的教育","推动高等教育内涵式发展",是党的十八大为我国高等教育改革发展指明的前进方向,标志着我国高等教育进入了以质量提升为核心的内涵式发展的历史新阶段。在这样的大背景下,大学生思想政治教育如何为高等教育质量提升、内涵式发展作贡献,如何提升自身质量、实现自身内涵式发展,是大学生思想政治教育工作队伍面临的新任务和新课题。

第一,要更加注重系统规划、整体推进,不断增强工作的全面性、系统性。高等教育改革发展涉及方方面面,但培养什么人、怎样培养人始终是我国教育事业发展中必须解决好的根本问题。"我们要把全面贯彻党的教育方针融入学校教育、家庭教育、社会教育全过程,着力提高学生思想道德素质,全面培养具有社会责任感、创新精神、实践能力的一代新人"①,这需要系统规划、整体推进大学生思想政治教育,需要立足于培养中国特色社会主义合格建设者和可靠接班人这一根本任务,把"以教育教学为中心、以立德树人为根本、以党的建设为保证、以和谐校园为前提"作为主线,有机融入高等教育发展大局和人才培养中心任务中去,在发展目标、工作机制、动力机制、资源配置机制、评价机制等诸多方面体现整体性、协同性。

第二,要更加注重动力机制建设,激发和调动内外两方面动力。改革需要推进,发展需要动力,在提升质量、内涵发展的背景下,必须加强大学生思想政治教育的动力机制建设。从内在方面看,要更好地激发和发挥高校广大师生的主体作用。内因是事物变化发展的内在依据,是事物存在的基础,是事物运动的源泉和动力。提升动力要从内因入手,激发广大师生的主体作用。要更加重视以人为本,注重关心涉及师

---

① 袁贵仁:《努力办好人民满意的教育》,《中国教育报》2012年11月23日。

生切身利益的事情，特别是要关注青年教职工的生活与成长，"要在生活上热情关心，把解决思想问题与帮助青年教师解决学习、科研、生活中的实际问题结合起来，为他们工作和成长创造良好条件。"① 从外在方面看，要改进绩效考核方式。要把定性和定量的分析结合起来，建立科学的考核评价激励机制，要研究结合质量和内涵建设发展的需要，科学设置大学生思想政治教育的考核内容和考核标准，完善考核方式和考核程序，强化奖优罚劣。

第三，要更加注重立标准、建机制，保证工作规范长效发展。没有标准，质量就无从谈起；没有制度，发展就得不到保障。大学生思想政治教育要规范、长效发展，就必须建立起与之相适应的质量标准和体制机制。建立质量标准是工作规范开展的重要前提。这个质量标准应该是对工作的内涵、过程及其效果的测评尺度。《全国大学生思想政治教育工作测评体系（试行）》分为党委政府版和高校版两个版本，是各地高校加强和改进工作、自评自测自建的参照和标准。新修订的《中国共产党普通高等学校基层组织工作条例》是新时期高校党的工作必须遵循的基本规章。建立质量标准是一个系统工程。应当以马克思主义中国化的最新成果为指导，从大学生思想政治教育实际出发，坚持导向性、科学性和操作性，制定出客观、科学的标准体系。完善体制机制是工作长效开展的重要保障。要完善领导制度，建立科学合理的工作机制，增强制度与制度之间的相互协同，形成完整、有效的制度体系，并且加强调查研究，加强监督指导，确保制度科学有效，确保制度执行到位。

第四，要更加注重队伍建设，着力提高队伍专业化素质。专业化是指工作者在工作中通过自身努力和相关培训，逐步提升素质、水平和能力，具备专业化技能，对工作形成全面、科学的认识。队伍的专业化建设需要多管齐下、持续推进。一是要注重队伍选配。严把"入口关"，通过综合考察，把政治上靠得住、工作上有本事、肯干事、能干事，群众威信高的同志选配到大学生思想政治教育的工作岗位上。二是

---

① 杜玉波：《全面推动高等教育内涵式发展》，《中国教育报》2012 年 11 月 18 日。

要加强示范培训。要进一步举办各类专题培训班,对高校院系基层党组织负责人、党校校长、党建组织员和辅导员、班主任以及网络文化建设和管理工作干部进行专题培训。健全培训制度,保障培训经费,提高培训质量,使培训经常化、专门化、长效化,提高培训的专业化、科学化水平。三是要搭建平台。定期召开经验交流会、座谈会、学术研讨会等,为实际工作者开展理论研究、提升理论素养创造条件;要设立专项课题,提供经费支持和保障。四是要加强实践锻炼。采取有效措施,组织大学生思想政治教育工作者参加社会实践、挂职锻炼、学习考察和海外研修等活动,不断提高他们的工作能力和水平。通过这些措施,努力打造一支政治觉悟高、理论素养好、专业能力强的工作队伍,推动工作科学发展。

第五,要更加注重加强理论和实践研究,为大学生思想政治教育科学发展提供有力支持。只有进行认真的研究,才能把零散的认识系统化,把粗浅的认识深刻化,直至找到事物的本质规律,找到解决问题的正确办法。一是要着力研究把握大学生思想政治教育领域的相关规律。提升思想政治教育工作的针对性和实效性,"需要遵循受教育者身心发展的一般规律,如受教育者的心理发展规律、思想素质养成规律、智商智力发展规律以及行为活动规律和环境适应规律等方面"[①],发挥马克思主义理论学科和思想政治教育学科的重要支撑作用,同时也要积极借鉴哲学、政治学、管理学、心理学、社会学等学科的方法和知识,以跨学科的视野研究思想政治教育的实际问题,强化问题导向,不断完善思想政治教育工作的理论基础。二是要着力研究大学生思想政治教育领域中理论和现实的前沿问题。重视组织专家学者和一线工作队伍围绕大学生思想政治教育工作中的难点、热点和前沿问题深入开展理论和实践研究。要深入研究工作的内容形式、工作的方式方法、工作的发展趋势及面临的问题等,推出一批有分量、有价值的理论和研究成果。要积极组

---

① 冯刚:《党的十六大以来大学生思想政治教育的创新发展》,《中国高等教育》2012年第18期。

织研究成果交流研讨，注重研究成果转化应用。三是要致力于推进相关学科的发展。学科的发展和支撑是大学生思想政治教育科学发展的重要条件，工作的科学化和专业化需要形成相应的学科知识和理论体系。需要设置与大学生思想政治教育相关的专业或研究方向，并纳入学科建设的总体规划。要继续发挥多学科、跨学科的力量，围绕重大理论和实际问题，围绕思想政治教育的前沿问题，开展联合攻关研究，着力提升大学生思想政治教育的基础研究和应用研究水平，为实现工作的科学化和专业化提供坚实的学理支撑。

党的十八大为大学生思想政治教育提出了新的要求，赋予了新的使命。大学生思想政治教育工作队伍要以科学发展的眼光、高度负责的态度和求真务实的理念，扎实推进各项工作创新发展，着力提升自身科学化水平，为推动高等教育质量提升、内涵式发展作出应有贡献。

第四章　坚定青年学生的文化自信

党的十八大以来，以习近平同志为核心的党中央高度重视文化自信问题。习近平总书记深刻指出："文化自信，是更基础、更广泛、更深厚的自信，是更基本、更深沉、更持久的力量。"① 深入学习贯彻习近平总书记关于文化自信的重要论述，在中华民族伟大复兴进程中坚定文化自信，要求我们必须回答好"为什么要坚定文化自信""文化自信从何而来""如何坚定文化自信"以及"如何发挥文化自信在高校思想政治教育工作的作用"等基本问题。

第一节　为什么要坚定文化自信

文化自信是一个民族、一个国家、一个政党对自身所禀赋和拥有的文化价值的充分自觉与肯定，是对其文化旺盛生命力所保持的坚定信心和发展希望。一个民族、一个国家、一个政党，只有在对其文化抱有强烈信心和高度认同的前提下，才能获得坚持和坚守的意志，才能鼓起奋发进取的勇气，才能克服前进路上的艰难险阻，激发出发展创新的无限活力。我国正处在全面建成小康社会的关键时期，距离实现中华民族伟大复兴的中国梦越来越近，在这样的重要时刻，提出并强调文化自信具有重要意义。

---

① 习近平：《在中国文联十大、中国作协九大开幕式上的讲话》，《人民日报》2016年12月1日。

一、文化自信是中华民族伟大复兴的精神保证

近代以来，经济和军事上的落后，使中华民族遭受了空前的灾难和屈辱，也导致很多国人在看待中华文化时产生了质疑，甚至走向了片面否定，从而出现了"月亮也是外国的圆"的极度不自信。在中国共产党的领导下，历经新民主主义革命、社会主义革命和建设、改革开放新时期，中华民族以民族独立、经济繁荣、国家强盛的崭新姿态向世人展示了民族复兴的伟大进程。民族复兴不仅是经济的复兴，更根本的是精神和文化的复兴。中华文化蕴涵着实现中国梦的中国精神，是我们推进改革开放和社会主义现代化建设的强大精神力量。要建设中国特色社会主义，实现中华民族伟大复兴的中国梦，就需要我们有中华文化的自信，用共同理想信念凝聚人民意志，用中国精神激发中国力量，让中华文化成为海内外中华儿女最大的思想公约数，成为统领和融通各族人民的文化血脉与精神家园。习近平总书记深切地观察到这一点，在多个场合，通过多次形式，不断强化中华民族的精神标识，号召树立文化自信。他要求，一定要通过学习树立对五千多年文明的自豪感，树立文化的自信、民族的自豪感，强调一个国家、一个民族的强盛，总是以文化兴盛为支撑的，中华民族伟大复兴需要以中华文化发展繁荣为条件。

二、文化自信是文化交流交融和繁荣发展的基本前提

当今世界正处在大发展大变革大调整的时期，文化在综合国力竞争中的地位和作用更加凸显。一个民族要充满生机活力、实现繁荣富强、在世界上拥有巨大影响力和吸引力，必须充分发挥文化的强大力量。纵览当今世界舞台，不同国家、不同民族的文化互相开放、互相交流、互相吸收，同时又在展现不同的民族文化特色与风格，表达自身的价值理念与话语主张，形成了不同文化之间在差别中相互交流、在竞争中相互借鉴的多彩景观。博大精深的中华文化是我们在世界文化激荡中站稳脚跟的根基。习近平总书记非常重视运用中国文化向世界各国阐释中国的主张和智慧，赢得了众多国家的赞赏，塑造了中国良好的国际形

象。只有对自己的文化有坚定的信心,才能获得坚持坚守的从容,鼓起奋发进取的勇气,焕发创新创造的活力,才能向全世界展现中国的形象,才能向世界证明中华文明是世界人类优秀文明宝库的重要部分,才能使我国的对外交流获得强大的文化力量。

三、文化自信是道路自信、理论自信、制度自信的根本和基础

树高叶茂,连于根系,无论是道路自信、理论自信、制度自信,都根源于文化自信,都是从中华5000多年文明传承中走出来的。开辟中国特色社会主义道路绝非偶然,中华民族自古以来就走着不同于其他民族的道路。任何国家的制度设计,必须根植于自己的历史文化传统,否则就会水土不服。我们民族无法照抄照搬任何国家的发展模式,必须尊重自己的历史文化传统,从中汲取智慧和力量,走出适合自己历史和国情的发展道路。中国特色社会主义道路,就是从中华民族5000多年悠久文明的传承中走出来的,是从1840年以来追寻民族复兴的历程中走出来的,是从中国共产党90多年艰辛探索、不断将马克思主义中国化过程中走出来的,是从新中国60多年接续发展中走出来的。只有很好地认识和把握中国文化,坚定而自觉地做到文化自信,才能很好地认识和坚持当代中国的发展特色和发展道路,才能增强道路自信、理论自信和制度自信。

第二节　文化自信从何而来

今天的中国是历史中国的延续和发展。中国道路来自以史为鉴的发展进步,中国模式来自立足本土的实践成就,中国精神来自古为今用的文化精髓和涵容广泛的人文理念。中国人民的文化自信,正是来源于源远流长的民族记忆和圆融大气的中国智慧,来源于对中国特色社会主义道路的坚定信念,来源于中国特色社会主义取得的巨大实践成就。

一、文化自信来自于中华优秀传统文化、革命文化和社会主义先进文化的丰厚智慧蕴涵和先进价值理念

5000多年绵延不断的中华文明，历史悠久、灿烂辉煌。早在2000多年前，中国就迎来了人类自有文字记载以来的一次文化大繁荣，儒家尚"仁义"，道家崇"自然"，墨家讲"兼爱"，法家倡"法治"，各种流派你中有我、我中有你，百家争鸣、和而不同。中华文明5000多年绵延不断，是人类历史长河中唯一没有干涸、没有断流的文明，我们祖先几千年前创造的文字沿用至今，从殷墟甲骨文到今天的汉字，可以看到一条清晰的文明脉络。中华民族以海纳百川、兼容并蓄的气度同世界交流，不断吸收外来文明的长处，使我们民族在政治、经济、文化、科技等诸多领域长期占据世界领先地位，对人类文明进步作出巨大贡献。

在人类历史的进程中，物质文明和精神文明的发展和繁荣，从来都是相辅相成、相伴相依。而人类社会的每一次跃进，人类文明的每一次升华，无不伴随着文化的历史性进步。从上海兴业路小楼到嘉兴南湖红船；从井冈山革命根据地的创建到中共七大的召开；从夺取民主革命的全国胜利到中华人民共和国成立；从探索社会主义道路到进入社会主义改革开放新时期；从推进中国特色社会主义道路到迈向实现全面建成小康社会的决胜阶段……90多年的风雨历程，一代又一代的中国共产党人，用不畏艰险的勇气、甘于奉献的义气、宁折不弯的骨气、勇于开拓的豪气和奋发图强的志气，谱写了中国共产党的光辉史册，刻画了中国共产党人不朽的民族精神，也为世代中华儿女留下了宝贵的文化遗产。

社会主义先进文化，是以马列主义为指导，以社会主义核心价值体系为灵魂，面向现代化、面向世界、面向未来的文化，是民族的、科学的、大众的文化。社会主义先进文化根源于中华民族的文化发展历史，来源于人民群众的文化实践，是人类文明进步的结晶，具有无可比拟的优越性和先进性，能够为人类社会文明进步提供强有力的思想保证、精神动力和智力支持。

二、文化自信来自于中国共产党带领全国人民在革命、建设和改革实践中取得的伟大成就

实践决定认识，但认识对实践又具有反作用。正是在马克思列宁主义及其中国化的思想理论指导下，在马克思主义政党的领导下，在伟大民族精神和时代精神的感召下，全国人民才最终摆脱了积贫积弱、苦难深重的旧社会，走进繁荣富强、幸福安康的新生活。中国共产党自成立起，就把马克思主义写在自己的旗帜上。经过近百年的接续奋斗，中国共产党领导中国人民取得了解放、革命和建设事业的伟大成就，使具有 5000 多年文明历史的中华民族全面迈向现代化，让中华文明在现代化进程中焕发出新的蓬勃生机；使具有 500 多年历史的社会主义主张在世界上人口最多的国家成功开辟出具有现实性和可行性的正确道路，让科学社会主义在 21 世纪焕发出新的蓬勃生机；使具有 60 多年历史的新中国建设取得举世瞩目的成就，中国这个世界上最大的发展中国家在短短 30 多年里摆脱贫困并跃升为世界第二大经济体，彻底摆脱被开除球籍的危险，创造了人类社会发展史上惊天动地的发展奇迹，使中华民族焕发出新的蓬勃生机。正如习近平总书记强调的："当今世界，要说哪个政党、哪个国家、哪个民族能够自信的话，那中国共产党、中华人民共和国、中华民族是最有理由自信的。"① 一种文化能够引领一个民族、一个国家，从苦难深渊走向繁荣富强，还有什么理由对这种文化不自信呢？

三、文化自信来自于文化多样性视角下的文化坚守与文化自觉

晚清以来，我们在文化上的不自信，很大程度上是由于我们对文化的多样性认识不足。其中代表性的观点就是把文化看成一个历史进展的过程，认为后期产生的文化一定比前期的文化先进、进步，由此认为西方工业文明比中国传统农耕文明进步。这无疑是错误的。2005 年，

---

① 习近平：《在庆祝中国共产党成立 95 周年大会上的讲话》，《人民日报》2016 年 7 月 2 日。

联合国教科文组织大会通过《保护和促进文化表现形式多样性公约》，提出"文化多样性是人类社会的基本特征，也是人类文明进步的重要动力。"文化差异性构成了世界文明的多样性，文化多样性使世界更美好。忽视文化的差异性和多样性，想把全世界的文化变成单一文化，只能是无视历史的痴人说梦。历史总是要前进的，历史从不等待一切犹豫者、观望者、懈怠者、软弱者。中华民族的文化传统决定，中国的未来绝不是西化，而是社会主义现代化。这不在于发展阶段的差异，根本在于文化基因的不同。文化是否先进、进步，关键要看其是否适合本民族、国家的发展，是否能够引领这个民族、国家走向更加繁荣的未来。无论是过去、现在还是将来，中国文化都必然会永久保持其"中国特色"。延续中华民族的文化血脉，坚定地走自己的路，是每一位中华儿女的历史责任。

第三节　如何坚定文化自信

习近平总书记指出："当高楼大厦在我国大地上遍地林立时，中华民族精神的大厦也应该巍然耸立。"[①] 这就要求我们在大力推进经济建设的同时大力加强文化建设，充实文化自信的底蕴，打牢文化自信的基础。

一、坚持马克思主义指导思想是根本

坚持以马克思主义为指导，是中国特色社会主义文化区别于其他文化的根本标志和灵魂所在。坚定文化自信，根本是坚持以马克思主义为思想指导。90多年来，中国共产党之所以能够完成近代以来各种政治力量不可能完成的艰巨任务，就在于始终把马克思主义这一科学理论作为自己的行动指南，并坚持在实践中不断丰富和发展马克思主义。马

---

① 习近平：《在文艺工作座谈会上的讲话》，《人民日报》2015年10月15日。

克思主义及其在中国的发展,为党和人民事业发展提供了既一脉相承又与时俱进的科学理论指导,为增进全党全国各族人民团结统一提供了坚实的思想基础。习近平总书记强调:"马克思主义是我们立党立国的根本指导思想。背离或放弃马克思主义,我们党就会失去灵魂、迷失方向。在坚持马克思主义指导地位这一根本问题上,我们必须坚定不移,任何时候任何情况下都不能有丝毫动摇。"① 这就要求我们必须警惕和反对各种反马言论,避免用西方资本主义的价值体系为中国量体裁衣,避免用西方的标准拷问中国的问题,坚守马克思主义信仰不动摇;要求我们牢牢掌握意识形态工作领导权、主导权和话语权,确保马克思主义在思想文化领域一元主导地位,确保马克思主义发挥其在多元中立主导、多样中谋共识、多变中把方向的引领作用,绝不能把话语权拱手让给西方错误思潮;要求我们用马克思主义指导哲学社会科学发展,以马克思主义基本原理、马克思主义中国化形成的成果及其文化形态为主体内容来构建充分体现中国特色、中国风格、中国气派的学科体系、学术体系、话语体系。

二、做好传统文化的创造性转化、创新性发展是关键

中华优秀传统文化是中华民族的"根"和"魂"。坚定文化自信,关键是做好传统文化的创造性转化、创新性发展。包括儒家思想在内的中国传统思想文化中的优秀成分,对几千年来中国社会发展进步起到了十分重要的作用。其中蕴涵的丰富哲学思想、人文精神、教化思想、道德理念等,也为治国理政和解决人类社会难题提供了有益启示,但同时,中华优秀传统文化与社会主义市场经济、民主政治、先进文化、社会治理等还存在需要协调适应的地方,因此,必须结合新的时代条件对传统文化进行创造性转化、创新性发展。这就要求我们一方面要大力宣传中华民族的优秀文化和光荣历史,继承五四运动以来的革命文化传

---

① 习近平:《在庆祝中国共产党成立95周年大会上的讲话》,《人民日报》2016年7月2日。

统，通过多种方式加强爱国主义、集体主义、社会主义教育，引导人们树立和坚持正确的历史观、民族观、国家观、文化观，增强文化底气；另一方面要采取马克思主义的态度，坚持古为今用、推陈出新，有鉴别地加以对待，有扬弃地予以继承，取其精华、去其糟粕，既不能片面地讲厚古薄今，也不能片面地讲厚今薄古，更不能采取全盘接受或者全盘抛弃的绝对主义态度；此外，还要按照时代特点和要求，对那些至今仍有借鉴价值的内涵和陈旧的表现形式加以改造，赋予其新的时代内涵和陈旧的表现形式加以改造，对中华优秀传统文化的内涵加以补充、拓展、完善，激活其生命力，增强其影响力和感召力。

三、培育和弘扬社会主义核心价值观是核心

核心价值观自信是文化自信的根本要求和集中体现，是核心价值观功能作用得以发挥的前提条件。坚定文化自信，核心是培育和弘扬社会主义核心价值观。习近平总书记指出："核心价值观是文化软实力的灵魂、文化软实力建设的重点。这是决定文化性质和方向的最深层次要素。一个国家的文化软实力，从根本上说，取决于其核心价值观的生命力、凝聚力、感召力。"[①] 因此，坚持文化自信，从根本意义上说，就是要坚持价值观自信。对于当今中国公民来说，价值观自信即社会主义核心价值观自信。社会主义核心价值观，是社会主义社会倡导的价值观念的集中体现，是社会主义核心价值体系的高度凝练，承载着中华民族深层次的精神追求，体现着社会主义社会评判是非曲直的价值标准。充分发挥社会主义核心价值观的应有功能和独特作用，价值观自信是前提和关键。人们只有对自己的价值观充满自信，在情感上认同、在心理上敬畏，才能在实践中更加笃定地践行。这就要求我们必须揭示社会主义核心价值观所反映的中国特色社会主义的特殊价值诉求，从根本上把社会主义核心价值观同资本主义核心价值观区别开来，使人们在心灵深处认知认同社会主义核心价值观的中国特色、中国气派和中国风格，认知认

---

① 《习近平谈治国理政》，外文出版社2014年版，第163页。

同社会主义核心价值观的先进性、科学性和崇高性。

四、坚持以文育人、以文化人是途径

以文育人、以文化人，重视人文教育、精神成长、思想提升，是把文化渗透到人内心的重要途径。坚定文化自信，途径是坚持以文化育人、以文化人。以文化人，实质上就是重视人文教育、隐性教育，注重精神成长、思想提升，主张潜移默化、润物无声，通过有意味的形式，长久地、默默地、逐渐地感染人、影响人、转化人，让人们在不知不觉中接近和接受正确价值观、远离和摒弃错误价值观，实现"蓬生麻中不扶自直""入芝兰之室久而自芳"的教育效果。习近平总书记强调，努力用中华民族创造的一切精神财富以文化人、以文育人。这就要求我们要用中华优秀传统文化教育人，科学传承和弘扬传统文化的思想精华，讲清楚中华优秀传统文化的历史渊源、发展脉络、基本走向，讲清楚中华文化的独特创造、价值理念、鲜明特色，增强其文化自信和价值观自信；用革命文化熏陶人，用中国共产党带领中国人民创造的红船精神、井冈山精神、长征精神、延安精神、西柏坡精神等来教育人、感染人，让人们深刻理解党领导人民进行革命的光辉历程和巨大成就，自觉树立起坚定的理想信念和革命精神，增添人生正能量；用社会主义先进文化引导人，培育和弘扬社会主义核心价值观，使全社会形成广泛而深刻的价值认同，不断增进社会思想共识，不断增强社会共同体的团结和谐，不断强化全民族的向心力和凝聚力，沿着中国特色社会主义道路奋勇前进。

第四节　坚定文化自信在思想政治教育中的作用

高校思想政治工作的一个重要内容，在于使大学生深刻理解只有中国特色社会主义能够发展中国，从而，增强他们的道路自信、理论自信、制度自信。而文化自信是更基础、更广泛、更深厚的自信，坚定文化自信既是增强道路自信、理论自信、制度自信的题中应有之义，也是增强道路自信、理论自信、制度自信的重要前提和基本路径。因此，坚定文化自信，对深化高校思想政治工作带有根本性意义。

一、坚定文化自信是深化高校思想政治工作的重要基础

文化自信是更基础、更广泛、更深厚的自信，坚定文化自信是深化高校思想政治工作的重要基础。高校思想政治工作者坚定文化自信，就会在工作和教学中更有底蕴和底气；学生坚定文化自信，就会在对社会主义的认识上更为信服和信任。

中国特色社会主义的道路自信、理论自信、制度自信与文化自信是紧密联系的统一体。它们是我们认识中国特色社会主义事业的不同维度和方面。这里的文化自信内在地蕴涵着中国特色社会主义的道路自信、理论自信、制度自信。因此，坚定文化自信，离不开道路自信、理论自信和制度自信的确立；而坚定道路自信、理论自信、制度自信，也同样离不开文化自信的滋育。我们知道，坚定道路自信、理论自信、制度自信与文化自信，归根结底是要坚定中国特色社会主义自信。显然，这也正是高校思想政治工作的核心目的所在。

大学生是存在于文化氛围之中的，文化认同比起道路认同、理论认同、制度认同更具有一种亲和力。可以说，就一般的认知和接受规律而言，往往是先建立起文化上的认同，然后才有道路、理论和制度上的认同。为此，我们必须切实增强大学生文化自信，充分运用好文化资源、发挥好文化力量，为提高大学生的道路自信、理论自信、制度自信打牢文化自信基础。同时，我们还要不断提升培育道路自信、理论自信、制度自信的实效性，在道路自信、理论自信、制度自信、文化自信的有机统一中，增进和加强大学生中国特色社会主义的认同与自信。

二、坚定文化自信是深化高校思想政治工作的主要路径

坚定文化自信是在高校思想政治工作中实现以文化人的重要基础和重要条件。通过树立坚定的文化自信，增强大学生的道路自信、理论

自信和制度自信,是一个符合人的接受和认识规律的过程,对于增强思想政治工作的科学性具有重要意义和价值。由此,我们也可以说,坚定文化自信是深化高校思想政治工作的主要路径。

"人创造环境,同样,环境也创造人。"① 发挥文化的思想政治教育功能,实际上,就是要创造一种优良的文化环境,并以这一优良的文化环境去创造人。在一定程度上可以说,文化环境是影响人的素质生成的最基本、最复杂、最深刻、最重要的元素。它是特定的人类社会在其长期绵延发展历史进程中逐步累积形成的,主要由一定的价值观念、日常伦理、道德规范、行为方式、宗教信仰、审美观念及生活风俗等内容构成。文化环境影响和制约着人们的观念、趣味、需求、情感、行为等的方式和特点,往往对思想道德素质产生着直接的影响。

因此,创造并改良文化环境是实现以文化人、坚守核心价值观、推动思想政治工作创新的一个基本的前提。由于优良的文化环境一旦形成,就会具有一定的稳定性和传承性,所以,着力于构建承载核心价值观的文化环境,可谓实现和优化思想政治工作的长效工程、基础工程。如何创造和改良文化环境呢?就是要始终坚持社会主义先进文化前进方向,使文化的性质、取向、内涵、形态有利于培育和形成人们的文化自信,特别是形成人们对于内在于文化之中的价值观取向的强烈认同。

三、要在知识传授过程中进行价值引导

文化自信的确立离不开知识判断,更离不开价值判断。因此,一方面,高校要把学生的知识传授和智力培育放在重要地位,引导大学生系统学习科学文化知识,把智力资源开发放在重要位置,注重对大学生进行知识传授与智力培养,使他们通过系统科学文化知识学习,成为掌握现代科学文化知识的高级专门人才,充分促进他们智力的发展。另一方面,任何知识、文化都包含一定价值取向,都会直接或间接地影响大

---

① 《马克思恩格斯文集》第 1 卷,人民出版社 2009 年版,第 545 页。

学生成长。因此，都要注重把知识传授和价值导向结合起来，把学习科学知识和加强思想修养结合起来，在智育活动中注重价值观培育，在知识传授中加强对大学生进行价值教育和引导。特别是哲学社会科学课程，具有突出的科学性和鲜明的价值倾向，更要把二者紧密结合起来，强化价值引导，使大学生牢固确立起正确的世界观、人生观、价值观。

坚持在知识传授过程中进行价值引导，关键是要以社会主义核心价值观教育为重点，引导高校学生正确认识和处理自我与社会的关系，把实现自我与服务人民结合起来，把个人价值融入社会价值，在自觉服务国家和人民、实现社会价值的过程中实现自我价值。总之，加强改进大学生思想政治教育，树立文化自信，一定要把教书和育人、德育和智育、知识传授和价值导向紧密结合和高度统一起来。

四、要充分发挥网络文化育人功能

当前，网络已是高校师生学习生活的"第一环境"，也是高校思想政治工作面临的"最大变量"。坚定文化自信，深化大学生思想政治工作，要把发挥网络文化的育人功能作为一个极端重要的方面。可以说，坚定文化自信，推动高校思想政治工作创新发展，必须要加强网络文化建设，充分发挥网络文化育人功能。

习近平总书记在网络安全和信息化工作座谈会上指出，互联网是一个社会信息大平台，亿万网民在上面获得信息、交流信息，这会对他们的求知途径、思维方式、价值观念产生重要影响，特别是会对他们对国家、对社会、对工作、对人生的看法产生重要影响。对于大学生而言更是如此，因此，必须建设网络良好生态，发挥好网络引导舆论、形成正确的网络文化价值导向，使网络文化有利于正心，而不是乱心。只有在这样的网络环境中，文化自信才有可能真正确立起来。

要进一步加强网络空间治理，维护好亿万民众共同的精神家园。网络空间天朗气清、生态良好，符合人民利益。网络空间乌烟瘴气、生态恶化，不符合人民利益。要本着对社会负责、对人民负责的态度，依法加强网络空间治理，加强网络内容建设，做强网上正面宣传，培育积极健康、向上向善的网络文化，用社会主义核心价值观和人类优秀文明成果滋养人心、滋养社会，做到正能量充沛、主旋律高昂，为广大网民特别是青少年营造一个风清气正的网络空间，为大学生坚定文化自信、为高校深化思想政治工作提供良好的网络生态环境。

第五章　以文化人与校园文化建设

习近平总书记指出，高校思想政治工作"要更加注重以文化人以文育人，广泛开展文明校园创建，开展形式多样、健康向上、格调高雅的校园文化活动，广泛开展各类社会实践"[①]。5000多年文明发展中孕育的中华优秀传统文化、在党和人民伟大斗争中孕育的革命文化和社会主义先进文化，不仅为高校思想政治教育提供了丰富的文化资源和文化底蕴，也为高校思想政治教育增加了文化底气。高校要重视校园文化建设和以文化人，增强思想政治工作的时代感和吸引力。

第一节　提升大学文化建设水平

大学在不断发展，不断创新，大学的文化也在不断丰富和发展。大学的文化建设必须适应时代发展的特色和要求，适应中国社会阶段性发展的特征，才有可能让我们的大学文化朝着更加科学、更加协调的方向前进。

第一，在推进大学文化建设的过程当中，既要注意用社会主义核心价值体系来引领我们的大学文化，又要注意以大学文化的建设来推动和促进社会主义核心价值体系的建设。

这是一个双向作用的过程。一方面，建设我们的大学文化必须有

[①] 《习近平在全国高校思想政治工作会议上强调把思想政治工作贯穿教育教学全过程　开创我国高等教育事业发展新局面》，《人民日报》2016年12月9日。

科学的、进步的导向，因为文化的核心和精髓在于它蕴含着稳定的价值取向。实际上一个国家的文化软实力如果失去了先进文化的价值取向，文化也就失去了灵魂，这样的文化也就没有了精神的力量。所以，用社会主义核心价值体系来引领大学的文化建设就是要赋予我们今天大学文化建设的灵魂，这样的文化才能更充分更有效地发挥育人的功能。在文化育人的过程当中，必须要有灵魂；另一方面，优秀的大学文化对于社会主义核心价值体系来说也是建构性的，社会主义核心价值体系与大学文化之间不是单向地发挥着作用，社会主义核心价值体系要引领大学文化建设，同时大学文化也对社会主义核心价值体系进行着丰富、建构和推进。因此我们应该重视大学文化对社会主义核心价值体系的作用，使得建构核心价值体系成为大学文化建设的一种自觉的追求。大学文化不止是在大学校园里面发挥着作用，更要在社会上，在我们民族文化建设上，在推进国家意识形态建设领域发挥积极的作用。也就是说，在提升国家文化软实力的过程当中，大学文化应该是大有作为的。因此，我们应该站在国家文化软实力建设的高度，站在培养人才的高度，来看待和推进我们的大学文化建设，充分发挥大学文化的时代意义。

第二，在推进大学文化的建设过程当中，既要通过文化的传承创新来实现大学育人的目的，又要注意在大学育人的过程当中，进一步推动文化传承创新。

高校的四个功能，人才培养、科学研究、服务社会、文化传承创新，对于高校来讲，前三个功能做得很好很到位的话，第四个功能文化传承与创新就会做到位了，或者对于高校来讲，要实现文化传承与创新，发挥大学的第四大功能，更多的是通过前三个功能领域来实现。在中国人的文化观中，文化与教育的关系是密不可分的，文和化连在一起使用，在《易经》当中早就有表述了。"观乎人文以化成天下"，其实这个文化，也叫作以文化人。文化的功能和作用，在很大程度上也集中体现于教化和育人方面。在西方的文化当中，文化本身的含义也有栽培和培育的意思。我们讲的"文以载道，以文化人"，也表明大学的文化对于育人，应该发挥积极的作用。

同时，教育也是传播和创新文化最重要的途径。文化的传播很大程度上是以人才培养来实现的。大学的发展目标与文化有着非常密切的关系，包括我们党的十七届六中全会，明确指出，发挥国民教育在文化传承创新当中最基础的作用。胡锦涛同志在清华大学百年校庆上明确指出：高等教育是优秀文化传承与创新的载体，是思想文化创新的重要源泉。文化传承创新作为高校的重要职能，更多的是要通过人才成长和培养，传承文化薪火、生产文化精品、推动文化交流这些途径来实现。高校是以学科建设、人才密集、成果丰富等优势，通过培养人才、传承文化、创新文化、服务社会和文化交流，来推动文化传承创新。

在国家发展中，高校的特殊、重要作用是非常明显的。文化的发展最终还是要靠人，没有人才培育，文化的发展也就失去了主体的、基本的依靠力量。所以说在新的历史条件下，大力推进文化传承创新，可以更好地、更全面地提高人才培养的质量，更好地实现高校育人这一根本目的，这是一个向度的。同时还有另一个向度，就是这一根本目标的实现，为文化传承创新塑造着更多的、合格的文化传播的主体也为文化的进一步发展奠定坚实的、人力的基础。在某种意义上，也可以说，高等教育的人才质量直接影响甚至决定着我们文化建设的质量和水平。没有高质量的人才，就没有高质量的文化。对于文化的发展来讲，这是非常重要的。

第三，在推进大学文化建设的过程当中，既要注意大学的人文学科建设，进一步夯实大学文化建设的基础，也要注意以大学文化建设来进一步提升人文学科建设和传播文化的自觉意识。

大学文化体系的建立和大学人文学科的建设密不可分。人文学科里面可以包括很多，哲学、法学、教育学、文学、历史学、艺术等大学的人文学科，成为大学文化建设重要的支撑，也是大学文化建设的一个重要方面。我们现在可能比较注重，通过我们的一些活动、制度建设，通过一些平台，来推动大学文化的建设。而我认为大学人文学科深入学科里面，文化建设会更有生命力、更有底蕴。人文学科的根本目的是它不仅要回答"是什么"，而且要回答"应该如何"；不仅要获取关于对象的一种知识，更重要的是要探寻其中和人联系紧密的意义和价值，如何设计、表达、确立某种价值观念、某种理想，从而为人的行为确立某种价值导向。这就是我们经常讲的工具理性和价值理性的关系。简单地讲，人文学科是关系到人的学问，是建立在一定基础上的、跟人联系紧密的学科，这是我们推动文化建设的一个精髓，也是大学文化建设很重要的、核心的内容。所以说，以社会主义核心价值体系为灵魂的大学文化建设，一定要充分注意和发挥大学人文学科对于人的属性的建构功能，这也是建构我们大学文化的基础。从另一个角度看，大学的文化建设也为大学的人文学科建设提供了重要的、宝贵的契机和发展空间，在一定程度上发挥和丰富人文学科发挥其影响的形式和载体，也是在提升人文学科增强文化传承创新的一种自觉的意识。通过大学的文化建设，在深入学科以后，也可以增强人文学科在文化传承创新当中的自觉意识。大学文化建设不应该只是一些简单的活动，更应该也必须深入学科当中去。社会主义核心价值体系的引领功能和文化传承创新是高校的使命，而只有让这个使命更好地体现在学科，尤其是人文学科之中，才能更好、更充分地去落实。

最后，在推动大学文化建设过程中，既要注意在点上的突破，比如一些精品载体，同时也要注意线上的延伸和面上的覆盖，既要培育和突出我们的特色，也要注重我们在构建文化系统过程中的系统性、全局性的设计和考虑。

在谈到学校文化建设的时候，一般会比较多地关注一所学校的文化特色和亮点，比较注重点上的布局，强化重点和特色，包括我们的行业特色院校。但有时候我们可能会忽略线上的延伸和面上的扩展。大学文化建设既要做到创品牌、培养精品、彰显特色，在今天这个社会发展阶段，也要注意如何形成系列、构建体系和增加覆盖面，从而实现点线面的结合，做到既能突出重点，又能在全面推行过程中去体现整体的设计和理念。

大学的文化发展和建设在强化特色的基础上，应该更加注重整体性和全面性的推进。特别是在大学文化建设过程中，不应该仅仅停留在每个独立的工程、项目上,而是应该更加关注学校发展过程中,包括制度环境、精神环境、物质环境,方方面面和点点滴滴。如果在这些方面做好了,就能够于细微处见精神,在一些细节上彰显我们的理念,大学文化的建设才能够更好地深入人心、持久发展、科学发展。

从理论和实践的结合上,我们的大学文化建设现在也进入一个很好的发展阶段,我认为在下一阶段的发展过程当中,可以考虑如何更好地结合学校的优势、结合学科的特色、结合青年学生、结合时代的发展特征、结合我们培养人的规律和文化自身发展的规律,在这些方面加强我们的研究,提升我们的发展水平,真正使我们大学文化建设更好地发挥它在文化传承创新当中的作用。

第二节 深化高校校园文化建设

我国高校校园文化建设经历了一个认识不断提升、内容不断丰富、形式不断创新的过程。回顾高校校园文化建设的发展过程,可以发现高校校园文化最初是被视为学生课余文化活动来考量的,后来高校校园文化育人功能逐步扩展,与素质教育结合起来。进入21世纪,特别是中央16号文件下发后,高校校园文化建设得到了进一步规范与提升。近年来,我国高等教育进入了内涵式发展阶段,探索内涵式发展阶段校园文化建设的理念,最终从根本上提升高校校园文化建设质量,成为推动高等教育质量提升、内涵发展的重要课题。

一、校园文化建设要自觉融入教育现代化进程

《国家中长期教育改革和发展规划纲要》将"基本实现教育现代化"作为我国教育事业的战略目标,党的十八大作出了到2020年"教育现代化基本实现"的战略部署。教育现代化已成为建设中国特色社会主义事业不可或缺的重要内容,而内涵式发展是教育现代化的必经之路。高校校园文化作为大学赖以生存发展的精神支柱,是大学内涵式发

展的重要推动力量。

弘扬精神文化，培育和凝练社会主义现代化大学精神。大学是国家的思想文化高地，大学文化是追求真理、求实创新的文化，其中，精神文化是大学文化的灵魂。大学精神是大学文化的内核和最高表现形式，是大学的独特气质和价值规范体系。培育和凝练社会主义现代化大学精神，是教育现代化进程中必不可少的重要组成部分。社会经济发展到了一定阶段后，真正有力量的是价值观。社会主义现代化大学精神与社会主义核心价值观是一脉相承的，党的十八大报告提出要"倡导富强、民主、文明、和谐，倡导自由、平等、公正、法治，倡导爱国、敬业、诚信、友善，积极培育和践行社会主义核心价值观"[1]，从国家、社会、个人三个层面对社会主义核心价值体系建设指明了方向，也为社会主义现代化大学精神的培育与凝练指明了方向。培育和凝练大学精神，要牢牢把握正确方向，把社会主义核心价值观融入富有自身传统和特色的校园文化建设中，以高尚的文化熏陶人，以优秀的文化培育人，以先进的文化引领人，增强广大师生对中国特色社会主义的道路自信、理论自信和制度自信，这是新时代下高校校园文化建设义不容辞的使命与责任。

构建制度文化，完善中国特色现代大学制度体系。大学制度是大学文化在制度层面的反映，体现了高校的办学目标、发展战略、社会基础、历史使命和时代特征。大学制度建设是大学文化建设、教育教学质量的有效保障。只有系统持续地加强制度文化建设，才能逐步实现规章制度与学校长远发展目标之间的深度契合，保证学校发展战略的实施。《国家中长期教育改革和发展规划纲要》将"完善中国特色现代大学制度"作为重要改革目标，为此，教育部在2012年颁布了《全面推进依法治校实施纲要》，从健全依法办学自主管理的制度体系、完善学校内

---

[1] 胡锦涛:《坚定不移沿着中国特色社会主义道路前进 为全面建成小康社会而奋斗——在中国共产党第十八次全国代表大会上的报告》，《人民日报》2012年11月18日。

部治理结构、规范学校依法办学行为、健全校内权利救济和纠纷解决机制、营造学校法制文化氛围、健全依法治校评价考核机制和转变政府职能七个方面①,对学校提出了具体工作要求和目标任务,为各高校加强依法治校建设的力度、提升现代大学制度体系建设成效指明了方向。因此,各高校要从学校发展和人才培养的战略全局高度,充分认识校园文化制度建设的重大意义,统筹规划校园文化建设,保障校园文化建设的可持续发展。通过完善高校校园文化工作制度,为加强依法治校建设的力度、提升现代大学制度体系建设成效助力。

培育行为文化,培养全面发展的现代化创新人才。行为文化是指人们在生活、工作之中所贡献的,有价值的,促进文明、文化以及人类社会发展的经验及创造性活动,在文化分层中处于浅层,它通过组织成员的具体行为来体现,因此,更能影响组织成员的价值观。在校园里,行为文化指高校广大师生员工在教育教学、科学研究和学习生活中所表现出的精神状态、行为操守和文化品位,是高校校园文化的具体体现。当前,一些大学生中存在着道德水平不高、文化品位不高、精神境界不高的现象,建设校园文化必须对此予以重视,要意识到这并不仅仅是一种行为,而且要透过行为看到背后的价值观问题,说到底这些行为是由于部分大学生理想信念模糊、价值取向扭曲、诚信意识淡薄、社会责任感缺乏、心理素质欠佳引起的。因此,我们必须以坚定的决心与信心,采取有效举措,通过构建良好的文化环境和精神氛围,促进学生产生内部心理的变化,使学生形成稳定、健康向上的文化意识,进而达到潜移默化、润物无声的工作效果。

拓展物质文化,建设现代化的校园生态环境。高校物质文化是高校校园文化的物化形态,是高校教学、科研、服务社会的物质基础,其存在形式多种多样,包括师资队伍、校园环境、建筑风格、规划布局、人文景观、教学设施等。高校物质文化以最外显的方式映射着高校校园文化,反映出高校在历史积淀中的不同风格、不同意识以及不同精神,

---

① 教育部:《全面推进依法治校实施纲要》,教政法〔2012〕9号。

是其他校园文化形态存在和发展的基础和前提。因此，建设高校校园文化就必须要考虑到高校物质文化的多样性、持久性和持续性等。高校物质文化能够有力地推动高校核心竞争力的提高，重视和加强高校物质文化建设，既是加强高校校园文化建设的重要步骤和途径，也是高校在现代化建设过程中可持续发展的重要保障。

加强网络文化建设，适应现代化教育发展需要。随着现代信息技术的迅猛发展和广泛应用，我们不可逆转地进入了信息化网络时代。一方面，飞速发展的信息化科学技术为高校校园文化建设方法的现代化提供了可能。但同时，高校网络文化建设和管理工作还存在文化服务供给能力不强、网络舆论引导能力不足、工作体制机制不健全、条件保障不到位等问题。加强高校网络文化建设和管理工作，关键在于网络文化的内容建设，要不断丰富网络文化内容，大力推进中国特色社会主义理论体系网络化传播，构筑网络思想文化阵地，推动高水平综合性大学生主题教育网站与区域性大学生网络文化平台建设；着力增强校园网站的思想性、教育性、服务性、互动性，加强综合性门户网站、主题性教育网站、专业性学术网站建设，推进辅导员博客、思政课教师博客、校务微博、班级微博及校园微信公众号建设，扩大网络文化的育人覆盖面和社会服务面。进一步提升校园文化工作现代化水平，还要着力提升高校网络文化管理水平，切实提高高校网络舆论引导能力，大力推进高校网络文化队伍建设，加强对高校网络文化建设和管理工作的领导。

二、校园文化建设要体现中国梦的文化蕴涵

深化中国梦教育活动，是内涵式发展阶段高校校园文化建设的一个重要课题。中国梦的文化蕴涵，是深化中国梦的一个很重要的要素和角度。高校校园文化的建设，要始终契合中国梦的文化蕴涵。对广大青年学子来说，中国梦是成才梦，是报国梦，是创新梦。对于高校教师而言，中国梦也是育人之梦。广大青年学子和教师筑梦、追梦、圆梦，要将中国梦的文化蕴涵融入高校校园文化建设的全过程。

中国梦的精神实质明确了高校校园文化建设的使命。要把握好中

国梦的精神实质,中国梦归根到底是人民的梦,这是中国梦的本质属性和精神实质。① 中国梦的基本内涵是国家富强、民族振兴、人民幸福,把国家、民族和个人作为一个命运共同体,是中国梦的精神实质。把握这个精神实质,对于高校校园文化建设有重要的指导意义。在校园文化建设中,要发挥中国梦的核心凝聚作用,引导学生意识到个人前途与国家命运息息相关,而每一个人的奋斗努力,都是中国梦的组成部分,每一个人在中国梦实现过程中,都享有人生出彩的机会,享有梦想成真的机会,享有同祖国和时代一起成长和进步的机会。要充分尊重学生在校园文化建设中的主体作用,调动他们参与校园文化建设的积极性,促进青年学生自觉接受优秀文化的教育和熏陶。

中国梦的文化意蕴丰富了高校校园文化建设的内容。中国梦的文化意蕴,在于以文化自信造就中国梦、以先进文化引领中国梦、以文化力量支撑中国梦、以文化复兴实现中国梦。以文化自信造就中国梦,就是要通过校园文化建设,引导教育学生树立道路自信、理论自信、制度自信和文化自信意识,使大学成为弘扬优秀传统民族精神和与时俱进时代精神的主阵地。以先进文化引领中国梦,就是要通过校园文化建设从世界眼光、中国情怀、时代特征三个维度去坚持社会主义核心价值体系,巩固思想阵地,在多元当中立主导,在多样当中谋共识,让爱国主义、集体主义、社会主义的价值取向成为时代发展的主流。以文化力量支撑中国梦,要认清中国梦激发唤醒了文化的力量,而文化的力量又从思想上、理论上给中国梦注入更加强大和持久的动力和活力,进一步加强将中国梦文化意蕴融入校园文化建设的决心。以文化复兴实现中国梦,要在高校校园文化建设中,坚持文化丰富性与先进性的统一,坚持文化传承与文化创新的统一,坚持文化诸形态普遍发展和持续发展的统一,以校园文化复兴为民族文化复兴助力。

中国梦的实现路径指明了高校校园文化建设的努力方向。实现中

---

① 《刘云山在深化中国梦宣传教育座谈会上强调推动形成实现中国梦的强大精神力量》,《人民日报》2013年4月9日。

国梦必须走中国道路,必须弘扬中国精神,必须凝聚中国力量。中国道路是中国特色社会主义道路,中国精神是以爱国主义为核心的民族精神和以改革创新为核心的时代精神,中国力量是中国各族人民大团结的力量。"三个必须"指明了中国梦实现的关键路径,对高校校园文化建设具有十分重要的指导作用。中国特色社会主义道路,具有深厚的历史渊源和广泛的现实基础,是历史和人民的选择,是实现中国梦的必由之路。高校校园文化建设要围绕中国特色社会主义道路加强宣传教育,增强学生的道路认同。中国精神是凝心聚力的兴国之魂,是实现中国梦的精神纽带。高校校园文化建设要坚持弘扬以爱国主义为核心的民族精神和以改革创新为核心的时代精神,把传承和创新作为校园文化生生不息的两个轮子,不可偏废其一。中国力量是各族人民大团结的力量,13亿人汇集起来的力量,是克服各种困难、战胜风险挑战的决定性因素。高校校园文化建设,要团结学校、家庭、社会的力量,整合教学、科研、管理的力量,汇集高校所有师生的力量,共同推进文化建设。

三、校园文化建设要坚持科学理性和人文精神的统一

英国文学批评家、文化理论家特瑞·伊格尔顿指出:"如果说'culture'这个词追溯了一种重要的历史变迁,那么它也编码了许多关键性的哲学问题。"[①] 对文化的哲学思考提示我们,高校校园文化建设应从哲学的视角出发,而坚持科学理性和人文精神的统一正是哲学的思维。

高校校园文化建设要坚持运用科学的方式方法。系统规划、整体设计、全面推进、协同创新是高校校园文化建设的发展方向,因此,高校校园文化建设的思维理念要从传统的"逻辑思维"转变为"系统思维",从静态的描述转变为动态的把握,从单向的因果关系转变为全方位的动态相互关系,从结论式讨论转变为开放式讨论。首先,高校校园文化建设要有整体思维,要从全局的角度审视校园文化建设的整体与局

---

① [英] 特瑞·伊格尔顿:《文化的观念》,方杰译,南京大学出版社2006年版。

部的关系，使整体与局部有机统一，提升校园文化的整体建设水平。同时，也要重视校园文化建设的层次与结构，通过优化要素提升整体效能；还要充分考虑到建设过程中的动态性，及时进行结构、层次、职能的调整，使校园文化建设的过程形成动态性与有序性相统一。其次，高校校园文化建设要重视信息反馈，及时收集建设过程中各方面的信息与反馈，从而检查建设各方面的执行效果，并及时做出调整，使校园文化整体建设始终运行在动态的最优环境下。同时，要重视校园文化建设的目标，确保各项建设工作的开展与调整始终不偏离建设目标与核心理念。

高校校园文化建设要挖掘大学文化的哲学内涵。有学者提出，存在着两种主要的基于不同高等教育哲学的大学文化。一种大学文化将追求真理视为大学存在的价值所在，强调大学要不断创造知识与发现真理。另一种大学文化将服务社会视为大学的首要职责，强调大学的存在价值在于契合社会发展的需求，更强调追求产学研合作的社会效益与专业人才的培养。显然，两种不同哲学观下的大学文化都有其不尽完善之处：前一种大学文化忽略了高等教育服务社会的工具功能，可能会导致大学与社会脱离；后一种大学文化容易片面强调具体知识的传授和职业技能的训练，从而忽略了高等教育最根本的价值追求，甚至产生"异化"。两者的和谐统一才是大学文化定位与发展方向的最佳选择，而以人为本的大学育人理念正是将二者和谐统一的有效途径，因为无论是认识论还是价值论，都是源自人的追求与需求。因此，高校校园文化建设要紧紧把握育人这一中心任务，无论是继承传统坚守与弘扬追求真理的精神，还是不断创新契合时代发展与社会进步的需求，都是大学育人的职责，也是高校校园文化建设的中心任务。

高校校园文化建设要坚持工具理性和价值理性的统一。著名社会学家胡塞尔在分析现代人的生存危机时，提出了生活世界理论。他认为，实证化的科学世界在无限发展中，遗忘了自己的生活世界基础，从而导致了人的价值感和意义感的失落。简言之，就是工具理性的强化和价值理性的缺失。在这样一种研究视野下，我们需要思考的就是着力避免教育过程中其"人文化"特征被"工具化"特点所遮蔽。这需要我们探索超越工具化的文化育人模式,准确把握大学的文化本质,需要我们在更高更宽的使命空间里认识大学的育人功能,构建、培育和塑造引领人的全面发展的社会主义大学精神。我国的传统文化偏爱人文精神,表现出重人伦轻事功的特点,价值理性在我国有着深厚的历史传统,历来备受人们关注。在中国传统文化中,"学"与"艺"的旨趣在于"为人""成人",而不在于"事功""成事"。因此,进一步弘扬我国传统优秀人文精神,是我们面对教育过程中规避"人文化"被"工具化"的有效手段。兼顾工具理性与价值理性,绝对不是简单地遏制和批判工具理性,而是在积极发展工具理性基础上,实现人文精神和工具理性的融合。因此,在我们的高校校园文化建设中,既要注重强化价值目标与人文精神,也要强调发展科学技术与社会发展责任。高校校园文化建设要在弘扬理性务实的科学精神的同时,更要始终不渝地以传承与发扬中国优秀传统文化为己任,兼顾"做人"和"做事",营造科学精神与文化氛围相融合的大学环境和育人空间,促进大学生德智体美全面发展。

高校校园文化建设要坚持在多样中立主导、在继承中谋创新的发展思路,牢固树立社会主义核心价值观的指导地位,以服务人才培养为核心任务,坚持质量提升、内涵发展的建设道路,努力打造形式多样、丰富多彩、富有特色的校园文化品牌,充分发挥环境、制度、管理的育人功能,促进青年大学生思想道德素质、科学文化素质和身心健康素质协调发展。

第三节 文化传承创新与行业特色高校的发展路径

行业特色高校是高等教育的一支重要力量。当国家的社会经济发展到一定阶段之后,要从文化这个视角来思考发展,更加重视文化软实力建设。高校发展到一定层次后,也要进入关注文化这个境界。在全国上下深入学习贯彻党的十七届六中全会精神、大力推动文化大发展大繁荣之际，北京高科大学联盟文化论坛关心高校发展的"特色""内涵"和"质量"，正是从文化这个角度和高度来思考高校的发展定位的。

一、把握文化与教育相互促进的内在关系

在我们中国人的文化观中，文化与教育的关系是密不可分的。中国古代典籍中，最早把"文"与"化"连在一起使用的是《易经》，所谓"观乎人文，以化成天下"，这明显带有教育的蕴涵。所以文化的功能和作用很大程度集中体现为"教"。文化传承创新、文化建设对于教育有着根本性的涵养作用。古人常说"文以明道""以文化人"，这都表明文化建设对于传道、授业、育人发挥着不可替代的重要作用。

同时，教育也是传播和培育文化最重要的途径。实际上，高校发展的目标，都与文化相关。十七届六中全会明确指出，要"发挥国民教育在文化传承创新中的基础性作用"，这对教育界尤其是对高校提出了明确要求。胡锦涛同志在清华大学百年校庆大会上的讲话中明确指出："高等教育是优秀文化传承的重要载体和思想文化创新的重要源泉。"文化传承创新作为高校的重要职能，如今已经成为各界的共识。高校贯彻十七届六中全会精神，要与充分发挥高校文化传承创新功能有机结合。作为科技第一生产力和人才第一资源的重要结合点，高校是人才成长的摇篮、传承文化薪火的讲坛、生产文化精品的园地、推动文化交流的场所。高校以其学科齐全、人才密集、成果丰富的优势，通过培养人才、传承文化、创新文化、服务社会和文化交流，不断推动着文化传承创新，对促进国家文化建设具有举足轻重的作用，在国家发展中居于极其重要的地位。

在新的历史条件下，大力推进文化传承创新，对于全面提高人才培养质量，更好地实现高校育人这一根本目标，具有重要而深远的意义。通过文化的传承创新，要使我们培养的学生不仅有知识还要有文化，不仅有智商而且要有智慧。相对而言，工科院校学生在综合素质培养上其实更需要文化的涵养。工具理性要解决的是"干什么"以及"怎么干"的问题，而价值理性要解决的是"为什么要这么干"，以及"干这个的目的是什么",要注意把工具理性与价值理性两者有机统一起来。加强文化育人,最重要的是价值取向问题。要让我们的学生不仅知道"干什么""怎么干",更要懂得"为什么干"。

二、行业特色高校的文化优势及发展趋势

行业特色大学的发展,要从推动中国特色社会主义教育事业全局的高度来审视。教育与文化建设、高等教育与教育、行业特色高校与整个高等教育,都是不同层次的局部与整体的关系。高校文化建设不仅要围绕高校自身的发展,更要着眼于中国特色社会主义事业发展的全局,与社会总体发展结合起来。当今世界,文化的力量深深熔铸在各个国家和各个民族的生命力、创造力和凝聚力之中,是综合国力的重要组成部分,是推动世界各国发展的重要动力。文化建设是中国特色社会主义事业总体布局的重要组成部分。在经历三十余年改革开放之后,我国的经济社会发展取得了世界瞩目的成就,党的十七届六中全会正式提出了建设社会主义文化强国的战略目标。在文化建设中,教育具有基础性作用;要建设社会主义文化强国,实现中华民族伟大复兴,就必须加快从教育大国向教育强国迈进。我国高等教育总体上还没有完全适应经济社会发展和人民群众的需要,同国际先进水平相比还有明显差距。所以,我们当前必须尽快实现从高等教育大国向高等教育强国、从文化大国向文化强国的双重转变。新的发展阶段要求必须全面提高高等教育质量。时代呼唤高水平大学群的兴起,这其中高水平特色行业高校不可或缺。

"高科大学联盟"诸高校区别于其他高校的特色和优势在于其行业特色,其文化的优势也在于特色行业。联盟的 11 所高水平行业特色型大学以及与之血肉相连的相关行业,都有着光荣的历史。在长期的办学历史进程中,行业特色高校积淀了特色鲜明的优秀文化传统。石油文化、地质文化、林业文化、电力文化、交通文化、化工文化等等,都既蕴涵着科学精神,又蕴涵着人文理性。传承创新这些文化形态,充分发扬其深厚蕴涵,对于人才培育,尤其对于既有知识又有文化的专业创新人才的培育,无疑具有很强的现实意义和精神支撑作用。同时,这些文化对于丰富和创新社会主义文化，对于推动社会主义文化大发展大繁荣也是重要因素和重要力量。像中国石油大学和石油行业的"铁人精神""石油文化"，是从现代工业发展过程中萃取出的，凝聚着石油人的奋斗史，蕴涵着石油工业的发展史，记录着共和国的进步史。当年那些豪言壮语充满着为国争光、为民族争气的爱国主义精神，独立自主、自力更生的艰苦创业精神，讲究科学、"三老四严"的求实精神，胸怀全局、为国分忧的奉献精神，锐意创新、勇往直前的拼搏精神，这绝不仅仅属于其产生的那个时代，它激励着一代代人为着共产主义远大理想、为着祖国和人民的利益顽强奋斗，直到今天，直到永远。毋庸置疑，这种文化体现着社会主义核心价值，是社会主义先进文化和中华民族优秀传统文化的重要组成部分，激励着一代代学子健康成长、走向成功，也是联盟各高校在今天用以凝聚师生员工、推动科学发展、服务社会大众的强大精神力量，应当成为行业特色高校文化育人的重要教育资源。行业特色大学文化建设要注意处理好个性与共性的关系。

行业特色高校优秀文化与高校优秀文化、与中华优秀传统文化、与中国特色社会主义先进文化是不同层次上的个性与共性的关系。文化是一个总体性概念，实际存在的文化形态都是具体的、富有个性色彩的，当然这并不妨碍其中蕴涵的价值观、价值倾向的一致和统一。坚持在多样中立主导，这是中国特色社会主义文化建设的本质要求。在改革开放和多元文化背景下，高校文化建设在容纳各种形态的文化现象的同时，要始终坚持以社会主义核心价值体系为导向，这是作为中国特色社会主义高校的安身立命之本，是不可脱离的共性。另外，世界之所以是丰富多彩的，在于组成世界的每个个体都有其鲜明的个性。这对于高校推进文化传承创新、发挥文化育人作用很有指导意义。在高等教育这个"生态系统"中，每所大学也都有自己的个性。对于"高科大学联盟"中的各高校而言，在日益激烈的高校发展竞争中，弘扬特色文化传统，走特色立校、特色强校之路是非常重要的发展战略。高等教育发展越充分、竞争越激烈，特色立校、特色强校的重要性也越突出。大学只有走特色发展之路，才能更好地在构建学科专业体系、创新人才培养体系和科技发展体系、培养拔尖人才、产出重大自主性成果、解决关键技术难题等方面发挥应有的、不可替代的作用。

三、高校文化传承创新与特色文化的培育

行业特色大学文化建设要坚持在传承中谋创新。传承与创新是文化建设的基本问题。胡锦涛同志指出:"推进文化发展,基础在继承,关键在创新。传承和创新,是一个民族文化生生不息的两个轮子。"文化都是有传统的,它体现了文化发展的历史性特征;而文化要进步发展,又离不开创新,因为创新是文化发展的动力和文化活力之源。实践在不断发展,文化也必然不断被突破与赋新。文化的创新是继承中的创新,否则文化创新就会成为无根的创新,文化发展就会迷失其本土性、主体性。所以,高校文化要注重文化发展在继承中谋创新的发展规律,把继承和创新更好地结合起来。继承要求我们懂得过去,要重视文化传统的研究,这是坚持优秀特色文化精神内核的基础;创新要求我们关注未来,要在继承传统的基础上,立足现实把握未来发展的方向和需求。这就要求高校文化的发展既要有开拓性和前瞻性,又要把开拓性和前瞻性与我们的文化传统、文化血脉连接起来,在继承和弘扬优秀文化传统的过程中实现文化上的自主创新,这样的文化才更浑厚、更活跃、更有力。需要强调的是,在继承中谋创新,还意味着一种自主创新。不断提高自主创新能力,建设创新型国家,这是我国发展战略的核心,是提高综合国力的关键。同样,文化上的自主创新,也是提高文化软实力的关键所在,应该引起包括高校在内的诸多文化和教育机构的高度重视。时代在前进,文化在发展,我们缅怀历史英雄,更呼唤时代英雄,如何有效地传承发展自身特色优秀文化是高校文化建设的重要课题。联盟中各大学都很重视自身的文化传统,也在积极探索优秀传统与时代精神的结合,并努力转化为学校重要的育人资源,这是非常可喜的。

行业特色高校文化建设要坚持科学发展观,以开放的视野大力推进文化传承创新,促进学校科学发展。要做到始终坚持以人为本。高校是培养高端人才的场所,发展特色文化的目的也是为了帮助青年学生全

面健康发展。在办学的全过程中,要始终坚持以人为本的理念,全心全意围绕人才培养做好工作。科学发展观第一要义是发展,建设特色文化既是行业特色高校发展的重要任务,也是为了促进行业特色高校更好地发展。以科学发展观指导文化建设,尤其要求坚持统筹兼顾,在发展特色文化的同时,要始终保持学校在人才培养、科学研究、服务社会诸方面协同发力、全面发展;在立足发展特色的同时,还要注重全面发展。没有特色,文化发展就会失去活力;不兼顾全面,文化发展就可能失去其目标和方向,也可能导致其故步自封,从而失去其持续发展的动力和可能机遇。这就要求文化建设和特色文化的培育要有开放的眼光,坚持在交流中促发展。开放的视野和充分的交流是文化发展的重要推动因素。季羡林先生曾说:"文化交流是推动人类社会前进的主要动力之一。"联盟的11所高水平行业特色型大学按照"自愿平等、开放共享、合作共赢、创新发展"的原则组织起来,成为充满活力的发展联盟,正是这一主张的生动体现。实践证明,联系起来,就能加强特色交流,促进全面发展。这里需要强调的是,不仅要加强行业特色高校之间的联系,还要加强与其他高校的联系,通过交流借鉴不断完善自身建设;还要加强与相关行业发展、产业发展以及区域发展的联系,在推动经济结构调整和转变发展方式中寻找发展机遇、提高办学能力;尤其重要的是,高水平行业特色高校以其特色鲜明的学科、成果和文化,在对外交流中必然能发挥独特作用,要利用自身优势,加强与国际名校的联系,推动"请进来"和"走出去"两个向度的交流活动,这是推动中华优秀文化"走出去"战略的重要组成部分。

在新的历史条件下,行业特色高校应该坚持以社会主义核心价值体系为引领,深入贯彻落实科学发展观,认真总结、辩证分析自身的办学历史、办学传统和现实条件,借鉴国内外有特色高水平大学的办学经验,找准自己的办学特色定位,按照文化发展规律大力推进文化传承创新,树立自己的文化旗帜,引领学校科学发展,不断提高办学能力和育人水平,为国家和民族的发展作出自己应有的文化贡献。

第四节　在以文化人中深化核心价值观培育践行

培育和践行社会主义核心价值观与"以文化人"始终是紧密结合在一起的。习近平总书记在主持中央政治局第十三次集体学习时指出："培育和弘扬社会主义核心价值观必须立足中华优秀传统文化。""对历史文化特别是先人传承下来的价值理念和道德规范，要坚持古为今用、推陈出新，有鉴别地加以对待，有扬弃地予以继承，努力用中华民族创造的一切精神财富来以文化人、以文育人。"[①] 这段论述思想极为丰富和深刻。核心价值观是决定文化性质和方向的最深层次的要素。社会主义核心价值观把涉及国家、社会和个人的价值要求有机融为一体，体现了社会发展和时代进步的要求。使社会主义核心价值观内化为人们的精神追求，外化为生动的行动自觉，需要我们深入挖掘社会主义核心价值观的丰富文化蕴涵，遵循文化发展建设的规律，探索有效机制实现"以文化人、以文育人"。

一、"以文化人"的丰富蕴涵

"观乎人文以化成天下。"一个国家、一个民族的强盛，总是以文化兴盛为支撑的。没有文明的继承和发展，没有社会主义先进文化的弘扬和繁荣，就没有中国梦的实现。党的十八大报告强调："文化是民族的血脉，是人民的精神家园。"要"发挥文化引领风尚、教育人民、服务社会、推动发展的作用"[②]。新时期、新常态下，文化也被赋予了新的形态、新的蕴涵。坚持"以文化人、以文育人"，首先要研究把握"以

[①] 《习近平在中共中央政治局第十三次集体学习时强调把培育和弘扬社会主义核心价值观作为凝魂聚气强基固本的基础工程》，《人民日报》2014年2月26日。

[②] 胡锦涛：《坚定不移沿着中国特色社会主义道路前进　为全面建成小康社会而奋斗——在中国共产党第十八次全国代表大会上的报告》，人民出版社2012年版，第30页。

文化人"在新时期、新常态下的时代蕴涵。

首先,"文"是基础,只有马克思主义先进文化才能决定"化人"的方向。"文"即"文化",具有广泛含义,有正确和错误、先进和落后之分。按照历史唯物主义原理,一定的文化是一定社会政治和经济的反映,又给予重要影响和作用于一定社会的政治和经济。文化在促进社会全面发展中起着十分重要的作用,先进文化是凝聚和激励全国各族人民的重要力量,是综合国力的重要标志。我国是以工人阶级领导的、以工农联盟为基础的人民民主专政的社会主义国家。我们强调"以文化人",首先要明确"文"必须是体现人类社会发展方向的以马克思主义为指导的社会主义先进文化,在当今中国,就是要以社会主义核心价值观引领人们的言行。如果用承载西方错误价值观念的"文"来"化人",就会把人"化"到歧途,甚至"化"到反面去。因为,"文"是"以文化人"的基础,用什么样的"文"来"化人",决定着"化人"的方向。

其次,"化"是关键,正确的途径和方法决定"化人"的效果。"化"即教育感化,就是要重视人文教育、隐性教育;注重精神成长、思想提升;坚持潜移默化、润物无声。通过人们喜闻乐见的方式,长久地、默默地、逐渐地感染人、影响人、转化人,让人们在潜移默化中接近和接受正确的价值观、远离和摒弃错误的价值观。因而,教化不同于法律规章,不是硬性约束,而是通过"润物细无声"的过程,实现"蓬生麻中不扶自直""入芝兰之室久而自芳"的教育效果。

最后,"化人"的实质是"育人"。习近平总书记强调,青年的价值取向决定了未来整个社会的价值取向,而青年又处在价值观形成和确立的时期,抓好这一时期的价值观养成十分重要。对于教育工作者来说,"以文化人"归根结底就是教化、育人。就是要牢记"立德树人"的根本任务,帮助青年学生树立远大理想,促使他们能把正确的道德认知、自觉的道德养成和积极的道德实践结合起来,能够勤学、修德、明辨、笃实,成为德智体美全面发展的社会主义建设者和接班人,这是今天讲"以文化人"的出发点和立足点。

二、"以文化人"与社会主义核心价值观培育践行的内在关系

习近平总书记强调:"坚守我们的价值体系,坚守我们的核心价值观,必须发挥文化的作用。"① 培育和践行社会主义核心价值观,要以优秀传统文化为根基,增添文化内涵、实现文化关照,努力做到以文化人、以文育人。"以文化人"与社会主义核心价值观培育践行的内在关系主要体现为以下三点。

首先,中华优秀传统文化是涵养社会主义核心价值观的重要源泉。中华优秀传统文化是中华民族的文化基因和精神命脉,植根在中国人内心,潜移默化地影响着中国人的思维方式和行为方式。今天,提倡和弘扬社会主义核心价值观,要从中华优秀传统文化中汲取丰富营养,使其焕发更大的生命力和影响力。继承和弘扬中华优秀传统文化,要坚持以马克思主义为指导,坚持古为今用、推陈出新,努力实现中华优秀传统文化的创造性转化和创新性发展。因此,我们要向青年学生讲清楚中华优秀传统文化的历史渊源、发展脉络、基本走向,讲清楚中华文化的独特创造、价值理念、鲜明特色,增强文化自信和价值观自信。我们要结合时代发展要求,深入研究阐释中华优秀传统文化讲仁爱、重民本、守诚信、崇正义、尚和合、求大同的时代价值,使中华优秀传统文化成为涵养社会主义核心价值观的重要源泉。

可以说,社会主义核心价值观的内容本身就充分体现了对中华优秀传统文化的传承和升华。培育和践行社会主义核心价值观,需要从中华优秀传统文化中充分汲取思想道德营养,结合时代要求加以创造性转化和创新性发展,使中华民族最基本的文化基因与当代文化相适应、与现代社会相协调,让社会主义核心价值观之树深深植根于中华优秀传统文化的沃土。

其次,文化的滋养和支撑是培育和践行社会主义核心价值观的有

---

① 《习近平在省部级主要领导干部学习贯彻十八届三中全会精神全面深化改革专题研讨班开班式上发表重要讲话强调完善和发展中国特色社会主义制度 推进国家治理体系和治理能力现代化》,《人民日报》2014年2月18日。

利因素。古人云:"文以载道。"这里的"道"在中国古典文献中内涵极为丰富,有"本源""道德""道义"等含义。"文以载道",简单地说,指文章等文化作品要说明和传达一定的道理,要弘扬一定的文化精神和社会规范。同时,一定的社会理想和道德规范,通过丰富的文化活动和文化产品也才能更好地发挥春风化雨的作用。从这一意义上讲,文化活动和文化产品是培育和践行社会主义核心价值观的基本载体。一是社会主义核心价值观培育和践行需要通过文化活动和文化产品来开展;二是社会主义核心价值观培育和践行的成效需要通过文化活动和文化产品来衡量和展示。这就要求我们把文化建设、以文化人与培育践行社会主义核心价值观紧密联系起来,不断创造好的文化活动和文化产品,营造向上向善的文化氛围,以此来滋养和支撑社会主义核心价值观。

最后,当前"以文化人"的核心和重点是培育和践行社会主义核心价值观。社会主义核心价值观从价值理念的层面体现了社会主义的本质,是社会主义社会的灵魂和支柱,影响着社会个体或群体的思想观念与价值取向,是社会主义先进文化区别于其他文化的基本价值观念。当代中国先进文化就是中国特色社会主义文化,发展先进文化就是建设中国特色社会主义文化,这是我们深厚的软实力。社会主义核心价值观以凝练的表达反映了中国特色社会主义先进文化的深刻追求,反映了中国人民的理想和奋斗,传达着中国人民的价值观和精神世界。可以说,社会主义核心价值观正是先进文化建设的根本内容,是"以文化人"的核心内容和集中体现。"以文化人"就是要以文化事业、文化产业等各种形态反映社会主义核心价值观蕴涵的各种先进价值理念,展现人们在追求理想信念过程中积极向上的精神面貌。

三、坚持"以文化人"在社会主义核心价值观培育践行中的若干原则

文化引领风气之先,是价值观的基本承载,具有整体性和包容性,并以其渗透性和持久性,塑造人们的心灵、陶冶人们的情操、影响人们的行为。这些特性体现和运用于社会主义核心价值观培育践行,就要求

在工作中必须坚持注重思想性、体现时代性、把握规律性、务求实效性四个原则。

一是要注重思想性。社会主义核心价值观内涵丰富，每一个具体的词汇都有丰富的历史内容，有鲜活的当下性和面向未来的发展力量。培育践行社会主义核心价值观，一定要赋予其马克思主义的内涵，因为单就这些词汇本身可以有不同的理解，作为社会主义核心价值观，我们必须讲清其特有的社会主义的内涵，划清与资本主义和封建主义价值观的界限。同时，要深入挖掘中华民族能够在几千年的历史长河中顽强生存和不断发展的精神脉络，总结中华优秀文化的精神追求和精神特质。并结合新的实践需要，认真汲取中华优秀传统文化的思想精华和道德精髓，大力弘扬以爱国主义为核心的民族精神和以改革创新为核心的时代精神，使社会主义核心价值观以思想的深邃透彻说服人、鼓舞人。

二是要体现时代性。马克思说过，哲学是"自己时代的精神上的精华"，是人类"文明的活的灵魂"。核心价值观作为一种文化和精神在当下的反映，其培育和践行必然要符合时代要求，体现时代特性。也就是要善于运用富有时代特征的语言和形式，用小故事讲好大道理，用鲜活的事例说服人、打动人。尤其要特别重视以网络为载体的"第三课堂"，做到"人在哪里，以文化人的阵地就要到哪里"。

三是要把握规律性。既要遵循人的思想和观念形成变化的规律，又要遵循教育和人才成长规律，还要遵循信息传播尤其是新媒体时代信息传播规律。要善于将社会主义核心价值观教育同中国梦的宣传有机结合起来，增强对共同理想和价值追求的形象表达。不仅要善于以理服人，还要善于以情感人，增强对社会主义核心价值观的理性认同和情感认同。要善于运用新兴媒体传播核心价值观，加强网络文化建设，最大限度地唱响正气歌，使社会主义核心价值观真正成为心灵的指南和情感的依靠。

四是要务求实效性。要更加注重贴近实际，突出问题导向，聚焦重点，谋求突破。紧紧抓住社会主义核心价值观培育践行的核心要素和关键环节，在"育人为本、德育为先"和"以理服人、以文化人"上下功夫，创新工作理念、丰富工作手段，建立社会主义核心价值观培育践行工作的长效机制，不断增强以文化人工作的针对性和实效性。

四、构建"以文化人"视阈下社会主义核心价值观培育践行的长效机制

"以文化人"对大学生社会主义核心价值观培育践行在内容、途径、效果等多方面都提出了更高要求，这实际上就是习近平总书记要求的将社会主义核心价值观"落细、落小、落实"。具体到大学生思想政治教育，就是要将社会主义核心价值观融入教育教学、融入研究宣传、融入社会实践、融入校园文化和网络文化建设，建立起培育和践行社会主义核心价值观工作长效机制。

一是要融入教育教学。建立和完善各学段、各学科课程教学有关标准，推动社会主义核心价值观融入课程标准、教材编写和考试评价中，做好社会主义核心价值观"三进"工作。推动高校课程体系和教育教学改革，结合社会主义核心价值观"三个倡导"要求，整体推进教材、教师、教学、评价、学科、保障等方面综合改革，发掘各学科思想政治教育资源，充分发挥课堂的主渠道作用，提升社会主义核心价值观教育效果。加强传统文化教育，深入实施《完善中华优秀传统文化教育指导纲要》，分时段有序推进中华优秀传统文化教育。

二是要融入理论研究传播。充分发挥教育系统特别是高校理论研究优势，在"教育部人文社会科学研究思想政治教育工作专项"课题和"思想政治教育中青年杰出人才计划"项目中，重点支持相关课题研究、学术研讨、著作出版，引导广大思想政治教育理论和实践工作者深入研究社会主义核心价值观的历史渊源、重大意义、科学内涵、基本要求和实践途径，为培育和践行社会主义核心价值观提供理论基础和学理支撑。

三是要融入校园文化建设。以校园文化品牌为载体，营造培育和践行社会主义核心价值观的浓厚氛围。依托在师生中具有广泛影响力的校园文化精品项目，结合读书会、朗诵会、歌咏比赛、舞台剧等形式，综合运用文字、图片、视频、动漫、微电影等多种方式，在校园形成人人讲、处处讲社会主义核心价值观的浓厚氛围。深入挖掘"校训""校歌""校徽"的文化蕴涵，增强学生的文化自信和价值观自信。做好校园典型选树和宣传工作。充分挖掘学生身边的好人好事，选取在热爱祖国、敬业奉献、勤奋学习、志愿服务、热心助人、见义勇为、诚实守信、孝老爱亲等方面表现突出的师生典型，通过开展践行社会主义核心价值观先进个人寻访、优秀集体创建等活动，把好的典型树立起来、推出去。

四是要融入高校实践育人工作。依托全国和地方公益性教师志愿服务组织，号召青年教师服务基层、服务西部、服务社会，增强对社会主义核心价值观的自觉践行；加强学生志愿服务管理，建立健全学生志愿服务工作体系、评价体系和保障体系，推动社会主义核心价值观"大学生讲师团"等公益团队建设，推进大学生志愿活动和公益项目长期化开展。建立实践育人共同体。促进政府、学校、企业、社会等形成目标共同、机制共建、资源共享、多方共赢的实践育人协同体系，整合各方资源、推进深度融合，实现实践育人规范化管理、常态化服务、品牌化培育、项目化配置、信息化支撑、社会化运作，为学生实践搭建平台，提升创新实践能力，深化对社会主义核心价值观的理解和认识。

五是要融入网络文化建设。加强网络文化建设，根据思想性、规律性、艺术性的要求，立足全媒体宣传，开阔创作思路，创新传播形式，不断丰富网络文化产品内涵。探索建立将优秀网络文章纳入科研成果统计、列为职务职称评定条件的体制机制，探索成立全国高校优秀网络文章认证中心。推进"易班"推广行动计划和中国大学生在线引领工程，加强全国高校校园网站联盟建设，形成"一体两翼"阵地建设格局。加强高校网络基础管理、网上舆情机制建设与舆情监看处置，推进高校校内网络平台及公共账号建设，增强高校间主流网络舆论的互联互动，唱响网上主旋律，增强网上正能量。

"以文化人"和社会主义核心价值观培育践行是一个长期的、系统的工程，绝不能期望毕其功于一役，必须不断思考、积极探索，持之以恒、久久为功，才能在理论和实践工作中不断创新，真正把培育和践行社会主义核心价值观落实到教育教学和管理服务各环节，覆盖到所有学校和受教育者，形成培育和践行社会主义核心价值观工作长效机制，使广大师生自觉将社会主义核心价值观内化于心、外化于行。

第六章　实践育人的理论探索与实现路径

党的十八大以来，以习近平同志为核心的党中央站在为党和人民事业培养建设者和接班人的高度，多次就加强高校思想政治教育发表重要讲话，作出重要指示，高校思想政治教育不断在改进中加强，在实践中深化。围绕青年学生成长成才规律，思想政治教育的系统性、针对性更加凸显，协同育人的合力不断增强。中共中央、国务院印发的《关于加强和改进新形势下高校思想政治工作的意见》明确提出了"把思想价值引领贯穿教育教学全过程和各环节，形成教书育人、科研育人、实践育人、实践育人、管理育人、服务育人、文化育人、组织育人长效机制"。[①] 习近平同志也强调指出："我们的学习应该是全面的、系统的、富有探索精神的。既要向书本学习，也要向实践学习；既要向人民群众学习，向专家学者学习，也要向国外有益经验学习。有理论知识的学习，也有实践知识的学习。"[②] 明确提出了实践育人的丰富思想和内涵，体现对实践环节的高度重视。这些都为推动高校实践育人在思想发展和育人科学路径的开拓指明了方向，提供了根本遵循。当前，明确实践育人在人才培养中的重要功能和作用，研究新形势下实践育人的内在特点和变化规律，探讨实践育人创新发展的科学路径，对于深入贯彻党的十八大精神，学习贯彻习近平总书记系列重要讲话精神和中国共产党治

---

① 《关于加强和改进新形势下高校思想政治工作的意见》，《人民日报》2017年2月28日。

② 习近平：《在中央党校建校80周年庆祝大会暨2013年春季学期开学典礼上的讲话》，《人民日报》2014年3月3日。

国理政新思想新理念新战略、发挥实践在育人中的特殊作用，提升思想政治教育的有效性针对性具有十分重要的意义。

第一节　实践育人的理论蕴含

马克思主义哲学视域中的实践包含两层含义：一是指人类产生的改变客观世界的活动；二是指人类自我完善的创造性活动，它不仅是主观改造客观世界，而且是主体创造自身的活动。实践是人特有的存在方式，人在改造外部世界的同时也在不断丰富自己的主观世界，发展着自己的本质特征，使人之为人永远处于一种创造、提升、发展的状态。实践的形式是多种多样的，实践种类划分的标准也不尽相同，对于实践具体形式的通常划分中，选取的是实践的三种基本类型，即物质生产实践、社会关系生产实践和精神生产实践。物质生产实践就是人类为了维系生存所进行的最基本的生产生活资料的活动，是人处理与自然的关系活动。社会关系生产实践，表现在人们之间的交往，处理的是人与他人之间的关系活动；精神生产实践是处理人与自身关系的实践，是科学、艺术等精神文化产品的生产实践。物质生产实践、社会关系生产实践和精神生产实践各自处理不同的关系，各种不同的功能，但互相影响，紧密联系。物质生产实践是最基本的生产实践，构成了全部社会生活的基础，社会关系生产实践和精神生产实践都是在其基础之上发展形成的，它们受物质生产实践的制约，并对它发挥着能动作用。正是实践的这种丰富性决定了它对促进人的发展成长亦即在育人过程中的有效作用。

育人从字面上讲就是培养人、塑造人、改造人的意思，从育人的对象上来说，包括自我教育与教育他人。育人的目的包括诸多不同的层次，站在整个人类的进程中看，育人的目的就是要改造客观世界的同时，改造主观世界，提高人的认识水平，满足人类在生产、社会交往、精神生活当中的需求，最终实现人的自由全面发展。

在物质生产实践过程中，育人主要体现在三个方面。首先，生产基本生产生活资料过程中,培育人的身体机能。恩格斯在《劳动在从猿到人转变过程中的作用》中首先从人类生产财富的劳动出发,提出了劳动创造人类的理论,接着把现代人与现代猿做了详细的比较,依次指出了人类区别于动物的各种特征有:直立行走、制造工具、语言、社会、意识等等。而贯穿其中的一条红线就是劳动。① 物质生产实践锻炼了人的身体素质,满足对物质生产的需求。其次,在物质生产实践过程中,在制造和使用工具改造外部世界的劳动中,培育了人的抽象思维能力,这使得人们不但能认识事物的表面现象,而且能深入到事物的本质和规律,这是动物的感觉和心理所不能完成的。最后,当人拥有了满足生产需求的身体机能,具备了关于物质生产实践的思维能力,那么他就能够思考更进一步的问题,即如何生产、怎么样生产,怎么样为自己生产、怎么样为别人生产,这就锻炼培育了人的思想和行为规范。

人的本质是一切社会关系的总和,马克思在《关于费尔巴哈的提纲》中指出:"人的本质并不是单个人所固有的抽象物。在其现实性上,它是一切社会关系的总和。"② 马克思认为,人的实践活动总在一定的社会关系中进行,人通过社会实践塑造和表现自己,在历史实践过程中和基础上生成了人的一切社会关系。在物质生产实践之后,社会关系生产实践塑造自己和培育他人上有着重要影响,社会关系生产实践是指处理人与人的关系的实践,育人育己的过程体现在三个阶段:首先是社会关系生产实践的产生过程中,形成了人与人之间的社会关系,包括家庭关系、经济关系、政治关系等等,在形成这些关系的过程中就要求人不断地探索未知,提高认识,适应人类自身进步发展的需求。其次是社会关系生产实践得到维护和完善过程中,人与人之间必然存在着利益的矛盾和冲突,体现在社会关系的各个层面,提高人们认识问题的水平,解决

---

① 恩格斯:《劳动在从猿到人转变过程中的作用》,曹葆华、于光远译,西南人民出版社1951年版。
② 《马克思恩格斯选集》第1卷,人民出版社1995年版,第60页。

协调其中存在的矛盾和冲突的实践，维护人类的共同利益，这同样是一个培育人的过程。最后是因为人的社会关系生产实践的丰富发展过程中育人。由于"人的社会本质"和"社会需要"，人类社会需要进行社会关系生产实践，社会关系生产实践也在变化和发展过程当中，其终极目标就是要实现人的自由全面发展，在人类的类本质基础上建立人与人之间的关系。而在阶级对立的社会，全部的社会关系生产是以私有制为基础为其服务的，不可能代表全体人类的利益，在资本主义社会，劳动的异化改变了造成了社会中的压迫、不平等及阶级斗争，只有消灭私有制、消灭异化劳动，才能在人的类本质基础上建立人与他人的关系，这才能实现人的自由全面发展。

精神生产实践强调的是以改造客观世界为目的的所进行的人的自觉的、系统的精神活动，相应的会产生一定的精神实践产品。实践决定认识，是认识的来源，精神生产实践是对客观事物本质和客观规律思考的过程，能够创造出可感知、可观察、可交流和可传播的精神产品。这个过程本身就是对丰富人的精神生活，提高人的认识能力和水平，为认识指导实践奠定基础。同样，实践也决定了育人的方式，通过什么样的手段、途径来提高人类的认识，这也是实践决定的，为了实现育人的效果，不同的内容需要通过不同的方式进行培育，实践决定了育人的目的，育人的目的是为了更好地提高认识，也是为了指导新的实践活动。认识作用于实践活动。实践上升到认识的精神生产，需要再次被实践检验、丰富和完善，正确的、科学的精神生产实践的产品能够对实践有巨大的指导作用，推动实践的前进，提高人们的认识，同理，如果用凭空想象的认识，不是从实践当中来的认识去指导实践，这样的育人效果必然也会脱离实际，无法达成育人的效果。

由此可见，实践与育人之间本身就有着紧密的联系，育人本身就是实践应有的题中之义，是实践的"副产品"，我们需要充分重视实践在培养人、塑造人、改造人上的功能和作用，要构建实践育人的长效机制，完善实践育人的内容体系，使实践成为人才培养的"主产品"。

第二节　实践在人才培养过程中的功能和作用

　　实践教学、军事训练、社会实践活动是实践育人的主要形式，是高校课堂教育教学的延伸，具有课堂教学不可替代的作用，是培养大学生成长成才的重要载体。马克思指出："虽然工厂儿童上课的时间要比正规的日校学生少一半，但学到的东西一样多，而且往往更多。"① 列宁也曾经说过："无论是脱离生产劳动的教育和教学，或者没有同时进行教学和教育的生产劳动都不能达到现代技术水平和产学知识的现状所要求的高度。"② 这充分说明引导青年学生参与实践活动，是我国高等教育的一项重要内容和教育形式，它使得课堂教学得到有效补充，学校思想政治教育的形式得以延伸。

　　党和国家历来高度重视实践活动在人才培养中的积极作用。中国历代国家领导人均针对我国实践教育作出过重要指示。毛泽东指出："人的正确思想是从哪里来的？是从天上掉下来的吗？不是。是自己头脑里固有的吗？不是。人的正确思想，只能从社会实践中来，只能从社会的生产斗争、阶级斗争和科学实验这三项实践中来。"③ 江泽民同志也表示："象牙塔式的教育，不能适应当今时代的需要，我们要改革脱离社会实践的教育思想和教育模式，通过体制改革，尽快建立教育与经济、科技、社会实践相适应的新机制。"④ 胡锦涛同志在全国人才工作会议上强调："在知识创新、科技创新、产业创新不断加速的条件下，谁能把人才优势转化为知识、科技和产业优势，谁就能赢得竞争的主动权。"⑤ 习近平总书记在给北京大学考古文博学院学生的回信中指出："只

---

① 《马克思恩格斯全集》第 23 卷，人民出版社 1985 年版，第 529 页。
② 《列宁教育文选》，人民教育出版社 1979 年版，第 18 页。
③ 《毛泽东文集》第八卷，人民出版社 1999 年版，第 320 页。
④ 江泽民：《在全国第三次教育工作会议上的讲话》，《人民日报》1999 年 6 月 16 日。
⑤ 胡锦涛：《在全国人才工作会议上的讲话》，《人民日报》2010 年 5 月 27 日。

有把人生理想融入国家和民族的事业中,才能最终成就一番事业。"勉励青年学子"能做走在时代前面的奋进者、开拓者、奉献者,努力使自己成为祖国建设的有用之才、栋梁之材,为实现中国梦奉献智慧和力量"。[①] 教育与实践活动相结合,这使得先进科学技术得以有效推广,优秀知识文化得以广泛传播,人力资源强国建设得以持续推进。

深化实践育人是贯彻党的教育方针的重要举措,是完善大学生思想政治教育的有效形式。《中华人民共和国高等教育法》规定:"高等教育必须贯彻国家的教育方针,为社会主义现代化建设服务,与生产劳动相结合,使受教育者成为德、智、体等方面全面发展的社会主义事业的建设者和接班人。"与生产劳动和社会实践相结合,是党的教育方针的重要原则。这既是要求高校要深化实践育人,提升人才培养质量。从20世纪80年代至今,社会实践以学生参与生产劳动的形式作为在高校广泛开展的一项教育活动,促进学生的德智体全面发展,其后,中共中央各部委为了全面地贯彻党的教育方针,多次出台意见,要求高校必须组织学生在学习期间广泛地参与社会实践活动。实践证明,加强实践育人环节,不仅有利于培养大学生创新精神,加深大学生对于国情社情民情的理解和认识,同时对于大学生培育和践行社会主义核心价值观有着不可或缺的作用。

实践是大学生直接参与经济社会文化建设的有效途径,是大学生学以致用、成才报国的重要平台。大学时期是青年学生吸取知识、锻炼能力、完善自我、提高自身综合素质的关键时期,实践教育为大学生走近社会、施展所学提供了广阔的平台,是培养大学生综合素质,提高人才质量的有效途径。大学生能够实践活动历练中理解并认可符合社会要求的道德规范,并在实践中养成良好的道德习惯,做到内化与外化的统一,实现知行合一,并在人际交往中锻造出积极、健全的人格。近年来,在党、国家以及全社会的关怀下,青年学生踊跃参加各类社会实践,不仅为国家和人民做出了贡献,同时自身也在实践锻炼中得到健康

---

① 习近平:《给北京大学学生的回信》,《人民日报》2013年5月5日。

成长，期间所展现出的坚定理想信念和历史责任感赢得了各界的高度赞扬和肯定。特别是在北京奥运会、上海世博会、抗震救灾、G20 峰会、APEC 会议等重大事件中，广大青年学生不辞辛苦，不畏艰险，在积极深入地实践和服务中表现出的担当和社会责任感，强烈的爱国情怀，理性的思辨能力和无私的奉献精神，让人们看到了当代大学生正在成为中国特色社会主义共同理想的坚定信仰者，社会主义核心价值观的忠实践行者，社会和谐稳定的热情维护者。

第三节 把握实践育人的变化特点和内在规律

大学生参与实践教育是实现学校教育与社会教育有效对接，促进大学生知行合一、全面发展的重要途径。《共产党宣言》鲜明地提出："把教育跟物质生产结合起来。"① 马克思指出："生产劳动和智育的早期结合是改造现代社会的最强有力的手段之一。""生产劳动同智商和体育相结合，它不仅是提高社会生产的一种方法，而且是造就全面发展人的唯一方法"②。经过 30 多年的发展，大学生实践育人在育人成果和社会效应上收获颇丰，但随着社会的全面进步，实践育人问题日趋复杂化、多样化，实践育人呈现出诸多新特点，尚未形成运行稳定、效果优异、常态化的育人机制，实践育人面临着工作的挑战与提升发展的机遇。近年来，在把握内在规律的基础上，中央各部委和各地各高校系统设计，统筹谋划，周密部署，整体推进，实践育人工作有了新举措，实践教学工作有了新突破，军事训练工作有了新进展，社会实践活动形成了新机制。

国家制定出台了一系列关于推进实践育人的政策和制度。《国家中长期教育改革和发展规划纲要（2010—2020）》明确指出："高等教育承

---

① 《马克思恩格斯全集》第 3 卷，人民出版社 1972 年版，第 318 页。
② 《马克思恩格斯全集》第 23 卷，人民出版社 1985 年版，第 530 页。

担着培养高级专门人才、发展科学技术文化、促进社会主义现代化建设的重大任务。提高质量是高等教育发展的核心任务,是建设高等教育强国的基本要求。"① 从2012年到2014年间,《关于进一步加强高校实践育人工作的若干意见》《志愿服务记录办法》《中国注册志愿者管理办法》《关于组织开展万名大学生质量安全志愿服务活动的通知》《关于全面深化课程改革 落实立德树人根本任务的意见》相继出台,对进一步加强新形势下高校实践育人工作做出重要部署。全国各高校按照中央的总体要求,从实际出发,制定配套措施,为深化实践育人创造了良好条件,营造了浓厚氛围。总体而言,中央各部门和地方各高校的实践育人政策,从最开始的生产劳动活动、到具体实践项目把握,再到立德树人的理念贯彻执行,重要性上有一个明显的提升,逐渐把实践育人提高到一个新的战略层面。

工作实施上,多措并举的实践育人工作格局初步形成。在实践活动的推行过程中,具体问题具体分析,多类型的大学生实践育人格局初步形成。一是以重大节日和重大事件为契机,开展形式多样的人文性的实践教育活动,如举办"英雄模范人物"先进事迹报告会,开展庆祝建"香港回归祖国20周年""中国人民解放军建军90周年"等活动,引领关注党情、国情和民情,提高大学生的政治素养,增强大学生的服务意识。二是根据高校和专业的实际情况,开展形式多样的专业知识实践活动。如制订大学生创新创业发展计划,为大学生科技创新提供政策和资金支持,开展专业知识技能大赛,利用专业知识到西部、到基层开展服务工作,在解决实际的问题过程中增长知识、提升能力,培养创新能力,又能够最大程度上实现自身的经济价值和社会价值,培养当代大学生应有的自信心和社会责任感。三是开展丰富多彩的志愿服务活动。近年来,高校形成了多项具有特色的志愿服务活动,包括"大学生志愿服务西部计划""三下乡"活动、"留守儿童关爱活动""大学生公益活动"等特色鲜明、接地气、有实效的实践活动,促进贫困边远地区的教育、

---

① 《国家中长期教育改革和发展规划纲要(2010—2020年)》,人民出版社2010年版。

卫生等各项事业的发展。四是开展职业规划相关的实践活动，大学生面临从校园走上工作岗位，职业规划相关实践活动是学生成长为社会人的重要时期，学校开展就业服务月、举办简历、面试职业能力大赛、开展假期职业体验，以此促使大学生更多的关注就业形势、做好职业生涯规划，更好地掌握就业的必备技能和知识储备，在服务个人成长成才的过程中，从而更好地为社会服务。

　　工作成效上，实践育人活动从量到质都有了新的提升和飞跃。从数量上来看，据统计，有91.5%的大学生有参与社会实践的强烈意愿，全国大中专学生中参加暑期"三下乡""四进社区"活动的人数达数百万人。根据思想政治状况滚动调查数据显示，超90%的大学生都有过志愿服务的经历。实践育人活动不只停留在量的提升，在质的提升方面实践育人也达到了可观的效果，各高校坚持以立德树人为根本，把实践育人纳入人才培养体系，把参与实践活动纳入教育教学、第二课程学习等环节中，大学生通过参与实践活动，提高了自己适应社会的能力，增强了社会责任，在思想修养、团队协作方面都有客观的收获，不仅如此，在全国大中专学生踊跃参与社会实践的浪潮中也涌现出一批优秀的社会实践团体，如清华大学的"紫荆服务总队"、华中农业大学的"本禹志愿服务队"和北京大学"爱心社"，这些优秀的志愿服务团体在社会上得到了极高的评价。

　　这一系列实践育人的成效充分体现了实践在全面落实党的教育方针、把社会主义核心价值体系贯穿于国民教育全过程、深入实施素质教育中的重要作用，体现其作为大力提高高等教育质量重要途径的特殊价值。但是，在充分肯定实践育人取得成效的同时，应该看到在理念、运行、保障、评价机制等方面，实践育人都存在一些薄弱环节。

　　实践育人运行机制还不够顺畅。首先，少数高校人才培养理念比较滞后，还存在重理论轻实践、重知识传授轻实践能力培养的问题，在开展的实践活动当中，也易忽视作为实践主体的学生的个人能动性发挥，没有抓住学生的兴趣点，忽视了学生的主观愿意和参与感、获得感。使实践活动效果和期望值相距甚远。其次，组织管理体系有待进一步健全。领导体制上,存在责权不明,多头管理,意见容易出现不统一。协调机制上,教学与学生工作并未能实现同向同行,社会实践的运行没能互相补充,形成合力。再次,从基地建设上来看,很多高校缺乏稳定的、高质量的与学校专业特色相吻合的实践基地。许多高校的社会实践基地建设不理想,缺乏稳定性和教育性,使社会实践的运行难以正常开展和有效进行。最后,当前实践的内容创新性不足,未能紧跟时代潮流,将时代所需要的团队精神、竞争意识、学习精神等作为实践的培养内容,缺乏吸引力和凝聚力。

实践育人保障机制还有待进一步完善。首先,从资金保障上来看,实践活动的投入力度不够,缺乏稳定的经费支持。落实实践育人经费,是加强高校实践育人工作的根本保障和基本前提,但很多高校的社会实践经费相对较少,难以满足开展社会实践活动的实际需要,此外,企事业单位也不愿意接待实践活动,或者说难以给予实践活动切实的物质支持,这些都致使诸多实践项目因资金问题而搁浅。其次,实践活动考核评价效果无法保障。从目前的情况来看,部分高校的实践活动结束后,对于实践活动考核方式只有学生递交的实践报告或者单位证明,且没有将实践活动纳入学生在校期间的必备教学环节,对学生没有制约性,既不能调动学生实践的积极性,也未能突显实践活动的重要地位。最后,实践活动人员保障无法落实。很多高校在实践活动的指导过程中,几乎没有配备指导教师,有的虽然配备了指导教师,但指导教师多为学校的相关行政人员,对于专业性强的实践活动所需要的相关知识和能力比较欠缺,难以及时解决社会实践过程中的各类业务问题。

实践育人评价机制还不够系统科学。实践育人评价机制指的是社会实践育人评价的内容体系、标准依据、方法措施等各种要素间相互关系的总称。当前,实践育人的评价机制仍处于相对滞后的状态,存在诸多的问题。首先,评价方式过于单一。实践育人评价机制是定性评价占主体,往往由教育行政管理部门对高校做出工作评价,或者说是高校相关管理部门对实践的活动进行终结性评价。自上而下的单一评价方式,将评价对象排除了参评体系外,易使评价结果具有一定的片面性,缺乏客观性和全面性。其次，评价的反馈指导作用不够及时。实践评价是实践活动的最后一个环节，如果能够及时就活动内容、实践的成绩、存在的问题以及解决方式进行交流，实践指导的效果会更好，但现实情况是实践的评价往往在活动数月后才能得到结果，降低了评价的时效性，易使评价结果流于形式。最后，实践评价结论仅限于简单的区分评定如优、良、中、及格、不及格等，较为模糊类别变量制约了评价结果反馈的指导性，不利于后期的改进和发展。

第四节　构建实现实践育人有效性的科学路径

实践育人是党的教育方针的重要内容，是人才培养的重要环节。随着时代的变化，互联网时代对于青年人成长的核心素质要求更加全面，要求青年人即掌握理论知识，又能够解决现实的问题。实践正是推动青年学生内化于心、外化于行、知行合一、全面发展的重要路径。实践是检验理论正确性、提高理论认识水平的必然环节，这对于进一步推动青年学生成长、对于我们深化高等教育综合改革、提高人才培养质量，服务于加快转变经济发展方式、建设创新型国家和人力资源强国具有重要而深远的意义。我们要紧紧围绕落实立德树人这一根本任务，围绕培育和践行社会主义核心价值观这一主要目标，构建实践育人的科学路径，不断开创实践育人工作新局面。

一、坚持系统协同，提高实践育人的整体效能

协同创新，各部门加大支持力度。实践育人是一项系统工程，需要各地区各部门各高校积极努力，需要整合社会各方面力量，大力支持高校实践育人工作。教育部要加大对高校实践育人工作的指导和支持，进一步发挥好沟通联络的作用，积极促成形成实践育人的合作机制。财政方面，财政部门要积极支持高校实践育人工作，从而使高校加大对实践教学、军事训练、社会实践活动等实践育人工作的投入，要积极争取

社会力量支持，多渠道增强实践育人的经费投入。各高校要成立由主要领导牵头的实践育人工作领导小组，把实践育人工作纳入重要议事日程和年度工作计划，统筹安排，抓好落实。

整合资源，形成育人合力。"实践育人是一项系统工程，既要协同多个育人主体，还要融合多方面育人内容，当前实践育人的众多途径没有融合，各自为政，单打独斗，降低了社会实践的思想政治教育效果。"① 当前，在实践育人工作的开展上，教学部门、学生工作部门、基层团组织都习惯各自为政，在各自负责的领域解决实践问题，导致学校资源浪费、学生时间安排和兴趣培养不够合理，没有形成相互融合、有机统一的育人合力，实践育人工作缺乏整体性和系统性。要梳理现有的实践育人的资源，构建以人才培养为根本任务、围绕第二课堂进行整体设计，合理有效的分配专业教学、理论课、日常思想政治教育、团的系统，有分有合，协同配置的实践育人体系，解决实践育人当中的问题。

二、优化制度设计，不断完善政策保障体系

优化实践育人工作制度建设，必须加快推进社会实践育人的保障机制建设。首先，高校要把实践育人工作的思想和理念集中体现到大学章程、教育事业发展规划、教育教学方案、教师干部职级晋升考核、学生评奖评优的全过程，多渠道增强实践育人经费的投放，保障社会实践活动的顺利开展。其次，要采取整体把握的思维方式，积极探索高校与政府、科研院所、行业企业等单位的协同机制，争取一定的资金和人力投入，激发社会各界的动力，促进学生的成长锻炼与服务社会相结合。

不断加强实践育人评价机制的建设，激发实践参与者的内生动力。首先要突破评价主体的局限性，对于实践活动的评价，要扩大评价主体的范围，推进评价主体多元化发展并发挥其效能，要把实践者参与者、实践单位、高校都纳为评价的主体范围，充分调动教师、学生、实践单位的动力，形成科学、准备、合理、高效的实践育人评价机制。其次要

---

① 冯刚：《思想政治教育创新发展的四个着力点》，《教学与研究》2017年第1期。

注重评价内容多维立体化，尽可能地涵盖高校实践育人的方方面面，并能体现出不同地区、不同层次、不同类别之间的特殊性和差异性，从不同的层次，不同的角度挖掘学生的兴趣与潜能。要注重评价方法多样化，要采取定性分析与定量分析相结合，整体评价与重点评价相结合，动态评价与静态评价相结合等方法，确保评价结果客观、公正。

三、优化实践育人环节，整体推进实践育人各项具体工作

不断完善实践育人资源配置。实践育人在学校人才培养中是一个系统工程，涉及教学、科研、管理、思想教育和共青团工作，既要统筹协调好第一课堂、第二课堂、第三课堂在内容衔接、作用发挥、学生参与等方面的设计和安排，又要注意整合资源、时间、师资，避免各自为政、交叉重复。比如，加强思想政治理论课实践教学环节的建设，不能仅就思政课自身来设计，也要注意从专业课程的教学实践、学生工作的校园文化和学生社团活动以及共青团暑期社会实践活动等多个方面来考虑，在专业课的教学实践中体现价值引导，与思想政治理论课课堂教学要求相配合，在时间安排、活动方式和教师指导等方面同向同行，形成协同效应。在学生工作涉及的校园文化建设和学生社团活动中，可以聘请理论课教师结合课堂教学有关内容指导学生的实践，以此作为思政课课堂教学在实践中的延伸。

不断拓展实践育人基地。组织大学生开展实践活动，要合理优化资源配置，要依托学校的实验室、实习实训基地、学生工作部门的活动平台、创新创业实训平台，大力加强学校与学校、学校与企业、学校与研究所、学校与政府的合作，建立教学与科研密切结合、学校与社会密切合作的实践育人基地，要积极推动行业企业把支持大学生实践活动的具体措施写入行业企业发展规划和行业标准规范之中，保障实践活动场地建设的要求，要根据学校的专业特色，通过搭建校院两级平台，加强专业实践育人基地的建设，组织大学生深入开展专业实践活动，为大学生提供优良的专业实践平台。

不断加强实践育人队伍建设。实践育人是一个涉及到高校、企业、

政府、家族复杂性的整体工程，需要处理多个对内外的复杂关系，尤其是处理世界上最大规律的学生实践活动的工作，单独靠高校的力量是难以完成的。要实现实践活动在人才培养中的作用，需要各部门整体把握、抓住要点，尤其需要加强实践育人的队伍建设，最大限度的发挥实践育人的合力。在高校，要加大对思想政治教育理论课和专业教师的培训力度，提高思想政治教育理论课教师和专业教师对于实践育人重要性的认识，强化他们的责任意识，切实提升他们的实践活动指导能力。要积极组织学工干部参与实践活动，并且通过挂职锻炼、学习培训、考察等活动，弥补专业实践的不足，提高实践育人的指导水平和能力。要完善制度安排和政策保障，在企事业单位、政府、社区等地方建立实践活动的导师队伍，指导学生的社会实践、志愿服务、创新创业，多角度、全方位地指导学生的实践活动，提升实践活动的科学生和有效性。

四、深化理论研究，及时反馈指导实践育人活动

不断推进实践育人理论研究。要提升实践育人的效果，就必须推进实践育人理论的研究，在马克思主义理论的指导下，通过对马列经典作家的理论梳理、总结大学生实践育人经验，丰富实践育人的理论，探讨大学生社会实践中蕴含了育人内涵。要坚持问题导向，结合时代特征，密切关注实践育人工作中的规律性、前沿性问题，着力研究提升实践育人科学化水平的方法和载体，研究完善实践育人体系建设的政策和制度，要组织专家学者开展科学研究，不断探索实践育人规律，为加强高校实践育人工作提供理论支持和决策依据。

搭建研究交流平台，注重实践成果推广示范。在丰富高校实践育人理论、为实践活动提供理论支撑的基础上，要将最新的实践育人研究成果，反馈运用指导实践活动，高校要及时召开实践活动的总结会议，定期召开实践育人的经验交流会和研讨会等，及时总结推广实践育人的最新成果、工作思路和举措，要将可复制的实践育人经验及时的推广，可以组织编写实践育人的优秀案例，宣传实践育人的先进事迹，可以将实践育人的内容设计、运行规范、评价标准等凝练成规范化、常态化、品牌化的实践育人模式，根据高校的实际情况和特点，进行推广，以达到提升实践育人效果的目的。

　　构建实践育人效果的评价激励机制。评价激励是提升实践育人质量的关键环节，对实践育人的理念原则、运行机制、制度安排、实际效果等作出科学的评价，既是实践育人自身科学发展的需要，也是高校思想政治教育创新发展、提升质量的需要。科学设计实践育人评价的基本原则，构建科学评价的方式和模型，探索实践育人评价的影响因子，确立相对权威的实践育人评价管理部门，明确评价责任，注意运用评价的结果完善相关政策的设计、制定和运行，以此来推动实践育人不断地科学发展。

第七章　网络文化建设与网络思想政治教育

随着网络信息技术的迅猛发展，互联网日益成为重塑国际政治、经济、文化、社会和军事发展新格局的重要力量，成为影响教育事业改革发展和人才培养质量的"最大变量"。当前，意识形态的热点在网上，舆论引导的难点在网上，思想政治教育的重点在网上。落实立德树人根本任务，要求我们紧紧抓住高校网络文化这一切入点和着力点，把工作重心延伸到网络空间，把教育要求融入网络空间，把文化阵地构筑到网络空间，切实提升高校网络思想政治教育工作质量和水平。

第一节　把握高校网络文化建设的重点要求

党中央高度重视网络建设与管理工作，十八届三中全会进一步强调"积极利用、科学发展、依法管理、确保安全"的网络管理16字方针，作出加大依法管理网络力度、加快完善互联网管理领导体制、确保国家网络和信息安全等战略部署。高校网络作为青少年学生学习生活的重要空间，既是思维活跃的创新之所，也是思想教育和舆论引导的必争之地。在网络空间上，我们能否掌握主导权和管理权，直接关系到社会主义建设者和接班人的培养，关系到国家政治安全和政权安全，一定程度上决定了党的长期执政地位，其重要意义毋庸置疑。为此，中办、国办印发的关于进一步加强和改进新形势下高校宣传思想工作的意见明确提出要创新网络思想政治教育，加强高校网上舆论引导工作，培育建设高校网络评论队伍。教育部也出台了一系列政策文件、建设项目、工作举措，努力夯实信息化和信息安全基础，坚持遵循网络传播规律，大力推动人才队伍建设，确保高校网络文化建设有阵地、有方法、有声音，通过网络凝聚和团结更多的青年学生，共同努力把网络红色空间建设得越来越大，把黑色的地带挤压得越来越小，把灰色地段逐渐转变为红色地段，营造清朗的校园网络空间。具体到高校网络文化建设，有三个方面的工作尤为重要。

一是抓好网络信息化基础。信息化建设是高校网络文化建设的基础。目前，全国高校的门户网站、主题网站、学术网站、互动社区、"两微一端"（微博、微信、移动客户端）等校园网络平台逐步发展完善；教育部实施的"易班"推广行动计划和中国大学生在线引领工程，正成为覆盖面越来越大的学生网络互动社区和主题教育网站。数字图书馆、虚拟仿真实验室、网络思想政治理论课、大学生网络文化工作室等丰富了学生能够获得的教育资源，校园网日渐成为青年学生的网上精神家园。但部分校园网站尤其是一些二级院系网站或实验室网站还存在一定的安全隐患，易受到黑客的攻击。缺少信息技术安全的保证，网站平台就如同建立在沙滩之上的城堡，看似美轮美奂，实则经不起雨水的冲击。安全可靠的信息化空间，是高校网络文化建设发挥作用的阵地。

二是研究网络发展特点。网络如同放大镜，能及时将国内外出现的各类事件在高校校园的网络空间中呈现出来，某些别有用心的推送很容易成为校园焦点和热点，引起学生的广泛关注，甚至成为影响校园安全稳定的事件。这就需要深入研究把握当前经济社会发展的阶段性特征，研究把握青年学生的网络思想行为特点，研究把握网络舆情的传播发展趋势和演变规律，改进创新网上宣传方法和策略，科学运用战略战术，提升议题设置能力，深入开展网络舆论引导，把握好网上舆论引导的时、度、效。

三是重视人才队伍建设。高校学科门类齐全，全国 80% 以上的文科专家、50% 以上的理工科专家和 50% 以上的院士都在教育系统。应当发挥好高校人才优势，凝聚一批勇于发声又善于发声的优秀人才，建成一支政治强、业务精、作风好的强大网军队伍。能够始终和党中央保持高度一致，综合运用专业知识，及时准确地解读党和国家的方针政策，积极推介教育改革的新进展、阐释师生关注的新焦点、传播身边的好故事。在关键时候能站得出、顶得上、打得赢。积极团结引导网络名人，培养主流意见领袖，做到"四两拨千斤"，解决"正确的不发声"问题，唤起"沉默的大多数"，在大事难事上协同作战，在大是大非上一呼百应。

第二节　遵循高校网络文化建设的基本规律

近年来，在中央网信办的统筹协调下，国家对网络空间进行了集中治理和有效建设，网络建设与管理工作呈现出积极向好的态势，网络空间不断清朗，网络舆论生态不断优化，网络正能量不断增强，网络工作队伍不断壮大，网络管控手段不断丰富，网络有害信息不断减少。从高校来看，因为阵地在我、主权在我、技术在我、人才在我、管理在我，再加上近年来各地各高校加大网络建设与管理力度，抓工作格局、抓阵地拓展、抓内容创新、抓队伍建设，校园网建设与管理取得了可喜成绩，积累了宝贵经验。但是我们也要清醒地认识到，因为起步晚、基础薄，加之网络意识形态领域斗争的长期性、艰巨性、复杂性，高校网络文化建设和网络育人功能的发挥还面临着很多的困难和挑战，还需要长期的研究、探索和实践，深化对一些规律性问题的认识。

一是正确处理网络文化与大学文化的关系。大学是文化的传承者和创新者，起着引领社会风尚的作用，是国家"软实力"的重要载体。高校网络文化作为大学文化在网络空间的延伸与反映，必须与大学文化放在同等的高度加以重视。目前，互联网已经成为人们精神生活的重要组成部分，成为高校广大师生了解信息、浏览新闻、学习知识、休闲娱乐的主要渠道。如果不注重引导高校网络文化价值取向，社会主义核心价值观就难以成为师生共识；如果不注重通过网络满足师生的精神文化需求，社会主义文化建设的目标就难以完全实现；如果不发挥和引导好师生在高校网络文化方面的创造性,就会使校园文化失去凝聚力、感染力,最终丧失其文化育人的功效。高校网络文化建设就是要通过培育建设、创新创作出优秀的校园网络文化品牌和产品,唱响网上舆论主旋律,营造积极健康的网络文化氛围,促进社会主义先进文化繁荣发展。

二是正确处理网络文化需求与供给的关系。目前,高校网络文化建设还处于初级阶段,网上优秀文化产品数量不多、水平不高,不能有效回应广大师生的关注点和兴趣点。公共文化信息服务还不到位,个性化、特色化服务不够,与社会主义先进文化的发展要求还不适应。繁荣发展丰富多彩、积极健康的校园网络文化,任务十分繁重而紧迫。要更广泛、更充分地组织动员高校师生参与到网络文化建设中来,把网络意识形态的主动权牢牢抓在手里,提供大量高水平的优秀网络文化产品,最大限度地消除发展进程中的"离心力",最大限度地凝聚全体师生为实现中国梦而奋斗的"向心力",构筑中华民族伟大复兴的网上精神家园。

三是正确处理网络传播与舆论引导的关系。当前,以"两微一端"为代表的网络传播新渠道具有传播快、覆盖广、影响大的特点,具有很强的社会动员能力。在信息传播过程中更加注重二次传播和可视化传播,社交化、个性化信息的筛选成为新常态,趣味化、精准化阅读成为新趋势,信息传播链条更具动态性。在网络舆论引导中要适应这些新变化,不断丰富网络文化产品供给,建立适合不同兴趣爱好人群的"信息超市",以供选择和转发;加强网络微平台的建设,为正能量的传递和正面舆论场的形成提供"信息高速路";通过可视化、图解、动漫动画等信息传播形式,提高师生网络阅读的愉悦感和接受度。

第三节 破解高校网络文化建设的现实难题

高校网络文化建设是一项充满生机与活力的崭新事业,天地广阔且大有可为。需要我们直面挑战和难题,需要敢于突破和创新,需要充分挖掘网络文化的育人功能，进一步提升网络文化产品供给能力，提供舆论宣传、教育教学、文化娱乐信息化产品和网络化服务，形成正面舆论强势。

在内容建设上，要着力破解优秀作品产生、传播机制的问题。理论不会用网言网语来表达、文章刊发在网站上没人点击浏览、缺少转发评论是当前很多高校网站面临的主要问题。网络文化建设必须要坚持用户导向，坚持"内容为王"，坚持正能量是总要求，坚持传得开是硬道理。要积极探索网络文化产品的评价认证机制，研究建立优秀网络文章认证平台，对在网络上产生较强影响力的优秀文章进行第三方评估认证，并推动将认证结果作为科研成果统计和职务职称评审的依据，以突破将网络文章作为成果的机制瓶颈，从而激发调动广大专业教师在网络上发文、发声的内生动力，唤醒"沉默的大多数"，形成网上正面舆论场。通过面向广大教师开展"高校网络宣传思想教育优秀作品评选"等活动，鼓励引导广大教师积极参与网络育人工作。通过举办大学生网络文化节等形式，教育引导青年学生积极参与网络文化作品创造生产。同时，遵循网络传播的特点和规律，提高议题设置和有效发声的能力，准确把握舆论导向，创新舆论引导方式，突出舆论引导重点，抓"热点"引导、抓"焦点"释放、抓"缺点"补充。注意发现和培养有公信力的高校"大V"，鼓励有底气、有本事、讲政治的专家学者在网上开设专栏，在社交媒体上开通账号，放大主流声音，反击错误思想和言论。引导和组织思想政治教育理论工作者，积极利用、善于利用互联网，以大学生网民喜闻乐见的方式做好网上理论传播。

在阵地建设上，要着力破解网络、传统媒体统筹协调的问题。网络文化建设要特别注重加强网上网下的工作统筹，实现目标导向相一致、标准要求无例外。网上宣传方式应当"活一点"，但绝不意味着导向要求可以"松一点"。不能为了引人注意而去做"标题党"，更不能以"爆料"等方式哗众取宠。必须依照同样的标准尺度和纪律要求开展宣传、引导舆论，最大限度地壮大网上正能量。要加快推动传统媒体和新兴媒体融合发展，增强主流媒体传播力、公信力和影响力。有的高校目前仍然在校报校刊、校园广播电视等传统媒体上"重兵布防",投入大量的人力物力,却疏于对新媒体的建设,"有效避开了大部分师生的阅读兴趣",从而失去观众和读者。当然,对校园微信公众账号等新的媒体业态和传播平台,一开始也要立好规矩、亮明底色、筑牢底线,要与传统媒体协同发展,并保持同一导向要求和内容标准,推动传统媒体和新媒体在重大宣传上同频共振,形成互补互动、一呼百应的生动局面。从国家层面,要继续推动全国高校校园网站联盟建设,实施"易班"推广行动计划和中国大学生在线引领工程,形成"一体两翼"阵地建设新格局,努力建成覆盖大多数学生的全国最大网络互动社区和主题教育网站。在高校层面,要着力推动增强校园网站的思想性、教育性、服务性、互动性,加强综合性门户网站、主题性教育网站、专业性学术网站建设,推进辅导员博客、思想政治理论课教师博客、校务微博、班级微博及校园微信公众号建设,扩大网络文化的育人覆盖面和社会服务面。

在队伍建设上,要着力破解人才成长动力、环境的问题。当前,高校网络文化建设管理干部队伍整体素质较好,但也存在不少问题,比如有数量缺质量、有"高原"缺"高峰"、勤奋有加但能力不足等问题。建设一支强大的网军,是提升互联网宣传管理能力的关键所在。各地各高校都需要建立专门的机构、专门的队伍,而且要进一步研究完善网络工作队伍的培养培训和激励评价体系,做到工作有任务、有考核、有评价、有奖惩;做到队伍有奖励、有惩罚、有晋升、有淘汰。要让网络文化建设工作者在理论上、笔头上、口才上或其他业务能力上有"几把刷子",有几样"撒手锏"。要努力完善高校网络文化建设管理干部培养体系,强化网络应急、网络宣传、网络评论、网络管理、网络研究、网络技术队伍建设,解决好干部的职称职级、待遇、培训、发展等问题,让广大校园网军真正做到"把自己交给事业、把发展交给组织"。

在方式方法上,要着力破解网络传播话语转换、加工的问题。网络文化的发展传播有别于传统媒体,有其自身的规律和特点,需要从思想认识到行动落实上努力实现"两个转变"。要从"被动防御"向"主动出击"转变。网络空间的教育引导活动,不能仅仅拘泥于单向灌输式的教育引导模式,一方面要打好防御战、主动仗,另一方面要强调教育引导者的主导作用,注重在与受教育者的互动中实现潜移默化的引导。当网上的正能量无限放大,负面信息才能被有效挤压,才不至于让"虚拟"扰乱"现实"。所以,要充分重视学生网民作为受教育者的主体性,尊重学生的网络行为方式和接受习惯,提高主动设置议题和引导舆论的能力,用学生容易接受的"普通话"去阐释他们关心的热点难点问题,在平等的网络互动中"因势利导",在互动的氛围中"顺势引导",切忌"居高临下"、善于"换位思考"、力求"教学相长"。要重视传播的有效性,对于传统媒体的新闻信息,不能简单照搬到网上,要从"搬运工"变为"深加工",网络既是现实的人的延伸,又是现实社会的延伸。但网络世界又不是现实社会的简单"复制",网络舆论引导和网络思想政治教育也不是网下对应工作的"电子版"。需要立足于掌握网络信息传播交流技术的作用机制,坚持文化传播和思想政治教育的基本原则,创新网络文化建设的方式方法,强调文化产品标题的凝练性、内容的故事性、蕴涵的深刻性、语言的感染性、阅读的便捷性,用网言网语来发声,让广大网民愿意看,看了能够信服。

第八章 高校心理健康教育

立足国情，发展符合中国高校人才培养和提升大学生综合素质的心理健康教育新模式，进一步推动大学生心理健康教育工作制度化、规范化、科学化，在长效机制建设、突出实际成效上下功夫，是当前大学生心理健康教育工作的一项重要任务。深入贯彻落实党的十八大、十八届三中和四中全会精神，落实立德树人根本任务，对大学生心理健康教育工作提出了新的更高要求。党的十八大明确提出要把立德树人作为教育的根本任务，强调"加强和改进思想政治工作，注重人文关怀和心理疏导，培育自尊自信、理性平和、积极向上的社会心态"。党的十八届三中全会进一步强调要"坚持立德树人""促进青少年身心健康"，这为新形势下加强和改进大学生心理健康教育提供了根本遵循。贯彻落实党的十八大、十八届三中和四中全会精神，必须紧密结合教育工作实际，准确认识心理健康教育在落实立德树人根本任务中的定位、使命，增强心理健康教育实效，深入研究、准确把握大学生的身心发展特点和教育规律，探索建设具有中国特色的大学生心理健康教育工作体系。

第一节 充分认识高校心理健康教育工作的形势任务

心理健康教育是高校立德树人的重要内容，是大学生思想政治教育的重要组成部分，心理健康是青年学子成长成才的关键指标。当前，无论是从工作任务的要求，还是从大学生发展的实际需要来看，都必须进一步提高对大学生心理健康教育工作重要性的认识。

第一，培育大学生健康心态是高校心理健康教育工作新的使命。社会心态的正确养成，直接关系到大学生未来发展以及全社会的和谐稳定。当代大学生朝气蓬勃、充满活力，是一个具有激情和创造力的群体，是社会发展和变革的重要推动力。他们正处于世界观、人生观、价值观形成的重要时期，很容易受到社会思潮的影响和冲击。随着中国改革开放的不断深入、中西方文化交流交融交锋不断向前，不良社会思潮暗流涌动，对大学生的负面影响带来的冲击不可不重视。另外，社会思潮、家庭背景、成长经历等多种因素交织、叠加在一起，在每一个学生身上产生的影响比以往任何一个时段都要强烈。2014年高校学生思想政治状况滚动调查中，有不少学生反映，学习生活的紧张与考试竞争的激烈，就业压力的不断增大，对未来个人发展的迷茫，容易引发焦虑、浮躁等负面情绪和不良心态。面对这些新情况新问题，要认真研究当代社会思潮对大学生的影响，采取积极的应对措施，扩大积极影响，化解和抵御负面影响，既有利于高校思想政治教育的良性发展，更有助于大学生心理健康成长。

第二，高等教育领域综合改革对高校心理健康教育工作提出新的要求。当前，高等教育改革进入深水区、攻坚期。在高等教育内涵发展、质量提升的大背景下，大学生心理健康教育也要与大学生思想政治教育实现同步发展，进一步加强统筹谋划、总结经验、研究问题、把握规律。近年来，全社会对高素质人才培养的关注度越来越高。比如，教育经费的不断增长，特别是2014年财政性教育经费占GDP比例为4.3%，达到24488.22亿元，引起了全社会对教育经费投入和教育产出的热议。又如，高校学生人数的增加，国家教育政策的适时调整，比如高考制度改革、大学生奖助体系改革、优秀应届本科毕业生免试攻读研究生政策的调整等等，激起了全社会的广泛关注。再比如，国家大力实施卓越工程师、卓越医生、卓越法律人才、卓越农林人才等计划，进一步突出人才培养的经济社会发展需求导向等，对各类人才心理健康素质的培养也引起了各方关注和重视。

第三，科技特别是网络新媒体快速发展对大学生心理健康教育提出新的要求。一方面，大数据分析、云计算应用、正电子脑部扫描和功能核磁共振成像、电生理分析仪等工具的不断应用，使高校心理健康教育工作者可运用的方法工具不断增多。另一方面，网络信息良莠不齐，对大学生形成正确的人生观、价值观冲击很大。从外部因素看，西方发达国家利用其信息网络优势向我传输其意识形态、价值观念；从内部因素看，各种社会矛盾在网上集中反映，网上舆论生态复杂多变。大学生对网络上反映出的错误思潮、有害信息、负面情绪等，甄别、抵制、批判能力不足，极易受到不良网络信息、网络情绪影响，导致人生观、价值观偏离正确的轨道。

第四，建立中国特色的心理健康教育工作体系对大学生心理健康教育工作提出了新的要求。构建中国特色的心理健康教育工作体系，不是仅仅出台一个建设标准，提出一个教学要求，组建一支工作队伍，开展一些辅导培训，研制一个筛查量表等来做简单加法，心理健康教育工作体系要逐步完善，不断推进高校心理健康教育工作规范化、专业化、普及化、科学化、本土化。目前，心理学学科深度交叉，研究工作向纵深发展，涵盖面广，涉及哲学、逻辑学、心理学、语言学、计算机科学与人工智能、神经科学等领域，体现了认知科学文理工综合的研究模式与学科格局。无论是研究幸福、成就、道德、文化的积极心理学，还是结合现代认知科学的应用认知技术，以及团体心理咨询方面等心理学研究前沿，中国与国外心理学研究以及高校心理健康教育工作都存在不小差距。同时，不同文化背景下人的心理活动既有共性又有差异性，我们必须从我国国情和民族文化出发，在学习借鉴国外心理健康教育理论和做法的同时，注重研究我国大学生心理特点，创新心理健康教育理论，开发适合我国国情的心理健康测评工具、课程教材、工作模式，尽快形成本土化的心理健康教育运行机制，并使之制度化和规范化。

第二节 科学把握高校心理健康教育工作的成绩经验

近年来,大学生心理健康教育工作围绕主动建设,着眼于建立健全具有中国特色的大学生心理健康教育工作体系,提升质量、内涵发展,各项工作取得新的进展。

一是工作覆盖面不断扩大。以《普通高等学校学生心理健康教育工作基本建设标准》和《普通高等学校学生心理健康教育课程教学基本要求》为依据,各地各高校结合大学生思想政治教育工作测评工作的开展,制定出台了具体可行的,操作性、指导性强的工作办法,出台支持政策,推动大学生心理健康教育工作长效发展、规范发展。很多地方和高校建章立制,对领导体制、工作机制、资源配置、人员配备、课程建设等作出明确规定,大学生心理健康教育工作覆盖面、规范化程度有了大幅提升。据统计,全国95%以上的高校设立了大学生心理健康教育和咨询机构。

二是方式方法不断创新。各地各高校结合校园文化建设、社会实践活动,深入开展心理健康教育月(节)、心理素质拓展等形式多样的主题活动。以心理文化沙龙、团体心理辅导与素质拓展、专家心理讲座、现场心理咨询、心理情景剧展演、心理社团活动等为载体,积极倡导大学生善待自我、关爱自我、感恩他人、感恩社会,发挥心理健康教育在思想政治教育中的作用,服务学生健康成长。各地各高校广泛运用新媒体开展宣传教育,营造出良好的心理健康教育氛围。

三是课程体系建设不断完善。充分发挥课堂教学在大学生心理教育工作中的主渠道作用,建立完善心理健康教育课程体系。组织编写精品示范教材《大学生心理健康》,为心理健康教育课程提供优质教材资源。高校普遍开设必修课,给予相应学分,保证学生在校期间普遍接受心理健康课程教育。建立起了覆盖面更广、针对性更强的心理健康教育课程体系，基本实现大学生心理健康知识传授的全覆盖，提高了大学生心理健康教育工作的科学化水平。

四是工作队伍建设不断加强。目前，基本上所有的高校都配备了心理教师、心理辅导室，高校心理咨询工作人员达1.6万人。各地各校切实把心理健康教育教师队伍纳入学校整体教师队伍建设工作中，加强培训和学习。依托教育部辅导员培训和研修基地，举办多期心理健康教育专题示范培训，选派优秀心理健康教育工作者组团赴英、美、法等国家开展研修和交流，进一步提高了大学生心理健康教育工作队伍的世界眼光、工作能力和业务水平。绝大部分高校分类分层地组织辅导员、班主任、研究生导师、学生骨干和相关人员参加进修培训，心理健康教育队伍的数量和素质都有了较大提高。

五是理论研究不断提升。加强大学生心理健康工作实际问题的研究，把研究成果转化为行之有效的工作举措，指导大学生心理健康教育工作实践。加强心理健康教育的规律性问题研究，推出更多有分量、有价值的心理健康教育研究成果。依托教育部人文社会科学研究高校思想政治工作专项、辅导员工作精品项目、思想政治教育研究文库、高校德育文库、思想政治教育中青年杰出人才计划等项目建设，为思政工作和学生工作者开展大学生心理健康教育理论、实践研究创造条件。

第三节　深入推进高校心理健康教育工作的思路举措

新时期不断增强大学生心理健康教育工作的针对性和实效性，必须加强破解难题，做到"四个坚持"。一要坚持系统设计、整体推进。要把心理健康教育融入思想政治教育之中，与学生工作有机结合起来，注重系统谋划、整体推进、形成合力，通过多学科、多种方法、多种途径的交流、互动和综合运用，做到教育资源的优化配置和充分利用。二要坚持服务于学生全面发展、健康成长。大学生心理健康教育要始终围绕立德树人根本任务，在服务于促进学生全面发展和健康成长这个中心使命下谋划工作，确保工作安排不偏向、工作重心不游离。三要坚持立标准、建机制。要着眼长远，从完善标准、健全机制上推动和保障工作规范化、科学化发展，注重打基础、抓根本，保持工作的连续性和稳定性。四要坚持从世界眼光、中国情怀、时代特征三个维度来推进谋划。立足中国国情和大学生身心发展特点，结合当前的工作实际和时代的发展要求，不断增强自信，发扬优势，自我完善，建设适合我国大学生群体特征和成长规律的心理健康教育工作体系。

第一，研制符合中国风格、中国文化心理、反映中国大学生特点的心理健康筛查量表。大学生心理健康测评系统经过近十年的运行，搜集了大量新的数据，但原系统常模仍建立在2004年数据基础之上，需进行集中更新，并通过新的技术手段更新服务系统，以便更好地适应新形势新情况的需要。原来的量表属于"舶来品"，当时制定量表时的文化背景、阶段特征、社会背景、影响因素、时代特征与当今中国的国情、时代特征、大学生思想实际状况迥然不同，造成难以准确测量大学生心理健康状况。因此，要修订完善《中国大学生心理健康测评系统》，研究编制中国大学生心理健康问题筛查量表，开发基于云计算平台的网络测评系统，开发一套比较成型的、符合我国社会文化传统和阶段性特征的、反映我国大学生特点的心理健康测评工具，进一步提升高校心理普测工作的权威性、科学性、针对性和有效性，为高校使用提供方便、提供支持、提供服务。

第二，继续开展全国高校心理健康教育示范中心建设工作。近期，中办、国办联合下发文件，明确将"加强高校心理健康教育与咨询示范中心建设"列为重点工作。深入推进大学生心理健康素质提升计划，开展第二批全国高校心理健康教育示范中心建设，通过不断总结、探索和培育建设，力争建成一批理论与实践有机结合、工作与成果水平领先、示范与辐射效应显著的高水平心理健康教育中心，积极发挥示范中心的示范引领和辐射带动作用，积极开展理论和实践问题研究，主动组织、承办国际国内高校心理健康教育工作学术研讨、专题研修活动，积极承担全国或所在区域的高校专、兼职心理健康教育教师的专题培训任务，努力建设心理健康教育实习基地，为区域和全国高校心理健康教育工作者提供更多更好的学习、培训和实习机会，带动更多的高校心理健康教育中心科学发展。

第三，进一步加强高校学生心理健康教育研究交流平台和专家指导工作。一是加强指导大学生心理健康教育工作研究分会建设。依托相关的高校和中国高等教育学会秘书处进一步完善和筹备中国高等教育学会大学生心理健康教育工作研究分会，修订完善章程草案，搭建论坛、网站等平台，促进大学生心理健康教育工作队伍开展交流和研究，服务和推动高校心理健康教育工作创新发展。推动研究会开展一系列活动，搭建更多交流成果、分享经验、推动发展的平台，进一步提升大学生心理健康教育工作科学化水平，紧密结合大学生思想实际，服务青年学生健康成长开展。二是调整完善普通高等学校学生心理健康教育专家指导委员会。吸收从事心理学研究、心理健康教育、精神卫生方面的专家学者，还有省市、高校一线从事心理健康教育工作的专家、心理健康咨询队伍，更好地发挥专家学者对大学生心理健康教育工作的研究、咨询、评价和指导作用。

第四，进一步完善全国高校学生自杀死亡月报告制度。高度关注和重视大学生心理危机事件，切实加强危机干预和预防体系建设，细化大学生心理危机预防与干预工作方案及流程，完善大学生心理健康普查和心理危机排查制度，切实做到早筛查、早发现、早干预，努力控制心理危机事件的发生，尽力降低心理危机事件产生的负面影响。要注重对心理危机学生康复前后的跟踪调查，组织力量深入分析大学生心理危机案例，特别是大学生自杀死亡案例，提高危机预防和干预工作的针对性和实效性。

第五，加大对心理健康教育理论研究、实践成果的支持力度。加强大学生心理健康工作实际问题的研究，特别是要注意构建推动大学生心理健康教育科学发展的综合机制。加强规律性问题的研究，总结经验，形成成果。依托教育部高校辅导员培训和研修基地、全国高校心理健康教育示范中心开展专题培训，组织社会实践和海外研修，提高大学生心理健康教育工作专职人员的工作能力和业务水平；依托中国高等教育学会大学生心理健康教育研究分会，开展心理健康教育工作优秀案例征集，加强大学生心理健康教育工作队伍的学术、工作交流；继续实施"思想政治教育中青年杰出人才支持计划"，重点培养一批包括心理健康教育在内的思想政治教育和党建研究方面的中青年学术带头人；依托教育部人文社会科学研究专项任务项目（高校思想政治工作）、辅导员工作精品项目、思想政治教育研究文库等项目建设，实现大学生心理健康教育质量提升、内涵发展。

　　大学生心理健康教育是一项复杂的系统工程、合力工程。做好世界上最大规模的学生群体的心理健康教育工作，要整合力量，统筹资源，形成社会各方面共同支持、全面推进的良好局面。让我们共同努力，把大学生心理健康教育工作做实、做深、做细、做好，为推动高等教育事业科学发展、培养中国特色社会主义事业合格建设者和可靠接班人作出新的更大贡献。

第九章　高校党建与组织育人

思想政治工作和党建工作密不可分。《关于加强和改进新形势下高校思想政治工作的意见》中指出,要加强高校基层党建工作,建立健全高校基层党组织,健全地方党委抓高校思想政治工作制度,切实加强组织领导和工作指导,坚持和完善党委定期研究、领导干部联系高校等制度,建立部门协作常态机制,形成党委统一领导、党政齐抓共管、职能部门组织协调、社会各方积极参与的工作格局。[①] 新形势下,提升思想政治工作质量,要以高校党建为抓手,形成组织育人长效机制。

第一节　把握创先争优的理论蕴涵

创先争优是我们党提高党建科学化水平、加强党的先进性建设的重要举措。胡锦涛同志对深入开展创先争优活动作出重要指示,强调要坚持以推动科学发展、促进社会和谐、服务人民群众为主题,深入一线,深入实际,开展创先争优活动。[②] 这一论述强调了创先争优活动的时代内涵,也充分体现了共产党人继往开来、开拓进取的时代精神:一"创"一"争"是行为要求——要求基层党支部和党员在工作上全面创新、勇于担当,以更加积极主动的态度和更富有创造性的智慧做好自

---

① 《关于加强和改进新形势下高校思想政治工作的意见》,《人民日报》2017年2月28日。

② 胡锦涛:《对深入开展创先争优活动作出重要指示》,《人民日报》2011年3月28日。

己的本职工作;一"先"一"优"是行为目标——要求基层党支部和党员在工作成效上铭记自己是中国共产党这个先进组织的成员,应该力争理论上高人一筹,实践上先人一步,从基层组织和个人角度实现对社会发展、民族复兴助益的最大化,并能够在群众中真正起到领跑和示范作用。在实践的基础上深刻理解与把握创先争优的理论蕴涵,是不断推进创先争优活动取得新成效的基础和关键。

一、理论基础

创先争优的理论基础是科学发展观,其哲学依据是唯物辩证法关于发展的观点。我们知道,世界是运动发展的。然而仅仅承认发展原则是不够的,"更重要的是正确地理解这种发展的性质和源泉,正确地理解一切运动和发展的一般规律。"[1]"把发展理解为使现存事物仅仅发生一些不大的、局部的、纯粹数量上的变化的过程,这是一回事;把发展理解为现存事物不仅发生量变、而且发生深刻质变的复杂过程,其中过时了的形式逐渐衰退和消失,让位给新的、更高级的、更完善的形式,这又是一回事。"[2]后者显然是辩证的、科学的理论,它根据客观现实把发展理解为新旧交替的进程,揭示出变化着的事物的内部矛盾,把这些矛盾的展开和解决视为发展的主要动力和源泉。

创先争优正是在此基础上提出的对基层党组织和广大党员的实践要求。要在新旧交替的历史进程中占得先机,立于不败之地,就必须先进和优秀,这是"新的、更高级的、更完善的形式"的基本诉求,是生命活力的体现和象征。科学发展观的基本要义是发展,对于经济社会是如此,对于执政党组织也是如此。不发展就没有力量,就没有希望,就会面临被历史淘汰的命运。同时,发展又不应是盲目的,不应是不可持

---

[1] 苏联科学院哲学研究所:《马克思主义哲学原理》,人民出版社1959年版,第248页。

[2] 苏联科学院哲学研究所:《马克思主义哲学原理》,人民出版社1959年版,第249页。

续的，而应是好的发展，是科学的发展。这就要体现出先进和优秀的特点，这是科学发展的重要品质。

科学的发展不是抽象的，而是具体的。这是我们党提出的创建先进基层党组织和争当优秀共产党员的科学性所在。截至2009年年底，中国共产党基层组织共有379.2万个（其中基层党委18.3万个、总支部23.5万个、支部337.4万个），党员近8000万，它们作为基层党组织和个体党员是一个政党的细胞，它们先进了、优秀了，整个党就会充满生机活力，整个党就会发展、进步。离开基层党组织和党员个人，空谈党的发展，发展就难以落到实处，就只能导致理论上的抽象的发展。发展的主要动力在于事物内部的矛盾运动，创先争优也同样是与落后、消极面的不断斗争的实践过程，是落后与消极面的改善或消退的过程。先进和优秀是马克思主义政党的本质属性，是其生命所系、力量源泉。我们党作为马克思主义政党，要始终坚持这一本质属性，将先进和优秀体现到自己的理论体系和方针政策中，体现到广大基层党组织和党员的思想和行动中，使基层党组织努力创建先进、广大党员积极争当优秀，始终走在时代前列，发挥引领和带头作用。

一切事物都处在永不停息的运动、变化和发展的过程中，整个世界就是一个无限变化和永恒发展着的物质世界，发展是新事物代替旧事物的过程。要坚持唯物辩证法的这个观点，就要用发展的观点观察和分析问题。要把事物如实地看成一个变化发展的过程；要明确事物处于怎样的阶段和地位；要坚持与时俱进，培养创新精神，不断促进新事物的成长。这就是科学的发展观，是创先争优的理论基石。

二、历史方位

方位，就是方向和位置。古人说，"辨方位而正则"。正确判断自身方位，对于人们决定何去何从具有特别的重要性。历史方位，就是一种事物在社会历史发展过程中所处的客观状况。今天强调科学判断党的历史方位，就是为了搞清楚我们党所面对的环境和所肩负的任务，认清我们党站在什么位置。对历史方位作出科学判断，是顺应时代潮流的前提，是遵循社会发展规律的必然要求。创先争优活动的开展是以对党的历史方位作出科学判断为前提的，从纵向看，它着眼于中国和世界的历史、现在和未来；从横向看，它回应了现今时代的世情、国情和党情。

党的历史方位是指党在中国和世界历史发展进程中所处的地位、环境和条件。执政党的历史方位是现实的，又是在历史发展中形成的。90年来，我们党所处历史方位的变化，最显著的有两次：从领导人民为夺取全国政权而奋斗的党，成为领导人民掌握全国政权并长期执政的党；从受到外部封锁和实行计划经济条件下领导国家建设的党，成为对外开放和发展社会主义市场经济条件下领导国家建设的党。这是两次总体性的历史方位的大变化，是我们党提出"三个代表"重要思想，坚持科学发展观，坚持走中国特色社会主义道路的基本依据。改革开放以来，我国经济实力和综合国力显著增强，展示出广阔的发展空间。但同时，随着改革的逐步深入，改革发展越来越多地触及深层次的利益矛盾，发展不平衡、不协调、不可持续的问题日益突出，群众关注的热点问题和社会矛盾日益增多，统筹兼顾各方面利益的难度日益加大，对党的执政能力和先进性提出了更高的要求。为适应国内外形势和环境的变化，提出在广大基层党组织和党员中开展创先争优活动，是党对所在历史方位下社会建设规律和执政规律的科学认识和把握的一个结果。

创先争优活动是党的先进性建设的历史延续。党的十五大把邓小平理论确立为党的指导思想，为了贯彻党的十五大精神，我们党在县处级以上党员领导干部中开展了以"讲学习、讲政治、讲正气"为主要内容的党性党风教育活动，这次活动以用邓小平理论武装党员干部为主线，以加强领导班子建设、提高领导干部素质为重点，努力建设团结、坚强的领导班子和高素质的干部队伍。党的十六大把"三个代表"重要思想确立为党的指导思想，根据党的十六大的部署，中央决定从2005年1月开始，用一年半左右的时间，在全党正式开展以实践"三个代表"重要思想为主要内容的保持共产党员先进性教育活动，这次教育活动以实践"三个代表"重要思想为主线，以保持和发展党员队伍的先进性为重点，不断加强党的执政能力建设。党的十七大深刻阐述了科学发展观的科学内涵、精神实质和根本要求,为了深入学习贯彻这一理论创新成果,我们党在全国范围内开展了深入学习贯彻科学发展观活动,取得了丰硕成果。为了巩固和拓展全党深入学习实践科学发展观活动成果,中央决定在党的基层组织和党员中深入开展创建先进基层党组织、争当优秀共产党员活动,这是保持党的先进性建设的继续。

从以"讲学习、讲政治、讲正气"为主要内容的党性党风教育活动,到以实践"三个代表"重要思想为主要内容的保持共产党员先进性教育活动,再到以巩固和拓展全党深入学习实践科学发展观活动成果为重要任务的创先争优活动,在领导班子建设、党的队伍建设、党的基层组织建设三大领域,有针对性地开展党性党风建设、执政能力建设和先进性建设,内容覆盖了党的思想建设、组织建设、作风建设、反腐倡廉建设四大任务,以整风精神完成了自上而下的党建途径的创新和规划。这三大党建活动是贯彻党的十五大、十六大和十七大精神的重要举措,也是学习实践邓小平理论、"三个代表"重要思想和科学发展观等中国特色社会主义理论体系的重要举措,记录了党的理论创新与党建途径创新的同步伐、同足音,反映了党的建设理论创新与实践探索的一脉相承和与时俱进。

三、价值指向

服务人民群众是创先争优活动的重要主题。这表明创先争优活动不仅是一定的世界观的体现,而且也是一定的价值取向的体现。理解创先争优的精神实质,离不开对其价值指向的深刻把握。

创先争优是党为人民服务宗旨的鲜明体现和基本要求。马克思主义认为,人民群众是历史的真正创造者。我们党来自于人民,植根于人民,服务于人民,作为共产党员,必须善于并乐于倾听群众呼声,关心群众疾苦,为群众办实事、办好事。开展创先争优活动,就是激发基层党组织、普通共产党员的模范意识和英雄情结,充分发挥基层党组织的战斗堡垒作用和党员先锋模范作用,打造群体英雄精神,倡导高尚的社会风尚,促进党的先进性建设。党的领导是人民当家作主和依法治国的根本保证。全国各族人民衷心拥护我们党的领导和执政，归根结底，是因为中国共产党是中国工人阶级的先锋队，始终代表中国先进生产力的发展要求，代表中国先进文化的前进方向，代表中国最广大人民的根本利益。创先争优活动在促进社会和谐、服务人民群众主题框架下的深入开展深刻呼应了我们党不谋求自己的私利，没有特殊利益，全心全意为人民服务的根本宗旨。我们党领导人民经过长期浴血奋战，建立人民政权，就是要实现人民当家作主。人民利益的广泛性和实现人民利益的复杂性、艰巨性，必然要求有一个代表最广大人民根本利益的坚强的政治核心来领导人民掌握好国家权力，坚持科学发展，正确处理各种社会矛盾，把全国人民的力量和意志凝聚起来，顺利地建设好自己的国家。

创先争优是人民价值主体的充分体现。随着党所处的历史方位变化，党的基层组织和党员的先进性受到比较多的考验。一是在党成为执政党后，党的地位改变了，能不能始终保持党同人民群众的血肉联系，考验着党的基层组织和党员。二是在发展社会主义市场经济的条件下，利益问题突出了，如何处理个人利益与人民群众利益的关系，考验着党员干部。三是在经济社会转型的过程中，如何跟上形势的发展，保持和发展先进性，考验着党的基层组织和党员。可以说，如何加强党的基层组织的先进性建设，以更好地发挥党的基层组织的战斗堡垒作用和广大党员的先锋模范作用，是党的建设实际对党的先进性建设提出的紧迫课题。开展创先争优活动，正是为了解决好这一课题，使基层党组织和党员充分尊重群众、紧紧依靠群众，认真倾听群众呼声，及时反映群众意愿，主动关心群众疾苦，帮助群众解决生产生活中遇到的实际困难，始终保持党同人民群众的血肉联系；使广大党员干部始终把人民群众利益摆在个人利益之前，始终把实现好、维护好、发展好人民群众的根本利益作为工作的出发点和落脚点。同时，通过创先争优活动，使党的基层组织适应新的形势，优化组织设置、扩大组织覆盖、创新活动方式，从而跟上时代发展步伐，充分发挥战斗堡垒作用；使广大党员自觉坚定理想信念，认真学习科学文化知识，埋头苦干、开拓创新，从而进一步发挥先锋模范作用。

党为人民服务的宗旨告诉我们，群众的实事、难事解决得怎么样，是检验创先争优活动成效的重要标准之一。坚持面向群众，坚持为民惠民，增强为民服务的责任感和自觉性，多为群众办实事、解难事，让广大群众真切感受到创先争优活动带来的新变化，使创先争优的过程成为凝聚民心、增强合力、促进发展的过程。民生问题涉及千家万户，需要做大量复杂细致的工作。这就需要沉到基层，把工作做实、把对象核实、把效果落实，让群众更加感受到党的温暖，享受到惠民政策的实惠。① 在创先争优过程中，还需保持艰苦奋斗、勤俭节约的优良传统，真正把有限的财力和资源用在解决群众迫切需要解决的问题上，切实做到权为民所用、情为民所系、利为民所谋。

四、方法要求

创先争优是马克思主义哲学方法论的重要体现和具体运用。马克思主义哲学方法论最重要的特点在于，它不仅是理论认识的工具，而且是共产主义运动中的伟大革命实践的工具。它是理论认识方法和革命实践方法统一的、完整的、科学的方法论，它在党的建设和社会实践中起着越来越大的作用。毛泽东以马克思主义哲学的方法论为指导，提出了具体革命实践的领导方法和工作方法的理论。他说："我们共产党人无论进行何项工作，有两个方法是必须采用的，一是一般和个别相结合，二是领导和群众相结合。"② "从群众中集中起来又到群众中坚持下去，以形成正确的领导意见，这是基本的领导方法。在集中和坚持过程中，必须采取一般号召和个别指导相结合的方法，这是前一个方法的组成部分。"③ 创先争优正是一种个体优秀与群体先进相结合、领导优秀与群体先进相结合的方法论的体现，是从群众中来，到群众中去的方法论的体现。一个先进基层党组织就是一个坚强战斗堡垒，一名优秀共产党员就

---

① 杨军：《创先争优：如何创 怎样争》，《光明日报》2010年9月10日。
② 《毛泽东选集》第三卷，人民出版社1991年版，第897页。
③ 《毛泽东选集》第三卷，人民出版社1991年版，第900页。

是群众中一面鲜艳旗帜。这样一个集体，既是创先争优活动的主体，也是发挥先锋模范辐射作用的主体；既是进一步加强党的先进性建设、保持共产党员先进性的主体，更是解决实际问题、务求党建工作实效的载体。当创先争优成为广大基层党组织的共同价值取向和共同价值追求时，活动就有了更具核心和实质性的意义。

创先争优是党的先进性建设的方法创新。从开展保持共产党员先进性教育活动到开展创先争优活动，党的先进性建设的途径和方法有了新的发展。从马克思主义的认识论来看，保持共产党员先进性教育活动更加注重使党员认识什么是党的先进性、什么是先进党组织、什么是优秀共产党员，如何才能保持党组织的先进性、如何才能发挥共产党员的先锋模范作用等。这个过程从总体上看是一个学习的过程、受教育的过程，属于整个认识过程的第一个阶段。这个认识阶段对于党的先进性建设无疑是非常重要的，因为思想是行动的先导，只有提高了思想认识，才能自觉地按照先进性要求去进行党的先进性建设。然而，学习和教育的目的是为了指导实践。只有在创建先进党组织和争当优秀共产党员的实践中，党的先进性才能进一步得到提升，才可能涌现出更多的先进党组织和优秀共产党员，并在现实生活中积极发挥先锋模范作用。正因为如此，党的先进性建设还必须进入在实践中保持和发展先进性的阶段。党中央关于开展创先争优活动的部署，正是根据认识与实践之间的这种内在关系提出来的。从这个意义上可以说，创先争优活动是保持共产党员先进性教育活动以实践方式的继续。与先进性教育活动相比，创先争优活动属于认识的第二阶段，即从认识到实践的阶段。在这个阶段，原来的认识将通过实践变为现实，并在这个过程中接受实践的检验，不断得到深化和发展，使党的先进性建设收到更好的效果。

创先争优要坚持唯物辩证法普遍联系的观点。当前党对社会主义事业的领导要求正确反映和协调各个方面、各个层次、各个阶段的利益诉求和社会矛盾，既要"左顾右盼"，还要"瞻前顾后""东张西望"，体现维护公平正义的"刚性"，协调各方利益的"柔性"，应对新情况新问题的"弹性"，促进社会的动态平衡。这就需要各级党组织和广大党员在创先争优活动的深入开展中，必须站在全局的高度，放眼长远，兼顾各方。既注意总揽全局、系统规划、协调推进，同时，注重方法创新，拓宽视野，分清轻重缓急，辨析矛盾主次，在统筹中兼顾各方，在系统推进中突出重点。善于用世界眼光审视外部世界、定位发展坐标，用战略思维权衡、考量社会建设中相互影响、相互联系的多变量关系。

创先争优要坚持唯物辩证法主观与客观相统一的观点。唯物辩证法认为，实践是主观和客观对立统一的基础，脱离实践必然会导致主客观的背离，产生主观主义，所以必须坚持实践以保持主观和客观的一致性。在认识过程中，要用实践检验人们的认识，要善于正确地运用多种多样的科学实验和典型试验的方法。创先争优活动体现了主观要求与客观实际的统一：一是党组织和党员端正工作指导思想，在活动中努力了解群众在想什么、盼什么、欢迎什么、反对什么，把干部群众满意不满意、赞成不赞成、拥护不拥护作为抓工作的基本出发点，自觉做到心往基层想、人往基层走、劲往基层使，服务向下，重心向下；二是党组织和党员在活动中改进了工作作风，在安排工作、制订计划时，先做好了调查研究，摸清基层实情，考虑基层的承受力，克服随意性和盲目性，使工作和决策更符合客观实际。"创先争优"活动是一项长期的工作，不可能一蹴而就，必须遵循其固有的客观规律，搞好跟踪指导和跟踪检查，坚持反复抓，抓反复，保持抓工作的连续性，确保各项工作过程落实和终端落实。

创先争优要坚持唯物辩证法共性与个性相统一的观点。唯物辩证法认为，整个客观物质世界以及其中的每一个事物、现象都是多样性的统一。各自都有自身的结构，包含有不同的层次、要素，组成一个个系统；各个事物、现象、系统都有自身的个性；同时，它们之间又有着某种共性，共性存在于个性之中。多样性与统一性、共性与个性都是对立的统一。创先争优活动要求党组织和党员加强对马克思主义哲学和唯物辩证法的学习，学会用哲学的观点去思考工作，提高用辩证法处理问题的能力，把开展活动的共性要求与本单位的实际结合起来，拿出具体的措施、办法,把创先争优活动的要求落实到具体的工作中和实际的问题中。一是要领会上情,对中央关于创先争优活动的部署,要认真学习、反复研究,弄清精神实质,发现共性基础。二是要研究下情,要真正沉到基层,通过深入的调查分析,把基层的实情摸清、摸透,在安排工作时,尽可能考虑所属单位的特殊情况,因地因时地提出不同的要求,增强工作指导的针对性、有效性,发现个性特征。三是要共性与个性相结合,要找准工作的"结合点",把共性的精神贯彻到个性的实践中,不断对照创先争优活动的要求和目标找差距,分析解决本单位建设和发展实际中存在的问题,推动事业不断地科学发展。

第二节 提升基层党建工作质量

党的十八大从全面建成小康社会、实现中华民族伟大复兴的战略高度,强调"教育是民族振兴和社会进步的基石",对高等教育的改革发展提出了明确任务和要求,即"推动高等教育内涵式发展",为新形势下我国高等教育科学发展指明了前进方向和实现路径。在高等教育改革发展的新的历史阶段,必须始终围绕"提高质量"这个当前高等教育最核心最紧迫的任务,坚持以科学发展的眼光、高度负责的态度和求真务实的理念,服务高等教育内涵式发展,扎实推进高校基层党建工作创新发展,努力提高高校基层党建工作科学化水平。

一、服务高等教育内涵式发展,高校基层党建工作必须坚持系统规划、整体部署、全面推进

高等教育内涵式发展道路,是一项以提高质量为核心的系统创新工程,提高质量、优化结构、深化改革、促进公平是高等教育内涵式发展的重要支撑点。与其相适应的高校基层党建工作,要始终着眼于和谐稳定,注重高校基层党建工作的整体性、关联性、时序性和动态平衡。党的十六大以来,在党中央的高度重视和有力领导下,高校基层党建工作不断加强，在若干方面实现了重点突破，取得显著成绩。现在，我们要以系统性思维规划发展，把重点突破与整体推进有机统一起来，坚持统筹兼顾这个根本方法，全面推进高校基层党建工作，更好地服务于高等教育内涵式发展。

切实加强党对高校的领导。高等教育在未来的改革发展中要坚持社会主义办学方向，确保改革整体推进、高效稳定、系统有序，就必须切实加强党对高校工作，特别是意识形态工作的领导，充分发挥党委的领导核心作用。2012年6月19日至20日，习近平同志集中一天半时间，先后到北京大学、中国人民大学、清华大学等高校调研高校党建工作，召开座谈会听取意见，并发表重要讲话。习近平同志强调，加强和改进高校党的建设要继续坚持和贯彻好正确的指导原则，紧紧围绕服务大局和促进高等教育事业科学发展这一主题来开展，围绕培养中国特色社会主义事业合格建设者和可靠接班人这一根本来推进，围绕贯彻好党委领导下的校长负责制这一领导体制来加强，围绕抓好基层打牢基础这一重要支撑来深化，为高校改革发展稳定提供坚强保证。进一步贯彻落实中央领导的指示精神，高校党委要从宏观和战略上来把握学校的工作，把方向、谋全局、盯大事，形成党委统一领导，党政分工合作、协调配合的运作机制。要不断健全党委民主集中制，完善集体领导和个人分工负责相结合的制度，大力推进学习型、服务型、创新型基层党组织建设，不断增强基层组织的战斗力和凝聚力。

牢牢把握立德树人根本任务。5月4日，习近平总书记在同优秀青年代表座谈时指出，广大青年要坚定理想信念，练就过硬本领，勇于创新创造，矢志艰苦奋斗，锤炼高尚品格，在实现中国梦的生动实践中放飞青春梦想。高校是广大青年学生增长知识、锤炼意志、成才报国的重要园地，也是帮助青年点燃梦想、放飞梦想、培育梦想和成就梦想的地方。加强高校基层党建工作，必须牢牢把握立德树人根本任务，扎实推进中国梦宣传教育，真正把国家和民族的光明前景讲清楚，把伟大梦想的实现路径讲明白，引导青年学生坚定不移走中国特色社会主义道路，不断增强理论自信、道路自信、制度自信、文化自信，努力成为中国特色社会主义事业的合格建设者和可靠接班人；引导青年学生弘扬中国精神，彰显以爱国主义为核心的民族精神和以改革创新为核心的时代精神，传承中华民族优秀的文化传统；引导青年学生凝聚同祖国和时代一起成长进步的中国力量，把个人理想追求与民族复兴的伟大梦想有机结合起来，把实现中国梦的满腔热情转化为刻苦学习、努力工作、报效祖国的实际行动。

坚持"全面协调可持续"的发展理念。要紧密结合新形势，对高校基层党建工作进行系统规划、整体部署，形成党建工作整体合力和常抓不懈的工作机制。要把提高学生党员发展质量放在更加重要的位置，全面部署提高学生党员发展质量工作，充分发挥学生党员干部、组织员、联络员的作用；坚持把维护高校的和谐稳定作为第一责任，全力保证高校师生员工正常的工作、学习、生活秩序；抓好高校党风廉政建设，进一步健全党风廉政建设责任制；进一步做好民办高校党建工作，推动民办高校党组织全覆盖。坚持"全面协调可持续"的科学发展理念，既要完善党建工作内部结构，全面加强党的思想建设、组织建设、作风建设、反腐倡廉建设、制度建设，增强自我净化、自我完善、自我革新、自我提高能力，确保为高等教育事业改革发展提供有力的思想、政治和组织保证；也要协调党建工作外部环境，妥善处理好党的建设与教育教学、科研管理、社会服务之间的关系，在全校各部门之间、在全体师生之间、在学校与社会之间形成合力，汇聚有助于学校事业发展的强大力量。

二、服务高等教育内涵式发展，高校基层党建工作必须加强动力机制建设

高等教育的改革发展，内容多、力度大、步伐快、任务重，高校基层党建工作必须加强动力机制建设，形成推动自身内涵式发展的良性循环体系，更好地服务于高等教育内涵式发展。

着力激发和调动广大师生党员的积极性主动性。抓好高校基层党建工作，最本质的要与促进教育改革发展紧密结合起来，全面提升教

学、科研和社会服务水平，要不断强化每个人尤其是师生党员的身份意识，督促党员牢记角色、严格自律，在高等教育改革发展中继续创先争优，发挥模范带头作用。通过各类教育，坚定师生的科学理想信念，确保师生党员坚持以共产主义信仰为精神依托和行动指南，以全面建成小康社会对高等教育事业的要求为奋斗愿景，在高等教育事业发展中发挥中坚作用。要更加注重以人为本，关心解决涉及师生党员切身利益的问题，畅通党员发表意见渠道，吸引更广泛的党员积极参与到学校改革发展的讨论和实践中来。

着力优化和完善基层党建工作绩效评价考核机制。当前，高校基层党建工作的实效还缺乏科学的评价标准和考核机制，一定程度上存在着定性判断偏多、定量分析不足等问题。提高高校基层党建工作的活力和动力，要紧紧围绕党章规定和高校中心工作，科学设计党建工作考核内容和考核标准，改进考核方式和考核程序，充分尊重、科学评价、积极奖励高校师生在推进高等教育质量提升、内涵发展中的劳动成果，提高高校基层党建工作的活力和动力。

着力弘扬以改革创新为核心的时代精神。创新是激发活力和动力的源泉。高校是知识分子进行创造性劳动、取得创造性成果、作出创造性贡献的重要基地，素有创新之风，富有创新之才，要积极发挥优势，不断创新思路、方法、载体和制度，推动工作创新发展。创新不是简单地寻求新鲜感，有时仅在原有基础上做加法已经不能有效解决问题，需要从因循守旧的习惯思维和熟悉稳定的固有模式中摆脱出来，向增强时代感、体现先进性转变，按照党的十八大"提高党的建设科学化水平"的总体要求，构建常态长效机制，构建学生党员发展质量保障体系，增强青年教师思想政治工作实效性，加强理论和学科支撑。

三、服务高等教育内涵式发展，高校基层党建工作必须建立质量标准、完善制度体系

推动高等教育内涵式发展，是一个系统工程；服务于高等教育内涵式发展的高校基层党建工作，也是一个系统工程。要使系统在运转过程

中达到最优状态，必须以建立标准、提高质量为重点，不断完善制度安排，深化高校基层党建的各项工作。

建立健全高校基层党建工作的质量标准。质量是高等教育的生命线，同样也是高校基层党建工作的生命线。高校基层党建工作的规范、长效发展，要求必须建立起与之相适应的质量标准。从高校基层党建工作实际出发，制定出客观、科学的标准体系，是一个系统工程，必须以马克思主义中国化的最新成果为指导，以《中国共产党章程》和《中国共产党普通高等学校基层组织工作条例》为依据，充分反映高校基层党建工作的质量状态。标准体系必须遵循以下原则：导向性，即要与高校基层党建工作最终目标一致，与高校基层党建工作服务于高等教育质量提升、内涵发展的大方向一致；科学性，即要体现对高校基层党建工作规律的准确把握，要结合党建工作实际认真研究标准的体系、观测点和权重结构等问题；操作性，即所确立观测点要能有效地执行操作，将抽象的内容具体化，既要定性分析，也要定量分析。

不断完善高校基层党建工作的制度体系。制度建设是根本性、全局性和长期性的问题。党的十八大强调，要"构建系统完备、科学规范、运行有效的制度体系，使各方面制度更加成熟更加定型"。加强高校基层党建工作，要通过完善的制度安排有力推动高校基层党建工作各种关系的优化组合，促进党建工作体系的协调运转，真正实现高校基层党建工作的长效发展。要大力加强以党章为根本、以党委领导下的校长负责制为重点的各项制度建设。要不断完善高校基层党建工作组织领导制度，明确党建工作的领导权、决策权和责任制问题，做到职责明确、边界清晰。要建立科学合理的高校基层党建工作机制，充分调动相关工作部门的积极性，激发基层党组织和党员活力，形成上下通畅、上下同步、上下联动的工作机制。要形成高校基层党建工作制度体系，加强制度体系建设确保制度相互衔接，加强调查研究确保制度科学有效，加强监督指导确保制度执行到位。要健全党政工作协调机制，加强党政沟通配合，充分发挥党对高校领导这一根本制度的独特优势。

四、服务高等教育内涵式发展，高校基层党建工作必须努力提高队伍专业化素质

队伍建设是工作开展的基础，要努力建设一支师德高尚、业务精湛、结构合理、充满活力的高素质党务工作队伍，通过提高高校基层党建工作队伍的专业化素质来提升工作的质量和科学化水平，服务高等教育内涵式发展。

要建立完善队伍建设的整体规划。目前，高校党建工作队伍的整体性发展规划尚不完善，队伍建设没有明晰的"路线图"。这要求结合高等教育发展实际，着眼长远，制定科学合理的队伍建设规划。一是要具备前瞻性。着眼于新的实践和新的发展，超前谋划党建工作队伍的整体规划，既能指导当前工作，又能引领前进方向。二是要体现推动发展。事物总是处在不断的发展变化中，要考虑到不同高校的发展定位、发展水平、发展进程、发展目标不同，制定目标一致但层次、阶段不同的高校党建工作队伍建设规划。三是要强调稳定性。高校党建工作队伍和其他人才队伍建设一样，必须遵循人才成长的客观规律，人才流动是必然趋势，要充分考虑各种因素的影响，在科学预测的基础上，既要促进人才合理流动，又要保证队伍的相对稳定。

要更加注重队伍的选配。"政治路线确定之后，干部就是决定的因素。"选配好高校基层党建干部队伍，首要任务是要把好政治关，要通过多层次、多角度考察，把政治上靠得住、工作上有本事、群众中有威信的同志选配到党建工作岗位上。要按照《关于加强和改进高校青年教师思想政治工作的若干意见》的要求，大力提升青年教师思想政治素质和业务水平，切实增强教师教书育人的荣誉感和责任感。要更加注重以加强辅导员队伍建设来带动大学生思想政治教育的各项工作。要坚持政治培养与业务提高相结合，引导高校辅导员真正成为学生崇高理想的引领者、科学知识的传播者、高尚品德的示范者。要进一步发挥研究生导师的育人作用，探索适合研究生特点的思想政治教育方式，不断提高研究生思想政治教育的针对性和实效性。

要不断加强队伍的培养培训。高校基层党建工作既是科学，也是艺术；既要以人为本，讲求开展工作的艺术性，又要有科学的指导，兼具科学性，这就对干部队伍建设提出了很高的要求。专业化不只是对专职人员的要求，所有从事高校基层党建工作的同志都要具备专业的态度精神和专业的素质能力，具有把握大局、谋划发展的意识，运用规律、科学理性的思维，服务师生、推进和谐校园建设的能力。因此，加强高校基层党建工作，必须加强培养培训，保障培训经费，建立培训制度，实现培训工作"经常化""定期化""长效化"，提高做好群众工作的能力。要不断拓展实践锻炼，组织高校基层党建工作者广泛参与社会实践、挂职锻炼、学习考察和海外研修等活动，开阔眼界，锤炼意志。要高度重视高校基层党建工作者的自我教育，引导他们直面新问题、新挑战，注意总结和提炼工作经验，探索和把握工作规律，主动开展党建理论和实践问题研究，不断提升专业化素质。

五、服务高等教育内涵式发展，高校基层党建工作必须注重学科建设和理论创新

高校人才集聚、学科门类齐全。加强高校基层党建工作，要充分发挥高校在理论和学科上的独特优势，依托重大科研和建设项目，推进理论创新和学科发展，为提升高校基层党建工作质量提供可持续发展的动力。

大力推进理论创新和学科建设。创新是激发活力和动力的源泉。高校是知识分子进行创造性劳动、取得创造性成果、作出创造性贡献的重要基地，素有创新之风，富有创新之才，要积极发挥优势，推进高校基层党建工作的理论和实践创新。党建和党史教育的学科是研究中国共产党自身建设的一门科学，是党的事业不可分割的有机组成部分，在党的建设中发挥了重要作用。要切实加强马克思主义理论学科的建设，坚持以马克思主义为指导，在推进党建学科和思想政治教育等相关学科发展中，加强对高校基层党建问题的理论研究，努力建设科学合理的学科体系，丰富学科研究方法和学科内涵，提升学科地位，增强学科自信，为高校基层党建工作的科学化发展提供智力支持和学理支撑。

积极开展理论和实际问题研究。要把握高校基层党建工作发展的前沿。所谓前沿问题，是指当前所面临的需要解决的正在或即将发生的、反映事物发展核心趋势的理论和实践问题。它既包括理论研究创新发展的学理问题，也包括实践一线工作的实际问题；既包括原有的研究范畴随着理论和实践的发展而呈现的新内容新特征，更包括以往理论和实践从未遇到过的新出现、刚发生而又迫切需要解决的全新问题。前沿是不断变化的，有的问题从前是前沿，现在解决了或者发现是个假问题，那就不再是前沿；有的问题从前不是前沿，但经过一段时间仍然不能解决或者出现了新的情况，那就有可能成为前沿。把握住前沿，就牵住了"牛鼻子"。把握前沿需要顺应时代特征、掌握方式方法，更要树立问题意识。正是在问题意识的牵引下，广大的高校基层党建工作者才能敢于直面当下迫切需要解决的热点、焦点或难点问题，勇于创新开拓，在发现前沿问题、把握前沿问题、破解前沿问题的过程中，不断提出新的理论和方法，不断提升高校基层党建工作的质量。要坚持问题意识、问题导向，以马克思主义为指导，重视在不同学科交叉、融合的视野下推进高校党建的理论和实践研究，以多学科的研究视角和理论视野来关照、审视、研究高校基层党建工作中的问题和难点。转换学科视角，这本身就是在创造新的探讨议题、拓展新的研究空间、催生新的研究理念、打开新的研究思路，从交叉学科视角出发，更能激发出党建研究的活力和创造力。针对高校党建遇到的理论和实践问题，要创造条件、加强引导，组织联合攻关团队，充分研究党建理论的范畴、要素、目标、规律和方法，研究党建工作的新情况新问题，全方位、多角度地整体提升党建工作理论水平。

第三节　提高高校党建工作科学化水平

党的十八大强调"推动高等教育内涵式发展"，为高等教育走以提高质量为核心的内涵式发展道路明确了方向。高校党的建设在高等教育质量提升、内涵发展中应设定什么样的目标，扮演什么样的角色，作出什么样的贡献，这是新时期高校党建工作必须面对的新课题。

围绕中心任务，做好党建工作。高校党的建设只有紧紧围绕人才培养这一中心任务，才能具有持久的生命力。要增强中心意识，时刻牢记"培养什么人、如何培养人"这一核心，进一步加强高校教师、学生等基层党支部建设，将党建工作融入学校发展大局中去，为人才培养作出贡献。要全面加强党的思想建设、组织建设、作风建设、反腐倡廉建设、制度建设，增强自我净化、自我完善、自我革新、自我提高能力，确保为高等教育事业改革发展提供有力的思想、政治和组织保证。妥善处理好党的建设与教育教学、科研管理、社会服务之间的关系，在全校各部门之间、在全体师生之间、在学校与社会之间形成合力，帮助学校最大限度地汇聚有助于事业发展的力量。

重视动力机制建设，激发党建工作活力。提高高校党建工作的活力和动力，必须加强动力机制建设，使党建工作的整体运行从"被推动"向自发自觉转变。要不断强化师生党员的身份意识，督促党员牢记角色、严格自律，在高等教育改革发展中创先争优，发挥模范带头作用。基层党组织要关心解决涉及党员师生切身利益的问题，畅通党员发表意见渠道。同时，要改进党建工作绩效考核方式，科学设计党建工作考核内容和考核标准，改进考核方式和考核程序。高校党的建设要围绕增强青年教师思想政治工作实效性、构建学生党员发展质量保障体系、加强高校党建工作学科支撑等方面做出新的探索。

立标准建机制，保证工作规范。从高校党建工作实际出发，制定出客观、科学的标准体系，要不断完善高校党建工作组织领导制度，明确党建工作的领导权、决策权和责任制问题，做到职责明确、边界清晰。要建立科学合理的高校党建工作机制，充分调动相关工作部门的积极性，激发基层党组织和党员活力，形成上下通畅、上下同步、上下联动的工作局面。要形成高校党建工作制度体系，加强制度相互衔接，做到科学有效、执行到位。

加强队伍建设，着力提高专业化水平。专业化不只是对专职人员的要求，所有从事高校党建工作的同志都要具备专业的态度精神和专业的素质能力。要更加注重队伍选配，通过多层次、多角度考察，把政治上靠得住，工作上有本事、肯干事、能干事，群众威信高的同志选配到党建工作岗位上。要持续加强示范培训，坚持开展高校基层党建工作培训，保障培训经费，建立培训制度，促使党建工作者培训经常化、定期化、长效化。组织高校党建工作者广泛参与社会实践、挂职锻炼、学习考察和海外研修等活动，开阔眼界，锤炼意志。

注重规律研究，不断提升党建工作科学化水平。要加强对高校党建工作的理论研究，努力建设框架科学的党建学科体系，构建党建学科的话语系统和逻辑体系，丰富党建学科的研究方法，为党建工作的科学化发展提供学科支撑。要创造条件、加强引导，组织联合攻关团队，充分研究党建理论的范畴、要素、目标、规律和方法，全方位、多角度地整体提升党建工作理论水平。

第十章　思想政治教育学科建设

加强学科建设是思想政治教育创新发展的基本要求。《关于加强和改进新形势下高校思想政治工作的意见》中指出，要加强哲学社会科学学科体系建设，积极构建中国特色、中国风格、中国气派的哲学社会科学学科体系，强化马克思主义理论学科的引领作用。① 完善思想政治教育学科建设，要坚持以马克思主义理论为指导，体现中国发展大势，立足实践发展需求，促进思想政治教育内涵式发展。

第一节　思想政治教育学科发展的时代要求

思想政治教育学科具有鲜明的实践特性，根植于中国特色社会主义文化土壤，随着思想政治教育实践的拓展而不断深化、发展。推进思想政治教育学科建设，需要更广泛地唤醒本学科领域的问题意识，瞄准前沿、紧贴实际，在丰富而生动的思想政治教育实践中发现、聚焦、解决重大理论和现实问题，培育学科研究队伍、丰富学科研究内容、创新学科研究体系、提高学科研究水平，为推进思想政治教育实践创新提供科学的理论支撑，用鲜活的实践经验滋养理论的持续发展。

---

① 《关于加强和改进新形势下高校思想政治工作的意见》，《人民日报》2017年2月28日。

探索思想政治教育发展的内生动力

一、把握思想政治教育学科发展的时代背景

1984年,思想政治教育专业(学科)应运而生,经过30年的励精图治,思想政治教育学科发展渐成规模,学术成果不断丰富,学科体系逐步完善,人才培养日趋优化。但是,站在新的历史起点上,中国特色社会主义探索中的经济新发展、社会新变化、实践新问题,都对思想政治教育学科建设提出了新的时代要求,需要我们准确理解、深刻把握。

思想政治教育学科发展已进入新的历史阶段。2014年,思想政治教育学科将迎来"而立之年",这意味着思想政治教育学科在经历了初始创立和快速发展以后,开始进入深化成熟期。这一阶段,思想政治教育要树立学科自信,通过走内涵发展道路,不断提升学科品质,既有力回应"该不该有思想政治教育""思想政治教育有没有效果"等理论质疑,又科学回答"中国特色社会主义道路和理想的关系""如何培育和践行社会主义核心价值观""中国梦的理论内涵和实践要求""大学生思想政治教育如何增强针对性、实效性"等重大现实问题,破解学科发展难题,应对学科时代挑战。同时,进一步对学科进行指导和整合,使思想政治教育学科除了直接支持思想政治理论课教学之外,还要在指导思想政治教育实践、推进社会思想政治工作、建设国家思想理论智库等层面上发挥新的更大作用。所以,在30年这个学科发展的重要时间节点上,需要对思想政治教育学科的发展现状进行评价,需要总结30年来思想政治教育学科发展的历史经验,需要讨论分析当前学科建设中存在的问题并找到解决问题的对策,进而规划未来思想政治教育学科建设的方向。

思想政治教育实践新变化对学科发展提出新要求。思想政治教育已经取得了可喜的成绩,这不仅得益于思想政治理论课教学工作的努力、辅导员队伍的加强、高校党建等思想政治教育实践的推进,还得益于思想政治教育学科的发展。但随着信息技术的日新月异和对外开放的不断扩大,思想政治教育对象、环境、方式、内容都发生了很大变化,新媒体技术对思想政治教育实践产生越来越深远的影响,社会新变革对思想政治教育理论创新产生越来越迫切的需要,青少年的成长特点对思想政治教育模式变革产生越来越强烈的诉求。青少年学生受环境、个人成长经历、社会思潮的影响等问题，比以往任何时候都要突出，学生的独立性、选择性、差异性比以往任何时候都要明显。这些都是思想政治教育学科需要研究的新问题，需要应对的新挑战。思想政治教育学科要善于总结，善于提炼，善于完善，特别是从实践研究和规律研究着手，不断丰富思想政治教育理论体系，树立思想政治教育理论自信，形成思想政治教育理论自觉。

学科自身发展特点要求时刻关注思想政治教育实践问题。在马克思主义理论一级学科下，思想政治教育学科不同于其他二级学科，其具有更强的实践特征，以思想政治教育实践为发展基础，为思想政治教育实践创新提供理论支撑和人才保障。因此，思想政治教育学科在自身发展中，必须围绕党和国家的重大方针政策及重大理论创新，聚焦思想政治教育实践中出现的重大现实问题，作出及时回应；必须对大学生的思想特点和成长成才的实际需要给予高度关切，深入探讨和回应大学生关心的思想理论热点难点问题；必须深入研究思想教育过程的方式方法以及教育的效果、过程和手段，增强教育的科学化水平。当前，实践育人已经成为立德树人的重要方式，与实践紧密结合，在实践中深化，已成为思想政治教育学科建设发展越来越明显的特征。在学科建设与教育实践的关系上，学科建设还存在哪些问题、需要迫切解决什么问题、今后的发展方向是什么，以及采取什么样的办法、建立一种什么样的长效机制，如何把学科建设与实践工作有机结合起来等一系列问题，都需要开展深入的研究。

二、聚焦思想政治教育学科建设的基本问题

2005年，以思想政治教育二级学科的设立为标志，思想政治教育学科进入了一个新的发展机遇期。但是，相较于哲学、法学、经济学等历史悠久的学科，新兴的思想政治教育学科还没有达到一个成熟的水平，学科边界、研究范式、人才培养、质量标准等方面还没有完全达成共识，对学科的概念、范畴、规律、体系的研究尚未达成广泛的一致意见,学科发展尤其需要顶层设计和系统规划。

要珍惜当前的学科基础。思想政治教育是具有中国特色的学科,马克思主义理论一级学科的设立,为思想政治教育学科的快速发展注入了新的活力,思想政治教育学科博士学位授权点持续增长,思想政治教育学科博士生导师队伍进一步壮大,目前已经形成了包括本科生、第二学士学位生、硕士生、博士生等多层次的人才培养体系,其人才培养目标、内容、结构进一步深化细化,研究方向和专业设置更加符合马克思主义理论学科的内在逻辑,人才培养质量不断提升。思想政治教育学科领域的学术成果也在不断增长,产生了一批有影响的著作和理论文章。目前,思想政治教育学科探索具有自身特色的研究范式和话语体系,不断明确学科研究对象、研究边界和发展内涵;不断加强分支学科建设,思想政治教育学基础理论研究、思想政治教育应用研究、思想政治教育历史研究、思想政治教育比较研究、思想政治教育现实追踪研究等分支学科体系和研究范围逐步得到规范,正在共同构建一个思想政治教育内容完备、结构合理、动态开放的系统化学科体系。这些都彰显了思想政治教育学科的长足发展,为进一步加强学科建设奠定了良好基础。要深入推进学科发展,一定要珍惜已有的学科基础,要善于分析总结历史经验,在发展脉络中对学科元理论问题进行科学的阐释和解读,对自身建设规律进行有效的梳理和概括。

要与实践发展相互促进。实践是思想政治教育获得学科发展和理论突破的源泉和动力,思想政治教育学科从无到有,从浅入深,都是社会实践发展的必然要求,始终符合社会发展变化的实际需要。"不论是新问题还是老问题,不论是长期存在的老问题还是改变了表现形式的老问题,要认识好、解决好,唯一的途径就是增强我们自己的本领。增强本领就要加强学习,既把学到的知识运用于实践,又在实践中增长解决问题的新本领。"① 正是因为抓住了"实践"这条生命线,思想政治教

---

① 习近平:《在中央党校建校80周年庆祝大会暨2013年春季学期开学典礼上的讲话》,《人民日报》2013年3月3日。

育学科在发展历程中所面临的各种质疑和难题，才能不断得到解决和回答，其理论研究才逐步由经验性走向科学化，形成具有自身特色的研究领域、研究范式、研究方法和研究体系。因此，思想政治教育实践是学科发展的基础，思想政治教育学科是教育实践的保障，二者体现为相互依存、相互作用、相互促进的辩证关系。2004年，中共中央和国务院《关于进一步加强和改进大学生思想政治教育的意见》印发后，思想政治教育的实践探索有序推进，已经积累了大量的宝贵经验，但是由于缺乏有效的学科支撑，许多经验和做法没有转化形成科学的理论。另一方面，学科建设脱离了实践，其理论形态就会空心化、简单化、碎片化，不能给工作实践带来科学的指导。要实现学科建设与实践的相互促进，学科研究就要根植于中国特色社会主义思想政治教育的伟大实践，开展对实践中新问题、新情况的问题导向研究，并通过实践不断丰富学科内涵，提高学科建设质量。

要有跨学科的视野。在学科发展的长河中，思想政治教育学科只有短短30年的发展历程，是一个相对年轻的学科。与思想政治教育学科相比，哲学、经济学、政治学、历史学、文化学等很多传统学科已经形成了比较完善的学科发展机制，能够不断融合，不断创新，不断推进。思想政治教育学科要取得深入发展，走内涵式发展道路，就必须在坚持自己的一些基本范畴、基本原则、基本研究内容的同时，具备跨学科建设视野，走多学科建设选择，善于借鉴和合理吸收相关学科的研究范式和理论成果，为我所用，推进学科建设的规范化和科学化发展。思想政治教育的跨学科建设视野，不是要突破自身的学科发展边界和学科理论内涵，而是在坚持思想政治教育学科的独立性，充分遵循思想政治教育理论研究规律、思想工作规律、人才培养规律、课程设置规律和创新发展规律的基础上，借鉴其他学科的优秀理论成果和方法，丰富自身建设内容，建构自身发展体系，达到推进学科科学化的目的。所以，思想政治教育的跨学科和多学科建设实践，关键在于把握跨"度"，与其他学科之间形成一个合适的张力，切实以问题为导向研究吸收优秀成果，在跨学科建设中形成符合青少年实际需要的中国特色的思想政治教育内容、规范和学科体系。

要聚焦发展要素。思想政治教育学科建设是一个系统工程，涉及学科范畴、学科体系、学科原则、学科标准、学科规范等一系列建设要素，是学科内涵发展和质量提升的有效节点。这些要素在发展过程中，既会遇到理论难题，也会出现实践困境，特别是与人才培养层次、授权点数量、系列化研究成果等方面的长足发展相比，思想政治教育学科在学科原则、学理范畴等许多建设要素上还没有形成科学有效的规范和标准，导致学科建设中还存在较多的争论，无法有效形成发展合力，一定程度上阻碍了学科的良性发展。比如，在学术研究上，思想政治教育研究成果存在学院化倾向、忽视运用中国化的话语体系等问题；学科理论体系存在主干学科强分支学科弱、基础研究强应用研究弱等矛盾。在人才培养上，思想政治教育专业发展中存在专业发展不平衡、专业基础理论研究薄弱、专业发展配套欠缺等问题；思想政治教育人才培养中存在研究方向明显跨出学科边界、导师明显不在学科研究领域、学位论文的研究过于宽泛等现象。这些都是学科建设中的微观实践问题，涉及具体要素的进步与发展。思想政治教育学科要避免出现只有宏观理论，缺少微观操作的建设状况，就需要在顶层设计和总体规划下，瞄准学科建设中的具体要素，对实际问题进行针对性解决，一步一个脚印地构建起现代化的思想政治教育学科大厦。

三、加强思想政治教育学科建设的整体规划

思想政治教育学科的建设与发展是一项系统工程，涉及党的理论创新、社会发展需要和人才培养要求等各个方面，既需要我们关注现实问题，也需要着眼于时代特征，更需要进行整体规划。要在充分尊重思想政治教育发展规律和学科建设规律的基础上，以思想政治教育实践的创新发展为基础，以规范和标准为保障，不断探索思想政治教育学科建设与发展的科学路径。

要着力完善学科架构，对学科建设与发展进行整体设计和系统规划。思想政治教育学科的建设与发展不能仅仅依靠各个学科点自由分散

的"精致理论"研究,需要考虑对全国的思想政治教育研究教学单位、学位授权点进行整体规划和力量统筹,对长期以来一些影响学科发展的学术分歧开展整合研究,对学科领域的基本概念、范畴、边界、体系等进行统一的理论定位,进而形成统一的学科架构和发展规划。一是要研究明确思想政治教育学科发展的阶段性特征,在国内、国际、多学科等视野下总体把握思想政治教育学科在社会需要、历史文化、实践经验、政策支持等方面面临的发展机遇和挑战,进而逐步优化和调整学科建设的节奏和步伐。二是要把推进思想政治教育学科的均衡发展作为重要方向,整合力量,科学布局,帮强扶弱,以实现思想政治教育学科的整体推进和协调发展。可以尝试建立人才的有序流动机制和学科对口援建机制,对学位授权点较少或没有学位授权点的省份和高校从人才和政策上进行重点支持。三是要以规范学科设置等要素为突破,推动思想政治教育学科的科学发展。要完善相关体制机制,切实解决部分高校思想政治教育学科理论和专业建设存在的漫无边界泛化,学科方向随意设立,学位授权点多部门共用,导师队伍多学科混编等问题,进而引导学科建设资源配置的有效整合,促进学科的研究领域、研究边界、研究话语协调统一。

要着力建设协同创新平台,推进学科建设与思想政治教育工作实践的有机结合。思想政治教育学科的可持续发展,必须扎根于思想政治教育工作实践中,切实担负起为思想政治教育工作服务的责任。因此,需要逐步建立完善学科建设和工作实践有机结合的协同创新平台。一是要探索建立思想政治教育理论队伍参与思想政治教育实践的机制和平台,建立理论队伍对思想政治教育实践问题进行跟踪研究的常态长效机制,营造广大思想政治理论工作者参与实践、关注实践、研究实践的良好氛围。二是要研究制定提升思想政治教育实践工作队伍的理论素养和研究能力的措施与办法,鼓励和引导广大实践工作者主持和参与重大理论和现实问题的攻关研究,并积极学习宣传、转化应用理论成果,为思想政治教育学科的建设与发展提供实践土壤。三是要把思想政治教育学科和思想政治教育工作的协同发展纳入学校相关工作的整体规划和战略布局中，从机构整合、队伍建设、资源配置上进行统筹管理，规范导师遴选、辅导员班主任配备和人才培养的各环节，推动理论研究和实践创新相互促进。

要着力提升学科发展质量，正确处理思想政治教育相关学科的互动关系。思想政治教育学科有自身的发展规律、发展特点和发展路径，其学科建设必须坚持自身的独立性。但同时，思想政治教育学科的发展不仅与马克思主义理论一级学科及其下属的其他5个二级学科紧密联系，而且还与政治学、伦理学、管理学、心理学、社会学等其他学科的发展休戚相关。所以，提升思想政治教育学科的质量，需要做好以下3个方面。一是要把握世界眼光、中国情怀和时代特征3个维度。一方面学科建设要纳入人才培养的国际视野进行思考与规划，借鉴国外好的经验和做法；另一方面学科建设要从中国的国情出发，把思想政治教育研究融入中国特色社会主义伟大实践中，深刻体现中国特色的哲学社会科学风格和气派；同时，学科建设还要紧跟时代步伐，体现时代要求，不断实现思想政治教育理论与实践的创新。二是要合理吸收借鉴其他学科科学的研究思维、研究范式、研究方法，在学习和借鉴相关学科建构和发展经验的过程中，找到符合自身特点的学科建设途径，实现自身的创新发展。三是要在增强学科自信、保持思想政治教育学科独立性的基础上，坚持学科建设的多学科视野，科学实现与其他学科的交叉融合，保持与其他学科之间的适度张力，形成中国特色的思想政治教育学科体系。

要着力优化学科建设环境，发挥学科阵地、学术平台的导向和引领功能。学科阵地和学术平台的建设与成就，是一个学科不断走向成熟的重要标志。经过30年的建设发展，思想政治教育重点学科、特色专业、德育研究基地、辅导员培训研修基地、学术期刊、网络等学科阵地、学术平台都得到了快速建设，基本已经形成全方位的学科学术研究平台。在思想政治教育学科进入"而立之年"，由"增量发展期"转入"存量提升期"的历史时刻，思想政治教育学科阵地、学术平台在推进学科发展中的导向和引领功能将举足轻重。一是需要大力优化学科建设的环境和氛围,建立健全学科领域不同平台之间的研讨交流、合作分享机制,形成全国范围内的学科学术平台建设联动模式,进而弥合分歧,达成共识,转化成果。二是可以逐步丰富思想政治教育前沿论坛、博导论坛、青年德育论坛等学科建设研究活动,探索形成相对规范统一的思想政治教育学术组织平台、学科会议平台、学术期刊平台、网络学术平台,推动形成学科建设的合力。三是需要突破地域,建立理论研究机构与实践培养基地、理论研究机构之间的定期交流制度,形成对一些重大理论问题开展攻关的长期协作体系。

要着力推进成果转化应用,促进对重大理论和现实问题的研究探索。推动思想政治教育学科的发展,需要在加强思想政治教育研究的问题意识和现实取向上狠下功夫。党的十八大指出,"深入开展道德领域突出问题专项教育和治理,加强政务诚信、商务诚信、社会诚信和司法公信建设。加强和改进思想政治工作,注重人文关怀和心理疏导,培育自尊自信、理性平和、积极向上的社会心态。"①这些都是思想政治教育学科需要强化研究的理论方向和现实取向。强化思想政治教育现实研究,一是要树立问题意识,要把握理论研究的动态和前沿。马克思指出:"问题就是公开的、无畏的、左右一切个人的时代声音。问题就是时代的口号,是它表现自己精神状态的最实际的呼声。"②自觉地关注问题、回应问题,是思想政治教育理论创新的重要前提,也是学科建设的重要基础。问题之中,又要抓住前沿。前沿是不断变化的,有的问题之前是前沿,现在已经解决了或者发现是假问题,那就不再是前沿;有的问题之前不是前沿,但经过一段时间仍然不能解决或者我们发现是制约工作推进的关键环节和重点,那就有可能成为前沿。需要牢牢抓住这样的前沿问题不放,有"咬定青山不放松"的坚持和"打破砂锅问到底"

---

① 胡锦涛:《坚定不移沿着中国特色社会主义道路前进 为全面建成小康社会而奋斗——在中国共产党第十八次全国代表大会上的报告》,《人民日报》2012年11月18日。

② 《马克思恩格斯全集》第40卷,人民出版社1982年版,第289—290页。

的劲头,"踏石留印,抓铁有痕",一个一个确立攻关的目标,一项一项破解难题。二是要坚持思想政治教育研究的现实取向,也就是要理论联系实际,坚持在实践中形成理论、运用理论、发展理论,把实际工作作为研究的"试验场",促进理论的发展、实务工作的推进和研究者的成长。三是要探索理论成果的转化应用和实践检验模式,扎实推动研究成果在思想政治教育实践中的推广应用,形成有效的理论成果转化体系,用实践来检验成果的可用不可用,管用不管用。

第二节 深化思想政治教育理论研究与实践创新的有机结合

思想政治教育学科设立暨全国高校思想政治教育研究会(以下简称"思研会")成立30周年时,中共中央政治局委员、国务院副总理刘延东同志亲切关怀思想政治教育学科和思研会的建设发展,专门给思研会回信,充分肯定思研会自成立以来,在推动学科建设,开展理论研究和实践探索,提升思想政治教育工作针对性实效性,开展教育决策咨询等方面所发挥的积极作用,并对思研会下一步建设发展提出明确要求。回信充分体现了党中央、国务院对高校思想政治教育理论研究与工作实践的高度重视。深入学习领会、认真贯彻落实刘延东同志的重要回信精神,对于加强思想政治教育学科建设,深化思想政治教育理论研究,推动思想政治教育实践创新,提升思想政治教育质量具有重要的指导意义。当前,要紧密结合学习贯彻落实习近平总书记系列重要讲话精神,围绕贯彻落实立德树人根本任务,切实把社会主义核心价值观教育更好地落实到高校思想政治教育科学研究和工作实践的全过程、落实到人才培养各环节。

一、围绕中心,服务大局,巩固思想政治教育的"生命线"地位

我们党长期以来高度重视思想政治工作,一直用"生命线"来表达思想政治工作在党和国家事业中的地位和作用。今天,"生命线"的提法仍然有意义,仍然能描述思想政治教育工作的特殊重要性。坚持社会主义办学方向,培养社会德智体美全面发展的社会主义建设者和接班人,就是思想政治教育工作"生命线"作用的体现。这也是整个高等教育事业的中心和大局。围绕这个中心,服务这个大局,是方向性原则,决定思想政治教育指向何方、落在何处,是党中央、国务院始终高度重视高校思想政治教育的出发点。

坚持立德树人的基本导向。在革命、建设、改革各个历史时期,思想政治教育"生命线"理论围绕特定的中心工作和中心任务,得到不断的强调和发展。思想政治工作是党在意识形态领域中的一项重要工作,其根本任务就是要解决学生"德"的问题,解决"知识为谁所学,人才为谁所用"的问题。能不能抓好思想政治教育直接关系到培养什么人、如何培养人的根本问题,关系到办什么样的高等教育、怎么样办高等教育的重大战略问题。要紧紧围绕培养中国特色社会主义合格建设者和可靠接班人这个根本任务,坚持立德树人基本导向,教育学生树立正确的世界观、人生观、价值观,引导学生树立中国梦的远大理想和中国特色社会主义的人生信念。

把握思想政治教育的基本遵循。党的十八大以来,习近平总书记发表系列重要讲话,深刻回答了新形势下党和国家事业发展的一系列重大理论和现实问题,提出了许多富有创见的新思想新观点新论断新要求。讲话涉及改革发展稳定、内政外交国防、治党治国治军各个方面,是新的历史条件下我们党治国理政的行动纲领,是坚持和发展中国特色社会主义的最新理论成果,当然也是我们加强和改进新形势下思想政治教育的科学指南和基本遵循。高校是争夺青年、赢得未来的重要阵地,是科学研究和文化传承创新的重要源泉。思想政治教育要突出坚持和发展中国特色社会主义这条主线。我们办的是中国特色社会主义大学,我们从事的是集中体现中国特色社会主义大学鲜明性质的工作,必然要责无旁贷地担负起马克思主义思想教育的重要任务。

研究当前的时代特征。聚焦重大问题,研究时代特征,回应时代关切，是思想政治教育的责任担当和题中应有之义，是思想政治教育"生命线"地位的重要体现。在当今社会发展的新阶段、在高等教育领域综合改革进程中同样有着极端的重要性。党的十八大和十八届三中、四中全会描绘了全面建成小康社会、全面深化改革、全面推进依法治国、全面从严治党，加快推进社会主义现代化的宏伟蓝图，吹响了向实现"两个一百年"奋斗目标进军的时代号角。当前，我国经济社会发展进入经济增长速度换挡期、结构调整阵痛期、前期刺激政策消化期"三期叠加"的重要阶段，到了转变经济增长方式、爬坡过坎、提质增效升级的紧要关口，处于由大国向强国迈进的关键时期。经济体制深刻变革、社会结构深刻变动、利益格局深刻调整、思想观念深刻变化。诸多利益格局的深层次调整带来了一系列社会关系的变化以及社会成员角色的转换，人们的生活方式由现实生活转向虚拟社会与现实生活并存互动，社会心态领域出现了一些"不理性""不平和"的复杂化趋势，加上各种社会思潮和文化的激荡交融，这些都对学生的思想观念产生着深刻的影响。思想政治教育必须认真研究这一时代特征，研究新情况、适应新环境、创造新方法，切实提高思想政治教育的针对性和实效性。

二、与时俱进，开拓进取，深化思想政治教育传承与创新的统一

传承与创新是紧密联系、相辅相成、辩证统一的关系。在思想政治教育学科建设发展的过程中，必须正确处理好传承与创新的关系。我们应该在历史与现实、东方与西方的交汇点上，发扬中华民族优良传统，汲取世界各民族文明成果，在学科要素、实践方法上积极创新，推动思想政治教育科学发展。

把握学科态势。思想政治教育学科是在改革开放的历史进程中发展起来的一门新兴学科。自1984年设立以来，在广大理论工作者和实践工作者的共同努力下，思想政治教育学科形成了学科定位明确、学科体系日趋完整、队伍建设不断加强的良好发展态势，为有效开展思想政治工作、切实解决"培养什么人，如何培养人"这一根本问题提供了丰富的理论依据、极大的实践指导和有力的人才支撑，也为学科的进一步

建设和发展打下了坚实基础。同时还要清醒地看到，思想政治教育毕竟还是一门年轻的学科，相较于文学、历史学、哲学、政治学、经济学、法学等历史悠久的学科，思想政治教育学科建设还没有达到一个成熟学科的水平，还面临着各种困难和挑战。比如，学科边界、研究范式、人才培养、质量标准等方面还没有完全达成共识，对学科的基本概念、范畴、规律、体系的研究尚未达成一致意见，学科发展还缺乏科学的顶层设计和系统规划，空心化、简单化、碎片化倾向还明显存在。这些既是思想政治教育学科面临的问题，也是广大思想政治教育工作者要攻关的课题。

增强学科自信。思想政治教育研究在把握时代特征，运用教育规律，强化引领导向等方面本身具有独特优势，当然也就负有重要责任。在风云变幻、纷繁复杂的国际国内形势中，青年学生面临越来越多的思想理论困惑和成长发展需要，思想政治教育大有可为，须有作为。要在保持思想政治教育学科独立性基础上，坚持学科建设的多学科视野，科学实现与其他学科的交叉融合，保持与其他学科之间的适度张力，形成中国特色的思想政治教育学科体系。要有力地回应纷繁复杂的各种质疑，通过走内涵发展道路，既在实践层面有力回应"该不该有思想政治教育""思想政治教育有没有效果"等问题，又要为着力增强大学生思想政治教育针对性实效性提供理论支持和决策依据，在理论分析中科学回答"中国特色社会主义道路和理想的关系""如何培育和践行社会主义核心价值观""中国梦的理论内涵和实践要求""大学生思想政治教育如何增强针对性实效性"等重大问题。同时，还要立足于增强正面引导能力，加强方向引领，凝聚更大共识，更加主动地服务于经济社会发展和人才培养。

促进学科发展。传承与创新是推动思想政治教育学科发展的内生动力。传承体现为对党的思想政治教育的优良传统和实践经验的总结与传承，体现为对成熟学科以及思想政治教育学科建设经验的凝练与升华。创新体现为更加注重思想政治教育学科独立的探索、建设与发展，创新和形成思想政治教育具有自身特色的理论体系和方法，推动思想政治教育学科在探索创新中获得真正的发展。新的历史起点上,要在充分尊重思想政治教育发展规律、学科建设规律和学生身心发展规律基础上,立足于思想政治教育工作实践,在实践探索中不断增强思想政治教育的渗透性、融入性,在理论研究上不断增强思想政治教育的科学性和实效性。要把总结经验和理论创新结合起来,在优良传统的基础上进行创新,既要与时俱进,又要继承和发扬优良传统,在创新中不断探索思想政治教育发展和学科建设的科学路径,不断开创大学生思想政治教育新局面。

三、立足实践,协同推进,促进思想政治教育理论和实践的结合

思想政治教育研究具有鲜明的实践特性,根植于中国特色社会主义文化土壤,随着思想政治教育实践的拓展而不断深化发展。思想政治教育学科的建设与发展必须要坚持理论和实践的结合,在实践中拓展、在实践中深化、在实践中提升。

树立问题意识。"问题是时代的声音",刘延东同志在批示当中,明确提出要"坚持问题导向、推动理论创新"。思想政治教育理论和实践的发展与创新过程,就是一个不断地提出问题、回应问题、解决问题的过程。推动思想政治教育创新发展,就需要更广泛地唤醒本学科领域的问题意识,瞄准前沿、紧贴实际,在丰富而生动的思想政治教育实践中发现、聚焦、解决重大理论和现实问题,以"咬定青山不放松"的坚持和"打破砂锅问到底"的劲头,"踏石留印,抓铁有痕",一个一个确立攻关目标,一项一项破解问题难题。要找准时代发展的阶段性特征、探究时代发展规律,科学把握当前的时代主题,以党和国家的重大方针政策及重大理论创新为核心;要关切大学生的思想特点、探讨回应大学生关心的思想理论热点难点问题。在问题意识中促进思想政治教育更好地"反映时代精神、回答时代课题、引领时代潮流"。

注重协同创新。协同创新体现为思想政治教育相关学科的协同发展,体现为思想政治教育两支队伍的协同合作。一方面,要着力培育和发挥思想政治教育的学科优势、专业优势,同时注重交叉学科、跨学科的视野，合理吸收借鉴其他学科的研究思维、研究范式、研究方法，在学习和借鉴相关学科建构和发展经验的过程中，找到符合自身特点的学科建设途径，实现自身的创新发展。另一方面，要积极探索建立思想政治教育理论队伍参与思想政治教育实践的机制和平台，建立理论队伍对思想政治教育实践问题进行跟踪研究的常态长效机制，营造广大思想政治理论工作者参与实践、关注实践、研究实践的良好氛围。同时要着力提升思想政治教育实践工作队伍的理论素养和研究能力，鼓励和引导广大实践工作者主持、参与重大理论和现实问题的攻关研究，并积极地学习宣传、转化应用理论成果，为思想政治教育学科的建设与发展提供实践土壤。

推动成果转化。坚持理论联系实际，坚持在实践中形成理论、运用理论、发展理论。在内容上要围绕对学生的知识传授、能力塑造和价值观的培育这些重大问题，凝练思想政治教育研究的重点方向，发挥专业优势和特点；要把思想政治教育实践中的方式方法、教育效果、过程等作为研究重点；要深入研究采取什么样的方法、建立什么样的长效机制，把学科建设与实践工作有机结合等问题。对重点和难点问题、前沿问题进行深入的研究，得出既有前瞻性、战略性，又有操作性的研究成果，努力使研究成果有效地转化为党的决策、有效地转化为推动思想政治教育的有力举措，提高思想政治教育的科学化水平。

四、完善机制，提升素质，推动思想政治教育队伍的专业化建设

队伍建设是思想政治教育学科发展的关键。习近平总书记强调："国家繁荣、民族振兴、教育发展，需要我们大力培养造就一支师德高尚、业务精湛、结构合理、充满活力的高素质专业化教师队伍"，做党和人民满意的好教师，要"有理想信念、有道德情操、有扎实学识、有仁爱之心"，这为我们加强新形势下高校思想政治教育队伍建设指明了方向，提供了遵循。

研究队伍建设规律。思想政治教育学科建设的根本是人才。30年来，思想政治教育学科队伍建设取得了一定的成绩，逐渐培养、凝聚和

形成了一批老、中、青相结合的学术和实践骨干，造就了一批有深厚的学术底蕴、深邃的学术眼光和深广的学术胸怀的思想政治教育学科带头人，产生了一批学术新锐和中青年骨干。但是还面临着队伍建设不均衡，年龄结构、学缘结构不科学，职业认同度、社会认同度不高等问题。新形势下，要从时代发展、党的事业、高等教育事业发展需要出发，调查了解当前高校思想政治教育队伍的实际状况，着重研究存在的突出问题，分析原因，提出对策，努力取得一些规律性认识。要加强对高校思想政治教育队伍建设的前瞻性研究，着力促进思想政治教育工作岗位的吸引力、队伍的规模、年龄结构、职称结构、知识结构、专业结构的优化。要创新培养思路，通过专业培训、研修学习、社会实践、挂职锻炼、考察交流等多种方式，加强队伍专业化、职业化建设，不断提高专业教师队伍的理论研究水平、思想政治理论课教师的教学水平以及日常思想政治教育政工干部和学生辅导员队伍的业务能力。引导和鼓励中青年思想政治教育工作者注重理论水平和综合素质的提升，探索和创新实践工作模式，提升思想政治教育科学化水平。

完善制度体系。按照"四有"标准，加强思想政治教育队伍的选拔聘用、考核评价、教育培训、管理监督、保障机制等制度体系建设研究。研究如何把政治标准作为聘用、考核的基本标准，严格聘用程序，规范聘用合同和入职程序，健全考核制度，探索教师定期注册制度，着力研究建设一支数量相对稳定、年龄构成合理、知识结构和专业特长互促互补，思想理论好、综合素质高、具有丰富工作经验的复合型队伍的优化机制，真正建立一支又红又专，德才兼备的思想政治教育工作队伍。坚持既出成果，又出人才，着力探索新形势下思想政治教育队伍建设运行模式，研究探索思想政治教育工作者的成果转化平台和发展提升通道。

发挥智库作用。当今世界，智库已经成为政府科学决策、推动社会发展的重要力量，成为国家软实力的重要组成部分。思想政治教育不仅服务于人才培养，也要着眼于社会发展，主动开展研究，提出可行性意见和建议，提供教育决策咨询。所以，要着力培育研究队伍，凝练研究方向，创新研究体系，提高研究水平，体现中国特色，服务国家战略，推出高质量、有影响的思想产品和前瞻性、可操作的建设性研究成果。要通过学科和实践队伍的建设，团结和凝聚一大批真知灼见的思想家、重大战略的参谋者、科学决策的建言人，当好党和政府的"外脑"。

思想政治教育学科经过 30 年的发展历程，已经进入提质量、促发展的新的历史阶段。认真学习贯彻刘延东同志的重要回信精神，深化高校思想政治教育的理论研究和实践创新，是繁荣发展思想政治教育学科的时代任务。思想政治教育要关注现实问题，着眼于时代特征，进行整体规划，充分尊重思想政治教育发展规律和学科建设规律，不断推动思想政治教育学科的繁荣发展。

第三节 探索思想政治教育学科建设科学路径

设立思想政治教育学科的重要意义，是同思想政治工作在党和国家事业发展中的地位、在人才培养中的作用联系在一起的。思想政治工作是经济工作和其他一切工作的生命线。习近平总书记在全国宣传思想工作会议上强调，"宣传思想工作就是要巩固马克思主义在意识形态领域的指导地位，巩固全党全国人民团结奋斗的共同思想基础"。这深刻阐明了思想政治工作的重要意义，也深刻阐明了建设思想政治教育学科的重要意义。在我们国家、在中国特色社会主义大学，我们尤其要高度重视和抓好思想政治教育学科建设。

一、总结 30 年发展历程，思想政治教育学科在历史传承与时代创新中开启了日渐成熟的建设与发展之路

思想政治教育学科是在改革开放的历史进程中建设和发展起来的一门新兴学科。自 1984 年设立以来，在教育部门以及广大理论工作者和实践工作者的共同努力下，思想政治教育学科形成了学科定位明确、学科体系日趋完整、队伍建设不断加强的良好发展态势，为有效开展思

想政治工作、切实解决"培养什么人，如何培养人"这一根本问题提供了丰厚的理论依据、极大的实践指导和有力的人才支撑，也为学科的进一步建设和发展打下了坚实基础。

一是学科定位逐步明确。学科定位涉及学科属性问题，其对于学科建设和发展至关重要。对于思想政治教育学科的定位，学界曾经有不同意见，有的认为应属于教育学，有的认为应属于政治学。从思想政治教育专业—马克思主义理论与思想政治教育二级学科—马克思主义理论一级学科的发展过程来看，思想政治教育学科的定位逐步清晰和明确。2005年，国务院学位委员会、教育部颁布的《关于调整增设马克思主义理论一级学科及所属二级学科的通知》明确提出，思想政治教育作为二级学科隶属于马克思主义理论一级学科，并归于法学门类内。马克思主义是我们立党立国的根本指导思想，是全党全国人民团结奋斗的共同思想基础。设立马克思主义理论建设、巩固马克思主义在高校教育教学中的指导地位以及加强和改进思想政治理论课的重大举措。将思想政治教育学科列为马克思主义理论一级学科下的二级学科，说明思想政治教育学科是"姓马"的，思想政治教育是马克思主义的思想政治教育，这一学科培养的人才是马克思主义理论工作者和实践工作者。正如《马克思主义理论一级学科及其所属二级学科简介》指出，"思想政治教育是运用马克思主义理论与方法，专门研究人们思想品德形成、发展和思想政治教育规律，培养人们正确的世界观、人生观、价值观的学科"。按照这样的学科属性来定位思想政治教育学科，就要始终坚持马克思主义尤其是当代中国马克思主义为指导，运用马克思主义立场、观点和方法来推进学科建设。

二是学科体系日趋完善。目前，思想政治教育学科已经形成了思想政治教育原理、思想政治教育方法论、思想政治教育发展史、比较思想政治教育等多个体现前瞻性、规律性的研究领域。在合理融合政治学、教育学、哲学、社会学、心理学、伦理学等相关学科的理论、知识和方法的基础上，思想政治教育学科为自身的规范化和科学化发展夯实理论基础，并逐步探索具有自身特色的研究范式和话语体系。值得提出的是，思想政治教育基础理论研究、思想政治教育应用研究、思想政治教育历史研究、思想政治教育比较研究、思想政治教育现实追踪研究等分支学科体系和研究范围逐步得到规范，这些分支正在共同构建一个思想政治教育内容完备、结构合理、动态开放的系统化的学科体系。

三是人才培养日趋优化。人才培养体系的建构及其实现，是衡量学科发展水平的重要标准。作为一门综合性、实践性很强的应用学科，思想政治教育的人才培养以理论与实践相统一为重要指向，培养的专门人才在从事教学、科研工作的同时，还要能够从事与思想政治教育实践密切相关的宣传思想工作和党政工作。30年来，思想政治教育人才培养的规格、层次、目标等不断完善和拓展。人才培养的目标、内容、结构也在进一步深化细化，研究方向和专业设置更加符合马克思主义理论学科的内在逻辑，人才培养质量不断提升。思想政治教育学科建设与人才培养是相互促进的，学科的发展将提升专业人才培养的数量和质量，而专业人才的培养又进一步推动了学科的不断发展。

四是队伍建设不断加强。作为一门具有较强实践性的学科，思想政治教育学科的队伍主要有理论研究队伍、思想政治理论课教师和参与实践工作的党政干部。党和国家一直重视思想政治教育学科队伍建设。以辅导员队伍建设为例，2006年教育部颁发《普通高等学校辅导员队伍建设规定》，对辅导员的工作职责、配备选聘、培养发展、管理考核作出了明确的规定。建立了21个教育部高校辅导员培训和研修基地，广泛开展辅导员岗前培训、专题培训、国内外考察等活动。选拔优秀辅导员攻读硕士、博士学位。这些举措，加快推进了队伍的专业化进程，有效推动了思想政治教育工作的科学化发展。

二、当前思想政治工作的环境、对象、范围、方式发生了很大变化，思想政治教育学科建设的理论与实践都面临诸多考验和挑战

在经历了初始创立和快速发展以后，思想政治教育学科进入深化成熟期。此阶段的学科建设既要有学科自信，通过走内涵发展道路，在实践层面有力回应"该不该有思想政治教育""思想政治教育有没有效果"等质疑,又要在理论分析中科学回答"中国特色社会主义道路和理想的关系""如何培育和践行社会主义核心价值观""中国梦的理论内涵和实践要求""大学生思想政治教育如何增强针对性实效性"等重大问题,破解学科发展难题,更好地应对学科面临的时代命题。

学科建设与教育实践的关系是学科发展的一个重要问题。思想政治教育学科有着较强的实践特征,学科的发展必须以思想政治教育实践为基础,在实践中推进和深化。当前,思想政治教育学科必须以党和国家的重大方针政策及重大理论创新为核心,必须关切大学生的思想特点、探讨回应大学生关心的思想理论热点难点问题,必须把思想政治教育实践中的方式方法、教育效果、过程规律等作为研究重点。对于采取什么样的方法、建立什么样的长效机制,把学科建设与实践工作有机结合等问题,也需要深入研究。

三、以学科设立30周年为新的起点,不断探索思想政治教育学科建设与发展的科学路径

思想政治教育学科的建设与发展是一项系统工程,涉及党的理论创新、社会发展需要和人才培养要求等各个方面。其创新发展要在充分尊重思想政治教育发展规律和学科建设规律的基础上,以思想政治教育工作实践为基础,以规范和标准为保障,不断探索思想政治教育学科建设与发展的科学路径。

要着力完善学科架构,对学科建设与发展进行整体设计和系统规划。一是要研究明确思想政治教育学科发展的阶段性特征,在国内、国际、多学科等视野下总体把握思想政治教育学科在社会需要、历史文化、实践经验、政策支持等方面面临的发展机遇和条件,进而逐步优化和调整学科建设的节奏和步伐。二是要把推进思想政治教育学科的均衡发展作为重要方向,整合力量,科学布局,帮强扶弱,以实现思想政治教育学科的整体推进和协调发展。三是要以规范学科设置等要素为突破,推动思想政治教育学科的科学发展。要完善相关体制机制,切实解决部分高校思想政治教育学科理论和专业建设存在的问题,引导学科建

设资源配置的有效整合，学科的研究领域、研究边界、研究话语协调统一。

要着力建设协同创新平台，推进学科建设与思想政治教育工作实践的有机结合。一是要探索建立思想政治教育理论队伍参与思想政治教育实践的机制和平台，建立理论队伍对思想政治教育实践问题进行跟踪研究的常态长效机制，营造广大思想政治理论工作者参与实践、关注实践、研究实践的良好氛围。二是要提升思想政治教育实践工作队伍的理论素养和研究能力，鼓励引导广大实践工作者主持和参与重大理论与现实问题的攻关研究，积极学习宣传、转化应用理论成果，为思想政治教育学科建设与发展提供实践土壤。三是要把思想政治教育学科和思想政治教育工作的协同发展纳入学校的整体规划和战略布局中，从机构整合、队伍建设、资源配置上进行统筹管理，努力形成马克思主义学院结合实践开展理论研究，学生工作部门结合理论开展实践创新，学校其他部门支持和参与的思想政治教育学科发展格局。

要着力优化学科建设环境，发挥学科阵地、学术平台的导向和引领功能。在思想政治教育学科进入"而立之年"，由"增量发展期"转入"存量提升期"的历史时刻，思想政治教育学科阵地、学术平台在推进学科发展中的导向和引领功能将举足轻重。一是要大力优化学科建设的环境和氛围，建立健全学科领域不同平台之间的研讨交流、合作分享机制，构建全国范围内的学科学术平台建设联动模式，努力达成共识、转化成果。二是要逐步丰富思想政治教育学科建设研究活动，探索形成相对规范统一的思想政治教育学术组织平台、学科会议平台、学术期刊平台、网络学术平台，推动形成学科建设的合力。三是要突破地域，建立理论研究机构与实践培养基地、理论研究机构之间的定期交流制度，形成对一些重大理论问题开展攻关的长期协作体系。

要着力提升学科发展质量，正确处理思想政治教育相关学科的互动关系。一是要把握世界眼光、中国情怀和时代特征三个维度。一方面学科建设要纳入国际视野进行思考与规划，对国外思想政治教育进行研究，借鉴国外好的经验和做法；另一方面学科建设要从中国的国情出发，把思想政治教育研究融入中国特色社会主义伟大实践中，深刻体现中国特色的哲学社会科学风格和气派；同时，学科建设还要紧跟时代步伐，体现时代要求，不断实现思想政治教育理论与实践的创新。二是要合理吸收借鉴其他学科科学的研究思维、研究范式、研究方法，在学习和借鉴相关学科建构和发展经验的过程中，找到符合自身特点的学科建设途径，实现自身的创新发展。三是要在坚守学科自信，保持思想政治教育学科独立性的基础上，坚持学科建设的多学科视野，科学实现与其他学科的交叉融合，保持与其他学科之间的适度张力，形成中国特色的思想政治教育学科体系。思想政治工作司是指导高校思想政治教育工作的业务司局。我们将以更大的力度支持思想政治教育学科的建设与发展，推动学科建设不断迈上新台阶。

第十一章　思想政治教育激励机制构建的新探索

互联网的迅速普及正在全世界的社会、经济、文化等各个领域中酝酿着全新的变革,也对生活其中的个体产生着巨大影响。互联网与游戏的结合,形成了更广泛的以互联网为基础设施和实现工具的新的游戏生态,这种网络游戏生态对青年的影响是十分巨大的,也在潜移默化地改变着年轻一代的价值取向和行为方式。"游戏大都产生于具有实用、功利性质的生产生活行为,人们同时挥洒着聪明才智将日常生活中那些刺激、自由、愉悦的环节进行着提取与再创造。游戏便在源于日常生活的同时,又在其所营造的规则体系与竞争模式中给人们带来从某种意义上讲具有超现实色彩的释放与欢乐。"① 网络游戏为何得到青年一代的青睐?及时的反馈与激励机制应该是其中一个十分重要的原因。网络游戏中的反馈激励机制主要包括分数系统、勋章系统和排行榜系统。"分数系统"捕捉玩家的每一个动作,给予反馈;"勋章系统"给予玩家成绩的总结表彰;"排行榜系统"是对玩家整体水平的展示。三个系统环环相扣,层层递进,是游戏吸引玩家的方式和手段的有机统一。作为教育对象的青年学生在时代社会发展的进程中必然会受到包括网络在内的各种新事物的影响,网络不再仅仅是一种可以选择使用或者不用的工具,而是已经成为青年学生生活学习不可选择和或缺的环境,成为其成长中必不可少的一部分。游戏系统自然也是这一代人身上显著的一个印记。

---

① 刘谦、姚曼:《文化遗产关键词:游戏》,《贵州民族大学学报》(哲学社会科学版) 2016 年第 4 期。

习近平总书记指出，我们的教育对象到了哪里，我们的教育也应该跟到哪里。要解决思想政治教育的亲和力感染力、针对性实效性问题，除了内容的不断充实和与时俱进、丰富完善，也要重视方法形式的创新，更要重视内在机制的设计与构建。及时的反馈与激励机制的构建应该是十分重要的一个环节。反馈与激励是思想政治教育机制构建中的一个关键，因为只有能够及时对教育对象接受教育的信息和表现做出评价的思想政治教育才可能得到教育对象的认可。在总结游戏三个系统核心内涵的基础上，要从构建及时激励机制、明确目标导向体系、激发教育对象内生动力等方面着手，进一步提升思想政治教育反馈激励机制的有效性和可操作性。

第一节 增强思想政治教育激励机制构建的时效性

反馈与激励是吸引学生接受教育并不断认可教育的重要机制。反馈和激励机制设计的及时性是问题的关键。及时的反馈激励能够使教育对象感受到重视、认可和导向，不及时甚至拖延的反馈激励不仅起不到如此效果，反而可能增加教育对象对教育的反感和缺乏持续的导向跟进。

时效性是激励的基本要求。心理学研究发现，及时激励的有效性比滞后激励高出60%，由此可见，及时的反馈激励机制何等重要。[①] 游戏的三个系统中都体现了及时反馈激励的原则。"分数系统"针对每一个行为均设置得分、减分或者其他细微的反馈；"勋章系统"里游戏及时对玩家过去的成绩进行全方位、多角度地总结，给予鼓励；"排行榜系统"里，游戏对于玩家成绩在全体系进行及时的排名激励，并且及时给玩家设置目标进行引导性激励。思想政治教育当中同样需要及时反馈

---

① 王易、张莉：《试论激励法在大学生思想政治教育中的运用》，《思想政治教育研究》2010年第4期。

原则，然而，在现在的思想政治工作过程中，教育工作者往往没能把握激励的时效性问题，使得激励的效果大打折扣。究其原因，一方面思想政治工作的从业者事务繁忙，思想政治工作安排往往以方便为第一要素，并不是以及时反馈激励为考虑重点，严重弱化了激励的效果；另一方面，对于激励时机的重要性认识也有待提升，把奖学金发放、荣誉授予当作了一般性的日常工作，错失了利用奖学金发放、荣誉授予等关键事项进行及时激励的时机；互联网时代，思想政治教育工作要保证及时反馈的效果，就需要充分利用互联网的便利性，恰当地选取、运用、管理网络载体，完善思想政治教育的线下工作平台，把握规律，协同创新，营造良好的激励环境，采取灵活的激励方式，以达到不断增强思想政治教育时效性的目的。

善用思想政治教育网络载体及时反馈。"遵循规律是推进思想政治教育创新发展的客观要求和根本保证。"① 创新思想政治教育网络载体，把握思想政治教育及时反馈规律，对于增强思想政治教育的时效性有重大意义。

首先，选取恰当的网络载体。及时反馈机制要求教育工作者在学生生活学习的各个领域靠近学生、最大限度地贴近学生，对学生的实际问题、思想疑惑"有求必应"，帮助学生解决实际需求。要实现"有求必应"，就必须借用互联网的最新成果，选取合适的载体，将网站、微博、微信、APP这些本身就具备即时反馈功能、在学生中使用度、好评度高的新兴媒介引入思想政治教育。另外，要准确把握各类网络载体的内在机制和特点，根据教育对象的特点不同、需求不同，选取不同的网络载体作为及时反馈的手段。例如，鉴于官方网站具有全面性和权威性的特点，正式、严肃的激励内容可以通过官方网络的形式激励反馈；鉴于微博媒介公开性、讨论性的特点，辩论性、时事类的内容可以通过微博进行反馈；鉴于微信"朋友圈"实时通讯的特点，私密性、疑难性

---

① 冯刚：《创新网络思想政治教育的几点思考》，《学校党建与思想教育》2014年第5期。

的内容更适合通过微信反馈；鉴于 APP 专业化、个性化的特点，更适应反馈指导型、学习型的内容。

其次，有效运作网络载体。"准备把握网络和信息化工作规律，推动各类媒体融合发展、为我所用。媒体融合发展是一种趋势，一种潮流。只有不断推进媒体从'相加'到'相融'，构建分众化、差异化传播体系，实现从'我加上你，你加上我'到'我中有你，你中有我'再到'我就是你，你就是我'的转变，才能掌握网络文化建设的话语权，提升网络文化的传播力和影响力。"[①] 在思想政治教育网络载体的有效运作上，首先要加强网络载体的建设，要进一步加强学校、院系、班级、党支部、社团等多层次官方网站、微信、微博、APP 的建设，并且注重各层次网络载体的沟通互补，协调联动地为学生遇到的各种问题提供交流和反馈的平台，以保证能对学生不同层面的诉求在第一时间做出反应。其次是根据反馈内容的特点和需求，要充分发挥各级各类网络载体的特点和优势，注重选取不同的角度，运用不用的语言体系和展示方式，增加反馈内容的全面性和真实性，打造网络载体之上的反馈激励阵地。最后，建立并完善网上网下联动机制，促进网上网下工作相结合，虚拟世界的反馈回应和信息搜集需要与现实世界的思想政治教育载体方式互相渗透、互相补充，现实世界的工作内容同样需要通过虚拟世界的网络载体进行推动，以提升思想政治教育的实效性。

最后，是加强网络载体管理。网络载体是一种工具，"分数系统"需要我们充分运用网络载体的优势和特点，但是并不意味着放松对高校网络载体的管理。在发挥游戏系统及时反馈功能的同时，要注重为大学生思想政治教育营造更加优良的网络环境，做到"唱响主旋律、提振精气神，激发正能量"[②]。另外，要研究各类网络载体的传播规律，研究网络特点和网络语言，要加强网上信息审核、发布以及回应，把握好分

[①] 冯刚：《推动思想政治教育创新发展的四个着力点》，《教学与研究》2017 年第 1 期。
[②] 冯刚：《创新网络思想政治教育的几点思考》，《学校党建与思想教育》2014 年第 5 期。

寸，做好舆论的反馈、引导，及时发现问题并解决问题。

跟进思想政治教育线下工作平台的反馈与激励。思想政治教育既需要我们利用网络载体的便利性进行激励反馈，同时需要统筹规划，搭建线下工作平台，在线下思想政治教育过程中探索适应及时反馈需求的科学发展路径。

开展线下思想政治教育工作，满足学生即时回馈的要求，需要建立各种线下的工作平台。创建辅导员工作室，提升辅导员整体业务能力，专项反馈学生典型问题，形成思想政治教育精准发力局面；充分发挥课堂教学引导作用，在由辅导员参与讲授的形势与政策、思想政治理论课和哲学科学课程，甚至是专业课程的教学中，加大课堂教学过程中反馈力度，拓展思想政治教育反馈的阵地，创造激励反馈的环境和渠道，提升思想政治教育对于学生的吸引力；统筹推进高校"第二课堂"，在讲座、报告和实践过程中，让高校学生感知到反馈和回应，最大限度地丰富思想政治教育回馈的形式和内容。

同时，要增强学生工作队伍自觉反馈与激励教育对象的意识，使其既懂得思想政治教育工作的基本规律，又能够勇于创新、灵活运用，进而在线下平台与学生面对面的交流中沟通反馈。由于线下工作平台形式不同，要求不同，及时反馈的内容和路径也不相同，思想政治工作队伍应当根据自己的分工、职责和特长，围绕思想政治教育这个工作中心，各司其职、各展所长、全校紧密配合、统一协调，为建设科学、协调的及时反馈机制提供人才队伍支持。

第二节 增强思想政治教育反馈机制构建的系统性

构建反馈激励机制的目的在于体现对教育对象的关注和引领，从而完成思想政治教育的应有功能。所以，从思想政治教育反馈激励机制的系统构建上尤其要注意体现明确的目标导向。目标导向应清晰地体现到反馈什么、反馈的时机、激励的重点以及激励的方向等内容中。反馈激励不是零碎的、随机的，而应该是整体的、完整的、准确的，应该是有机的、系统的。

完善目标体系是反馈激励的必备内容。心理学理论的目标梯度效应认为，当一个人在一些因素的影响下开始向其中的一个目标移动时，这时较近的那个目标就开始增强它的吸引力，而远离的那个目标的吸引力就开始下降。即当目标越来越接近时，目标的激励作用和吸引力也会越来越增大。游戏的"排行榜系统"正是建立在目标梯度效应的基础上，玩家在完成一个目标获得一个排名后，游戏会向玩家展示其在整个游戏当中的排名，并且总能激活另一个目标让玩家去完成，以便争取更高层次的排名，无限不循环，不断激励玩家完成任务，以达到提升游戏玩家的自我认识和自信程度，增加游戏玩家对于游戏忠诚度的目的。在大学思想政治实际工作实践当中，目标激励效果并不突出，一是目标内容设置不够全面，学校的目标体系设置注重成绩，忽略了针对学生其他能力素质内容体系建设；二是目标设置针对性不够强，由于对学生的信息掌握不够全面，往往以单一的目标激励标准来覆盖全体学生；最后是目标设置难度不适中，目标设置难度易出现过低和过高的情况，导致失去对学生的吸引力。因此，思想政治工作应该结合学生的个人能力及目标的可操作性来明确目标内容体系，调动学生的积极性，激励学生在不断实现目标的同时提高自身的能力水平。

强化目标体系建设意识和内容设置。思想政治教育目标体系要素多、内容广、变化快，推动思想政治教育目标体系的建设，要充分发挥教育者的积极性和主动性。强化教育者意识的重心是把握方向，切实做好目标体系的建设，将目标体系建设内化于心，抓好协调和指导工作，这是优化思想政治教育目标体系的基础。

首先，完善目标体系的内容设置，既强调全面性，要有总体上的目标体系，也强调局部性，要有不同类别、不同层次上的目标体系建设。要将目标体系的理论、诉求融入实际工作当中，切实加强目标体系在实践工作当中的运用，切实提高教育者职业能力和职业水准。要协同思想政治教育相关部门做好制度的设计和工作安排，研究制定目标体系的激励机制细节,调动学校和学生的积极性,为优化思想政治教育目标体系提供原动力。

其次,把握规律,遵循目标体系内容设计原则。比如满足竞争性原则,明确目标体系建设的不同层级和等级,在内容的设定中加以区分,通过评奖评优的等级、竞赛比拼的名次之分来激励在不同领域中奋斗的大学生。又比如实用性的原则,在游戏中,激励反馈是否有效取决于玩家是否重视,是否受到激励做出更进一步的努力。鉴于此,在目标体系内容设计上,目标等级之间的差距、困难程度既不能太大,让学生无法企及,也不能太小,让学生轻易达成目的。只有内容层级设置完善,才能营造良好的激励氛围,这对高校思想政治工作的开展起到重要作用。

关注和切合教育对象的发展需求。要建立完善的目标体系机制,不能从空想出发,而应该立足教育对象的实际,及时了解教育对象的实际需求,根据学生的思想心理、个人能力和个性特点选择恰当的目标,因人而异,提高目标体系内容与教育者实际情况的关联性,从而为优化思想政治教育目标体系提供现实动力。坚持以人为本不是简单地迎合学生,而是在教育的过程、内容和方式上都要更加关注学生成长发展的全面、协调和可持续。

思想政治教育目标体系是针对一群人的体系设置,需要满足不同层次、不同发展路径学生的共性需求,要能够根据学生群体的整体培养模式和发展轨迹,确定一定时期、特定阶段学生感兴趣的相关内容,既要有全面综合能力水平的目标内容,又要有思想政治教育中单项德、智、体、美的涉猎,以激励学生群体的共性需求,扩大思想政治教育的激励广度。在新媒体时代,受教育者更注重个性和自我价值的实现,这就要求目标体系的内容设计正视学生个体的差异性和多元化,注重设计更具开放性、多元性和竞争性的指导内容,注重结合学生的思想、行为和兴趣爱好,采取正向激励引导,建构多层次、思想政治教育目标内容体系,促进大学生在心理和情感的层面认同思想政治教育内容。

第三节　增强思想政治教育激励机制构建的持续性

　　反馈激励机制应该贯穿到思想政治教育的全过程，要具有持续性和稳定性，这必须要通过激发学生成长发展的内生动力来实现。也就是说，反馈激励必须针对学生成长发展需求和期待来设计和应对，思想政治教育反馈激励机制能持续产生作用，应该通过学生的内因来起作用，形成良性互动的过程。

　　激发大学生成长发展内在动机是反馈激励的着力点。游戏系统的"分数系统"中玩家获得积累，"勋章系统"里玩家争取代表层级和权力的成绩，"排行榜系统"里玩家力争更高的排名，都是游戏满足了玩家被认可、关注，获得地位和成就的需求，激发了玩家内心的行为动机，激励玩家通过持续不断的努力，最终试图达到自我实现的需要。在当今社会，学生具有较强的自主与独立意识，更加注重个性表达和自我价值的实现。思想政治工作要调动大学生的积极性，同样需要激发大学生的内在动机，改变其行为模式，让其主动把"要我听"变成"我想听"，把"要我做"变成"我要做"，使整个思想政治工作呈现独立自主、积极主动和富有创造力的景象。

　　促进思想政治教育客体的主体性转化。思想政治教育的主体和客体之间相互依存，互相转化，"当受教育者进行自我教育时，他也已不单纯是受教育者了，而同时成为教育者，自己承担起了对自己实施思想政治教育的职能。"[①] 因此，创造条件促进思想政治教育客体的主体性化，激发教育客体的内生动力，才能持续发挥思想政治教育激励机制的效用。

　　教育客体主体化主要是思想意识的改变，要引导教育对象完成转

[①] 骆郁廷：《论思想政治教育主体、客体及其相互关系》，《思想理论教育导刊》2002年第4期。

换，教育者不能通过权威和自身占有的资源优势，而是要营造和谐的环境，让教育者采取积极配合的态度，克服知行不一的问题，自愿理解和自行接受思想政治教育的行为规范和道德原则，培养和增强自身的主体性。时代的发展变化既给青年学生成长发展带来了一系列新的挑战，也塑造着新时代的青年的思想、行为、价值取向，每一代人都有每一代人的际遇，每一代人都有自己成长的特点、过程和烦恼，正是在面对问题的判断、选择、思考中每一代青年成就了自己，这就是青年成长发展的主体性。

除了思想意识上的转变，教育者还要善用各种方式方法，因势利导，造势利导，改变一味说教的局面，要与时俱进，把握教育对象的心理和行为特点，以"接地气"的语言风格和教育方法引导教育对象，激励学生积极参与思想政治教育的内容，勇于表达自己的观点和意见，增强学生对于思想政治教育内容的归属感和认同感。教育，最终是要通过内因起作用。激发和培育青年成长发展的内在追求和内生动力，是当前思想政治教育尤其需要解决的一个问题。

丰富教育对象形成成长发展内生动力的激励手段。游戏系统不仅会给予玩家激励反馈，而且会重视给予游戏玩家反馈激励的手段，同理，思想政治工作中激励大学生内生动力的方式选择、时间把握和效果呈现至关重要。正如有的学者认为生命时间是理解微信数字鸿沟的一个维度，以具有不同社会资本和生命时间的大学生微信使用为案例，讨论微信使用的不同模式及其对其数字鸿沟的意义，这些对我们深入研究青年学生在今天数字时代成长发展内生动力是有启发的。①

尤其要注意动态调整思想政治教育的评估反馈时间。教育者应根据具体情况动态地调整思想政治工作反馈激励的时间。首先是设置静态评估，在学生的成长发展过程当中，要有多层次、全方面、固定的评估反馈体系，从学习成绩到文艺活动，从综合测评到干部培养，都要有固

---

① 刘谦、陈香茗：《微信中的生命时间——对大学生和新生代农民工群体数字鸿沟研究的一个维度》，《社会学评论》2017年第2期。

定的评估体系,为大学生在学习生活过程中树立奋斗方向,为大学生的努力提供反馈激励。其次在固定的静态评估体系之外,辅以建立动态评估的反馈机制,在学生成长过程中,既有可预测的、成体系的静态评估反馈需求,也需要建立评估反馈机制应对临时的、突发的事情,以更加灵活地为学生提供精神层面和物质层面的反馈激励。

要善于借助网络载体扩大反馈激励的成效。游戏世界的"勋章系统"借助声光电等一切可行的手段来扩大反馈激励的成效。在思想政治教育当中,反馈激励同样需要借助新兴媒介扩大其效果,要通过深度挖掘获得"勋章"表彰的教育对象背后的事迹材料、奋斗历程和个体故事,利用文字、图片、视频等多种方式,在网站、微博、微信、APP等多种媒介上进行宣传推广,提振学生的信心,满足学生的荣誉感,提高学生的知名度,增强其吸引力,充分发挥其先进模范作用,感染和启发更多的受教育对象。

第十二章　高校辅导员队伍建设

《教育部关于加强高等学校辅导员班主任队伍建设的意见》中指出，辅导员是高校教师队伍的重要组成部分，是高校从事德育工作，开展大学生思想政治教育的骨干力量，是大学生健康成长的指导者和引路人。加强辅导员队伍建设，是新时期加强和改进大学生思想政治教育的重要保障，对于贯彻和落实习近平总书记全国高校思想政治工作会议精神，实现高校全方位、全过程育人，实现大学生自由全面发展具有重要意义。

第一节　坚持质量导向和内涵发展

《中共中央国务院关于进一步加强和改进大学生思想政治教育的意见》（中发〔2004〕16号）下发以来，各级教育主管部门和高校把建设高素质、高质量、高水平的辅导员队伍，作为加强和改进大学生思想政治教育的重中之重，大力推进辅导员队伍专业化、职业化建设。在队伍建设方面采取了一系列重大举措：召开新中国成立以来第一次全国高校辅导员队伍建设工作会议；出台《普通高等学校辅导员队伍建设规定》等一系列政策措施；总体上按师生比不低于1∶200的比例，在大中专院校配齐配强一线专职辅导员；大力加强辅导员队伍培养与发展，明确双重身份、落实双重待遇、实现双线晋升；等等。辅导员队伍建设方面也取得了一系列成果：全国高校辅导员队伍规模大幅增长、素质明显提高，专职辅导员从2004年的4万多人增加到2012年的11万人；广大辅导员更加热爱学生工作，具有较强的责任心和奉献精神；辅导员队伍的专业素养不断提升，一批优秀辅导员不断涌现。

在充分肯定成绩的同时，也要清醒地认识到，当前辅导员队伍建设中还存在一些需要改进和加强的地方。概括地说，主要体现在两个层面：一是外因层面，政策、机制、环境还需要进一步优化；二是内因层面，辅导员队伍自身素养还需要进一步提高。中央领导同志先后多次就辅导员队伍建设问题作出重要批示，要求进一步总结经验，研究制定政策措施，着力加强和改进辅导员队伍建设。当前，要把高校辅导员队伍建设放到高等教育改革发展的大局中来谋划和推进，坚持质量导向和内涵发展，努力提高辅导员队伍建设科学化水平。

一、以确立标准体现高校辅导员队伍建设的质量导向

标准是质量之基。以标准体现高校辅导员队伍建设的质量导向就是要把已经出台的辅导员队伍建设的各项政策措施转化为可操作、可执行、可评估、可考核的建设标准。

确立辅导员岗位职责标准。辅导员是开展大学生思想政治教育的骨干力量，是大学生日常思想政治教育和管理工作的组织者、实施者和指导者。辅导员要努力开展以理想信念教育为核心的世界观、人生观、价值观教育，以爱国主义教育为重点的民族精神教育，以基本道德规范为基础的公民道德教育，以大学生全面发展为目标的素质教育，指导学生形成正确的人生目标、价值取向、思维方式、道德法制意识和良好的品行操守、健康的心理。各地各高校要结合实际，进一步明确辅导员工作要求、岗位职责，让辅导员"干有所依""考有所据"。

确立辅导员职业准入标准。按照政治强、业务精、纪律严、作风正的要求，结合岗位职责，研究制定科学的职业准入标准和严格的选拔程序。坚持"起点前移、重心下移"，发现考察并培养目标对象，真正把忠诚于党的教育事业、热爱学生、乐于奉献、善于做大学生思想政治教育工作的同志选聘到辅导员队伍中来。各地各高校应根据本地本校辅导员队伍建设的实际情况，制定有利于队伍可持续发展的职业资格条

件，确保辅导员入职的高起点和成长的厚基础。

确立辅导员工作评价标准。辅导员工作在大学生思想政治教育的第一线。要制定反映辅导员工作特殊性的专业化评价标准，建立和完善辅导员绩效管理体系，树立辅导员履职导向，促进形成辅导员专业地位和社会声誉。各地各高校要坚持定性和定量结合、过程与结果结合，突出考核工作实绩特别是关键时刻的表现，制定科学合理的辅导员工作评价标准，全面客观地评价辅导员工作。要研究探索建立辅导员退出机制。

确立辅导员成长发展标准。辅导员具有教师和干部的"双重身份"，可以在教师专业技术职务和行政职务上"双线晋升"。各地各高校要充分考虑辅导员工作的特点，制定专门的辅导员评聘专业技术职务标准，做到"岗位单列、序列单列、评议单列"，打通辅导员从助教晋升到教授的发展通道。同时，要根据工作年限和实际表现，确定相应级别的行政待遇。

二、以完善机制保障高校辅导员队伍建设的内涵发展

制度是根本，制度管长远。以制度保障高校辅导员队伍建设的内涵发展就是要把握时代的发展和环境的变化，针对制约队伍建设和辅导员自身发展的瓶颈问题，建立一套既立足当前、能够有效解决突出问题，又着眼长远、保证辅导员队伍建设不断推进的体制机制，解决辅导员队伍建设和发展的动力机制。可以从以下几方面着手开展工作。

建立辅导员知识体系支撑机制。专业知识体系是辅导员队伍专业化建设的重要支撑。要从基础性和应用性的视角，建立健全辅导员工作的专业知识体系。基础性部分包括马克思主义理论、政治学、社会学、心理学、管理学、教育学等学科知识；应用性部分包括心理健康教育、职业生涯规划、就业指导与服务、学生事务管理等工作技能。各地各高校要积极加强辅导员的知识体系建设，把知识学习和经验传授、理论熏陶和实践锻炼有机结合起来，不断提升辅导员的专业素养。

建立辅导员队伍培训培养机制。培养培训是辅导员掌握专业技能、

提高岗位适应能力、增强工作创新性和研究性的重要途径。要研究建立融教学、科研、实践交流三位一体的培训体系，建立岗前培训、日常培训、专题培训、职业化培训有机结合的培训流程，着力提升辅导员的政治引导能力、学业与就业的指导能力、生活情感的辅导能力、心理困惑的疏导能力和危机处理的应对能力。要进一步完善优秀辅导员攻读思想政治教育专业硕士和博士学位的招生选拔机制，真正让表现突出、业务优秀、学有潜力的辅导员有学习深造的机会。各地各高校要将专职辅导员在职攻读学位和国内外业务进修，纳入教师培训计划，享受有关鼓励政策。

建立辅导员队伍建设的政策合力形成机制。努力创造良好的政策环境、工作环境和生活环境，使辅导员工作有条件、干事有平台、发展有空间，是辅导员队伍可持续发展的关键。各地各高校要真正把辅导员队伍建设作为关键任务，作为办学质量、教学评估、教师队伍建设、文明单位创建和领导干部工作业绩的重要考核指标，制定辅导员队伍建设规划，在选聘、管理、培养和发展等方面拿出更为有效的措施。要针对高校辅导员队伍制度建设中存在的部门化、碎片化等问题，进一步加强与编制、组织、人事等部门的协调沟通，努力突破辅导员编制、专业技术职务评聘和行政职务晋升等瓶颈问题，形成齐抓共管、多方支持的工作合力。同时，要加大对职称评聘、职务晋升等重点工作的督查工作力度，确保政策落到实处。

三、以注重质量提升高校辅导员队伍建设的整体水平

思想观念是行动的向导。要在辅导员队伍数量发展的同时，把提升质量摆在更加突出的位置来抓。"从思想上真正高度重视提高质量，牢固树立科学的质量观。"[①] 具体来说，提质量主要包含以下几个方面。

提升辅导员队伍质量。职业认同是做好辅导员工作的基础。当前，

---

① 《提高质量内涵发展——全面提高高等教育质量工作会议文件汇编》，高等教育出版社2012年版，第18页。

少数辅导员的职业认同感、荣誉感还不强，不能全身心地投入大学生日常思想政治教育和管理工作，不愿长期从事辅导员工作。要进一步加强辅导员职业内涵挖掘与职业道德建设，凝练辅导员精神，通过征集和推出辅导员誓词等措施，增强辅导员的职业认同感、使命感和成就感，引导辅导员更好地在工作岗位上实现岗位奉献、岗位成才、岗位发展。要注意发掘、培育和树立一批辅导员先进典型，宣传他们的先进事迹，充分肯定辅导员在大学生思想政治教育中的突出贡献。

提升辅导员工作质量。提高思想政治教育的针对性和实效性是当前辅导员工作面临的重要课题。各地各高校要积极创造条件、搭建平台，鼓励并支持辅导员结合工作实践，研究工作对象和环境的变化情况，探寻大学生思想政治教育的规律性前沿性问题，在工作中找问题、攻难题，有针对性地提出解决问题的思路和方法，努力把辛苦转化为成果、把经验上升为科学，不断提高思想政治教育的科学化水平。

提升辅导员队伍建设保障质量。辅导员队伍建设必须要有科学的资源供给和保障。要善于从辅导员最关心、同辅导员自身利益和成长发展联系最密切的问题入手，积极推进校内资源、校际资源、社会资源的有机整合，形成政府、学校和社会积极联动的辅导员队伍建设格局。整合校内资源就是要充分集成校内教育、管理、服务部门的育人资源，形成辅导员队伍建设和思想政治教育的资源向心力。整合校际资源就是要充分借鉴其他高校辅导员队伍建设的好经验、好做法，推进不同高校之间辅导员队伍建设资源优势的有效互补。整合社会资源就是要主动争取地方党委政府和各有关部门的宏观指导、力量投入，形成社会各方面都能够共同关心辅导员队伍、支持辅导员工作的良好氛围和强大合力。

四、以引领发展推动高校辅导员队伍建设科学化进程

发展是硬道理。推动高校辅导员队伍建设科学发展就是要以提高素质和能力为重点，采取有力措施，从思想认识、体制机制、政策保障、人才培养等方面采取有力措施，着力建设一支高水平的辅导员

队伍。①

促进事业发展。加强和改进辅导员队伍建设,对于培养中国特色社会主义事业合格建设者和可靠接班人、巩固党的执政基础,对于维护高校稳定、推动高等教育事业科学发展,对于推进素质教育、促进大学生全面发展和健康成长成才,有着十分重要的意义。要加强分类指导,根据研究型大学、教学研究型大学、教学型大学、高等职业院校以及民办高校等不同类型高校的实际情况,确立辅导员队伍建设的具体要求。要对照《全国大学生思想教育工作测评体系(试行)》,组织开展包括辅导员队伍建设在内的思想政治教育工作测评,以评促建、以评促改、以评促管,把思想政治教育作为一项事业来推动发展。

促进学科发展。推进辅导员队伍专业化、职业化建设,确保辅导员专业岗位的稳定性、专业形象的鲜明性和专业地位的不可替代性,需要形成相应的学科知识和理论体系。要强化学科理念,加强马克思主义理论一级学科特别是思想政治教育二级学科建设,将大学生思想政治教育纳入学科建设的总体规划。要继续发挥多学科的力量,围绕辅导员工作专业化建设以及大学生思想政治教育发展中的重大理论和实际问题,从跨学科的视角组织开展联合攻关研究,形成一批重大理论研究成果。要搭建全国性或区域性辅导员学习交流平台,继续举办"辅导员工作创新论坛",办好思想政治教育类学术刊物,多渠道、多形式地开展学术交流。

促进辅导员自身发展。尊重和支持辅导员队伍的成长发展需求,这既是对辅导员队伍的一种理解与关爱,也体现了一种求真务实的态度和着眼于事业发展的使命感。各地各高校应加强对辅导员队伍的职业生涯规划指导,将辅导员队伍建设与学校整体队伍建设结合起来、与党的干部工作和人才工作结合起来,注重文化育人,推进人本管理,强化专业培养,促进辅导员队伍健康发展。广大辅导员作为高校教师队伍中年轻而富有活力的群体,应主动适应新形势、新任务、新要求,不断加强

---

① 冯刚:《德育新视野》,当代中国出版社 2011 年版,第 214 页。

思想道德修养，努力成为立德树人、教书育人的楷模，不断提升业务水平，不断加强学习研究，努力成为大学生思想政治教育领域的高素质专门人才。①

一批好教师会造就一所好学校，一位好辅导员会成就一批学生的未来。辅导员是高校中离大学生最近的人，应当成为大学生的人生导师和健康成长的知心朋友。辅导员队伍建设关系大学生思想政治教育质量，关系人才培养质量，关系高等教育质量。有党中央、国务院的高度重视，有教育部党组的坚强领导，有各地各高校的扎实工作，辅导员队伍建设一定能够取得新的更大的成绩，为培养中国特色社会主义合格建设者和可靠接班人作出新的更大的贡献。

第二节 辅导员队伍专业化、职业化发展路径

在庆祝中国共产党成立95周年大会上，习近平总书记指出："全党要关注青年、关心青年、关爱青年，倾听青年心声，做青年朋友的知心人、青年工作的热心人、青年群众的引路人。"② 这对高校做好做实大学生思想政治教育工作提出了新的要求和重要指导。辅导员是开展大学生思想政治教育的骨干力量，是大学生日常思想政治教育和管理工作的组织者、实施者和指导者。在高校辅导员队伍建设不断取得重要发展成绩的基础上，我们需要进一步系统思考、科学设计新形势下辅导员队伍建设的举措。

从20世纪30年代中国人民抗日军事政治大学建立"政治指导员"制度起，从事这一职业的工作者先后经历了"政治辅导员""政工干部""德育队伍"等多种称谓。1953年，清华大学校长蒋南翔率先提出

---

① 《推动思政教育工作创新发展》，《中国教育报》2011年5月23日。
② 习近平：《在庆祝中国共产党成立95周年大会上的讲话》，《人民日报》2016年7月2日。

在高校设立政治辅导员,成为我国高校现行辅导员工作制度的开端。至今,高校辅导员制度已走过 60 余年的历程,高校辅导员队伍规模与质量均得到长足发展。特别是近十年来,在《中共中央国务院关于进一步加强和改进大学生思想政治教育的意见》(中发〔2004〕16 号,以下简称"中央 16 号文件")的指导下,2006 年 7 月,教育部颁布了《普通高等学校辅导员队伍建设规定》(教育部令第 24 号,以下简称"教育部 24 号令"),从要求与职责、配备与选聘、培养与发展、管理与考核等方面对辅导员队伍建设做出顶层设计,为新时期高校辅导员队伍专业化、职业化发展提供了发展机遇和前进动力。大学生思想政治教育工作逐步拥有一支相对稳定的队伍,为不断提升大学生思想政治教育质量提供了基础和保障。2016 年是教育部 24 号令颁布的第十个年头,回顾历程,总结成绩,反思问题,对于科学把握高校辅导员队伍建设的重点与方向,探索高校辅导员队伍专业化、职业化的发展路径,具有非常重要的意义。

一、再问辅导员为什么要专业化、职业化

在现代社会向知识社会的演变过程中,专业人士将成为社会劳动力的主体。20 世纪职业领域的一个显著特征是:许多职业进入了专业的行列。十年前,在最初提出"辅导员要专业化、职业化"的时候,曾经在教育界和学界引起过一些讨论:辅导员为什么要专业化、职业化?这个问题有两层含义:一是辅导员为什么要走专业化、职业化的发展道路?二是为什么对于医生、警察、律师等职业群体很少提专业化、职业化,而要强调辅导员这一职业群体的专业化、职业化问题?我认为主要有这样三方面考虑:

一是辅导员群体的社会认同度。社会认同理论认为,如果自身群体的劣势不能被否认,成员便倾向离开这个群体,并加入一个高地位的群体,从而达到更高的社会认同和自尊。[①] 社会认同直接影响着辅导员

---

① 陈世平、崔鑫:《从社会认同理论视角看内外群体偏爱的发展》,《心理与行为研究》2015 年第 3 期。

的职业认同，关系到辅导员的自我效能感、工作态度和职业稳定性。尽管教育部 24 号令明确提出，辅导员是高校教师队伍和管理队伍的重要组成部分，具有教师和干部的双重身份，但国家职业认证权威部门尚未在《中华人民共和国职业分类大典》中将"高校辅导员"单独列为一种职业，影响了社会对高校辅导员的评价。此外，"工作待遇不高""发展空间有限"等印象化标签也影响了辅导员职业的社会认同度。

二是辅导员队伍的职业角色。相对于高校专业教师和机关部处管理干部，辅导员群体的职责定位显得笼统而含糊。在部分社会认知中，"辅导员"并不算是高校教师，而只是"管着学生不出事"的"大班长"或"孩子王"。日常工作中，辅导员承担了学生思想教育、党团建设、奖贷补助、心理健康、学业发展、就业指导等多项职责，其中既包括档案整理、奖学金评定、谈心谈话等常规任务，也包括卫生检查、安全稳定等随机性工作，还包括帮助学生开成绩单、办理各类证卡、监考签到、订火车票等琐碎繁杂的日常事务，使得辅导员的工作职能变得"事无巨细""面面俱到"。此外，作为学校和学院机关行政工作的依靠力量，许多专职辅导员身兼数职，专（职）而不专（业）。

三是辅导员个体的专业能力。很长一段时间内，辅导员群体是高校里学历层次相对较低的一个群体。高校专业教师一般都具备博士（含）以上学历，有的还有博士后经历，而辅导员多为本专科或者硕士学历，专业化能力起点不高。辅导员群体专业来源多样化，一些辅导员在职业素养和专业研究方面的积累要"从零开始"，缺乏专业成长的自信。同时，辅导员直接性、事务性的工作特点，使得辅导员难以投入必要的时间和精力实现专业知识的积累和专业能力的提升。此外，辅导员岗位的"流动性"特点，也是影响辅导员专业成长的重要原因。

因此，强调高校辅导员队伍的专业化、职业化发展，是提升辅导员认同感、归属感、成就感的关键举措，直接关系着高校辅导员的职业稳定性，关系着辅导员能否将这一职业作为一项可终身从事并甚感荣耀的事业去努力奋斗，关系着我国高校思想政治教育工作的质量和水平。这个问题不解决，辅导员队伍发展壮大就举步维艰。

二、辅导员队伍专业化、职业化建设的成效

十年走过，不忘初心。教育部24号令颁布后，立足高校辅导员队伍专业化、职业化发展，教育部先后印发了相关政策文件建立健全辅导员队伍建设体制机制，各地各高校积极贯彻落实文件要求，不断优化选聘、培养、发展制度体系，大力推进辅导员队伍专业化、职业化建设，取得了积极进展。辅导员队伍的年龄结构、学历结构、知识结构日趋合理，队伍的专业水平和职业素养不断提高，在一系列重点时期、重大活动、重要事件中，发挥了突出作用，成为教育引导学生健康成长、维护高校和谐稳定的中坚力量。

辅导员规模不断壮大、结构日趋优化。专职辅导员队伍人数从2006年的6.9万人增加到目前的13.3万人。整体来看，专职辅导员人数配备已基本达到国家要求，专职为主、专兼结合的辅导员队伍架构已基本形成。从学历层次看，高校辅导员以硕士学历为主，且硕士及以上学历所占比例呈逐年升高态势。正科级及以上行政职级比例达到24.6%，中级及以上专业技术职务比例达到41.8%，30岁以下的辅导员占53.0%。辅导员岗位吸引力不断增强，来源更加多样，性别比例、年龄结构、发展梯次更趋合理，专业技术职务、队伍学历层次和政治素质不断提升。各地各高校积极搭建辅导员发挥作用、施展抱负的平台，努力实现"工作有条件、干事有平台、发展有空间、待遇有保障"，调动了广大辅导员工作的积极性。

辅导员职业能力内涵标准更加明确。2014年，教育部印发了《高等学校辅导员职业能力标准（暂行）》（教思政〔2014〕2号），提出高校辅导员是履行高校学生工作职责的专业人员，要经过系统的培养与培训，具有良好的职业道德，掌握系统的专业知识和专业技能；提出将辅导员分为初级、中级、高级三个等级，并从职业功能、工作内容、能力要求、相关理论及知识四个方面对应不同等级提出要求。这一文件的出台，进一步丰富了辅导员工作的专业内涵，引导辅导员系统学习职业相关理论知识、法律法规、政策制度等，为辅导员主动提升专业素养和职业能力指明了路径和方向；进一步强化了辅导员队伍建设的政策导向，

为各级部门推进辅导员队伍建设提供基本依据,推动各级部门进一步制定完善辅导员队伍准入、考核、培养、发展、退出机制;进一步规范了辅导员的工作范畴,明晰了辅导员的岗位职责和工作边界,为深入推动和加强辅导员队伍建设提供了重要的政策支持。

辅导员队伍培训和研修力度不断加强。教育部24号令颁布同年,教育部印发了《2006—2010年普通高等学校辅导员培训计划》,明确了辅导员培训的指导思想、培训原则、培训目标和保障措施,并从八个方面设计了培训任务。2013年,教育部印发了《普通高等学校辅导员培训规划(2013—2017年)》,新增了"培训内容"的规定,并从思想政治教育、专业素养提升和职业能力培养三个方面进行阐述,同时强调了辅导员培训的质量监控。2007年起,教育部建立了首批高校辅导员培训和研修基地,承担全国辅导员培训和研修任务,逐步建立起分层次、分类别、多渠道、多形式、重实效的培训格局。依托教育部高校辅导员培训研修基地和有关高校,每年举办全国高校辅导员示范培训班,招收优秀辅导员在职攻读思想政治教育专业博士学位,选派优秀学生工作干部赴海外高校访学研修。同时,设立辅导员骨干专项课题,鼓励、支持辅导员开展理论和实践研究;定期举办辅导员工作创新论坛,实施"辅导员工作精品项目"建设计划,出版辅导员工作研究相关丛书;强化辅导员队伍基层实践锻炼,选派辅导员参加志愿服务西部计划和援藏援疆援青干部人才计划,积极推进辅导员队伍专业化、职业化建设。

辅导员队伍职业认同感进一步提升。2008年启动全国高校辅导员年度人物评选,八年来千余名优秀辅导员入围评选,表彰了92名全国辅导员年度人物。2013年5月4日,习近平总书记亲切接见了第五届全国辅导员年度人物;2014年5月4日,刘延东副总理接见了第六届高校辅导员年度人物,并在座谈会上发表了重要讲话,对高校辅导员工作高度肯定,给予了辅导员队伍极大鼓舞。教育部在全国优秀教师评选中单列指标表彰高校优秀辅导员,发掘、培育优秀典型。组织开展"立德树人——高校辅导员先进事迹报告团"巡讲活动,发挥先进典型的示范引领作用,加强辅导员职业内涵挖掘与职业理想塑造。2012年凝练并发布了辅导员誓词，弘扬辅导员价值追求，通过宣传扩大社会正面舆论影响力，提升辅导员队伍的社会认同度和职业认同感。

三、辅导员队伍专业化、职业化建设面临的问题与困难

教育社会学学者霍伊尔（E.Hoyle）提出，专业化是一个职业（群体）经过一段时间后成功地满足某一专业职业标准的过程，它涉及两个一般是同时进行并可独立变化的过程，就是作为地位改善的专业化和作为专业发展、专业知识提高以及专业实践中技术改进的专业化。[①] 高校辅导员队伍专业化、职业化问题，一定程度上体现了传统意义上的高校思想政治教育工作与现代大学制度之间的碰撞。面对社会转型发展对高校育人环境的挑战和冲击，面对学生成长成才道路上的困惑与质疑，高校迫切需要培养一批在思想政治教育和高校学生管理领域具有较强专业实践和研究能力的行家里手，担当其他职业劳动者所不可替代的社会角色。在系列政策举措的推进下，整体来看，当前我国高校辅导员队伍的专业化、职业化建设已步入专业化、职业化的发展轨道，但同时也面临着一些问题与困难。

专业归属需进一步清晰。专业是"专业化"的前提。社会学家布朗德士（Brandeis）将"专业"这一概念描述为：专业是一个正式的职业，为了从事这一职业，必须进行以职能为特质的上岗培训，包括知识和某些扩充的学问，它们不同于纯粹的技能，不是简单的从业者的谋生工具。[②] 同其他职业类型一样，辅导员职业应该有明确的专业归属，依托专业学科从而获得自身存在的合法性和发展空间。但辅导员工作范畴与岗位职责相对丰富，涉及多学科、多领域，因此专业化、职业化发展究竟应该依托已经走过30多年发展历程的思想政治教育专业，还是依托涵盖学业指导、心理咨询、就业指导的学生事务管理专业，抑或是融合思想政治教育和我国学生事务管理特点而生成的某一新兴专业，还需

[①] 培格曼：《最新国家教师百科全书》，学苑出版社1989年版，第542页。
[②] 劳凯声：《教师职业的专业性和教师的专业权力》，《教育研究》2008年第2期。

要教育界和学界深入探讨、清楚界定。由于专业归属不清晰，当前一些辅导员培训存在简单化、碎片化倾向，培训内容不系统，培训过程缺乏延续性，影响了辅导员队伍专业化、职业化建设的进程。

政策支持平台系统化不够。辅导员队伍的专业化、职业化发展离不开完善、持续、有效的支持系统。① 整体来看，当前针对高校辅导员队伍建设的政策支持平台系统性不强，缺乏对辅导员选拔培训、评价考核、激励成长等内生动力的总体设计，导致在实际工作中政策落实难到位。比如，实际工作中，部分地方和高校受岗位、编制等方面的限制，或将辅导员统一划归为"行政管理岗"，或将辅导员与普通教师一样列入"专业技术"类别，使得"双重管理""双线晋升"成为空谈。又如，个别地区和高校对辅导员队伍建设重视程度不够，在辅导员编制方面实施"差别对待"，辅导员工作负担繁重，但在职务、职称晋升、工作评价考核上不考虑辅导员工作的特殊性，简单参照其他系统教职员工甚至专业课教师的科研考核规定，导致政策"空转"。

职业愿景需进一步明确。职业愿景是个人关于工作的偏爱，是对未来与职业目标相关的理想环境的期待，它影响自我观念的形成、对机会的把握能力以及对职业的兴趣和希望等。② 当前，部分辅导员对专业化、职业化发展还存在观望情绪，对于将辅导员岗位作为可以终生奋斗的事业心存犹豫。一方面，由于目前通过辅导员专业化发展和职业化成长而实现专家化转型的辅导员寥寥无几，辅导员群体对于这条路能否走通缺乏自信。另一方面，一些学校由于岗位晋升竞争激烈，辅导员的发展机遇与其发挥的重要作用和辛勤付出并不匹配，从而导致对自身岗位的职业迷茫。还有部分高校将专业职称作为辅导员发展的一种待遇，导致一些辅导员在努力积累获评副高职称后，就被视为"待遇解决了"，

---

① 冯刚：《辅导员工作培训教程》，高等教育出版社 2013 年版，第 245 页。

② J. W. Rojewski, "Occupational Aspirations: Constructs, Meaning, and Application", In S. D.Brown, R. W. Lent (Eds.), *Career Development and Counseling: Putting Theory and Research to Work*, New York: Wiley, 2005, pp.131-154.

被动丧失了工作中获得上升平台的机会,这在很大程度上阻碍了辅导员主动寻求专业化、职业化发展的积极性。

职业文化建设有待加强。文化作为一种基因、血脉和传统,渗透于人类活动的方方面面。辅导员的职业文化是辅导员长期在大学生思想政治教育过程中形成的独特的行业文化,是辅导员群体行为习惯、价值观念、思维方式、精神风貌的集中体现。一方面,积极向上的辅导员职业文化是增强辅导员职业认同感和价值感的重要载体;另一方面,凝结在辅导员职业文化中的敬业品质、思想情操和专业能力是辅导员队伍专业化、职业化发展的根本土壤。良好的沟通交流机制是辅导员职业文化建设不可或缺的重要条件。当前,我国高校辅导员群体职业文化的内涵有待进一步凝练,辅导员定期开展学习交流的工作机制有待进一步完善,辅导员互助成长、培养感情的沟通平台有待进一步拓展,辅导员的职业文化自觉和文化自信有待进一步提升。

四、推进高校辅导员队伍建设的方向与重点

高校辅导员队伍专业化、职业化发展是我国高校实现中国特色学生管理模式科学化发展的内在要求,是培养社会主义合格建设者和可靠接班人的必然选择。教育部24号令颁布实施十年来,我国高校辅导员队伍建设已朝着专业化、职业化的发展方向迈开重要步伐。下一阶段,希望通过加强管理鼓励更多辅导员实现从被动专业化到主动专业化的转变;通过明确标准引导更多辅导员实现从基础专业化到高等专业化的转变;通过加强培训激励更多辅导员实现从阶段性专业化到常态化专业化的转变,推进高校辅导员队伍专业化、职业化建设向纵深发展。

政策设计系统化。要加强对辅导员队伍专业化、职业化建设的整体设计,针对辅导员角色愿景、职业能力提升、评价激励、干部发展、成果展示等各环节制定配套政策文件,保证各政策支持平台间的相互衔接,形成闭环。一是要把辅导员队伍纳入高校人才队伍建设总体规划,协调学校相关职能部门配合参与辅导员队伍专业化、职业化建设,不断完善选拔、培养和激励机制。二是要探索建立辅导员职务(职称)"双

线晋升"办法和保障机制,实行职务(职称)评审单列,单设标准、单独评审。三是要在辅导员队伍培养培训过程中,研究构建科学的培训培养体系,加强培训培养规律和实效性研究,探索建立岗前培训、日常培训、专题培训、高级研修、学历学位培养等有机结合的全覆盖培训体系。四是要进一步畅通辅导员发展通道,切实提升辅导员自觉走专业化、职业化道路的内生动力,真正成为学生思想问题的解惑者、专业学习的指导者、人生发展的导航者和生活心理的关怀者。

职业能力标准化。"专业区别于一般职业之处在于从事这一职业所需的专门技术以及由此而产生的其他性质,这些性质是通过一定的标准来衡量的。"[①] 教育部24号令从标准层面对高校辅导员的专业素质、职业知识、从业规范等做出了规定,对辅导员职业的等级标准和能力标准进行了规范和统领性要求。在推进政策"落地"的过程中,各地各高校要结合实际情况制定符合本校工作特点的实施细则,将岗位设置、培养培训、激励考核的分类指标具体化、明确化,让辅导员对初级、中级、高级等不同职级的职责标准有清晰的把握,让辅导员将职业能力的成长与自身职业愿景结合起来,坚定通过努力能够不断实现职业发展的心理预期,将职业能力提升作为实现职业理想的自觉追求。

学习培训课程化。一个成熟的专业工作,应该具备以下要素:专门的知识和技能;有训练和教育的设施;需要不断学习进修;有对成员能力的测验;形成坚强的专业团体和团队文化;等等。学习培训对于辅导员队伍专业化、职业化发展具有极其重要的意义。当前由于各地各高校辅导员培训资源还不够均衡,培训机会不易获取,培训质量参差不齐。缺乏整体性、连贯性的培训,不仅影响了培训的质量与效率,也削弱了辅导员寻求专业化发展的积极性。因此,推进辅导员培训的课程体系建设应成为下阶段辅导员培训工作的重点。尝试建立全国层面的高校辅导员网络培训注册系统,汇集辅导员培训的优秀师资,围绕高校思想政治教育和学生工作管理的理论与实践问题,研发从基础到高级的课程教材

---

① 劳凯声:《教师职业的专业性和教师的专业权力》,《教育研究》2008年第2期。

系列，可将教育学、管理学、心理学等课程设置为专业基础课程，并通过学分管理对不同知识层级的辅导员进行考评。探索尝试将辅导员工作实践上升到理论高度，形成培训课程，逐步建立理论学习、能力训练、案例教学和实践教学相结合的培训教材和课程体系。辅导员在经过专业基础课程的学习实践并通过统一考试获得学分和专业能力证书后，可逐级申请更高层级的课程，从而激发辅导员主动提升专业能力的内生动力，实现学习常态化，从根本上提升辅导员培训的实效。

管理机制专业化。当前，在辅导员队伍职业化、专业化建设过程中，还面临一些在管理机构运行上、管理制度设计上、管理功效发挥上的实际问题，这都迫切需要各高校加强管理机制的专业化。一是要打造专业化的管理机构。辅导员工作面广、内容丰富，但并不应该等同于辅导员管理机构的多重化，在学校层面应该明确以学工部门为主导的辅导员统筹管理专门机构，对辅导员的选拔、培训、发展、考核、晋升进行全过程、全方位的管理，坚定辅导员敢走、愿走、能走专业化、职业化道路的职业自信。二是要具备专业化的管理能力。在具体实践中，要不断提升管理的科学化水平，着力研究辅导员队伍建设管理中的规律性和前沿性问题，用一流的管理建设一流的辅导员队伍，统筹推进辅导员综合能力培养和专业化建设，为辅导员队伍建设提供管理保障。三是要构建体现专业化管理要求的机制体制。要立足高校工作实际，理顺工作程序，加强顶层设计，不断完善各项体制机制，形成一整套切实管用的辅导员选聘机制、配备机制、发展机制、激励机制、保障机制，持续推动辅导员队伍专业化、职业化发展。

第三节 高校辅导员培训和研修基地建设

《中共中央国务院关于进一步加强和改进大学生思想政治教育的意见》下发以来，中央各部门、各地各高校深刻认识加强辅导员队伍建设的重要性和紧迫性，强化组织领导，制定政策措施，落实责任分工，建立起一套辅导员选拔、培养、激励、保障的体制机制，使辅导员工作条件、发展空间、待遇保障不断改善，辅导员队伍的年龄结构、学历结构、知识结构日趋合理，专业化、职业化水平不断提高。党的十八大报告提出，把立德树人作为教育的根本任务。辅导员是大学生思想政治教育的骨干力量，高校完成立德树人根本任务，必须重视发挥辅导员的作用，着力提高辅导员培养培训质量，不断提升辅导员素质，提高辅导员育人能力。

一、高校辅导员培养培训工作的基本情况

为贯彻落实党的十八大和十八届三中、四中全会精神，进一步提升思想政治教育工作的科学化水平，教育部按照"立标准、建机制、提质量、促发展"的整体思路，全面推进高校辅导员队伍的专业化、职业化建设。2013年，教育部制订印发了《普通高等学校辅导员培训规划（2013—2017年）》，对辅导员培训工作作出总体部署。2014年，又制订印发了《高等学校辅导员职业能力标准（暂行）》，提出了引领高校辅导员专业化、职业化发展的基本准则和路径。教育部思政司先后举办了49期全国辅导员骨干示范培训，共培训8000余人次，全国各级各类辅导员培训共计11万余人次。

教育部高校辅导员培训和研修基地（以下简称"辅导员基地"）承担着培训、研究、咨询等方面的任务，在推进辅导员专业化、职业化建设的过程中，发挥着重要作用。自2007年建设第一批21个辅导员基地以来，通过各方面的不断摸索、大胆创新，奠定了比较好的基础，形成了积极的工作局面。自2012年以来，教育部思政司提出着力在"规范"和"质量"上下功夫、做文章，组织专家对21个辅导员基地开展了评估检查，深入总结专项检查中发现的问题，加强对辅导员基地的政策指导、资源配置和评估督查；通过招（邀）标方式遴选全国高校辅导员示范培训项目；编写出版统一的培训教材；在五年辅导员培训规划中提出基地建设的明确要求；印发通知进一步规范辅导员攻读思想政治教育博士学位招生工作。辅导员基地建设已经大步迈入新的发展阶段，当前形势既对我们的工作提出了明确目标和具体要求,又给我们提供了新的发展机遇和前进动力,下一步辅导员基地怎样发挥更大的作用,是摆在我们面前重要而现实的问题。

二、当前辅导员基地建设存在的主要问题

总体而言,辅导员基地各项工作扎实推进、富有成效,但实际工作中还存在不少问题,要特别引起思考和重视。

辅导员基地发展还不够均衡,建设和管理需要进一步加强。经过五年多的建设,各辅导员基地在成长速度和发展程度上并不均衡。一些单位在基地申报时非常积极,但后续工作开展得漫不经心,对规定的政策要求不重视、落实力度不到位、工作效果不在乎。有的基地所依托的高校在软硬件建设、运行机制、经费投入、后勤保障等方面重视程度不够,基地势单力薄。有的省级教育工作部门不够"给力",没有制定推动基地建设和发展的有关政策,在经费投入、培训指导和研究专项等方面没有给予必要的支持,个别省市甚至没有任何经费投入。

培训质量需要进一步提高。一是缺乏特色和创新。虽然教育部印发了管理办法和标准,但实际上基地是开放式、研究式的,很多方面要主动建设和积极创新,在统一推进的前提下展示每个基地不同的特点。目前大多数辅导员基地缺乏统筹规划,没有制订科学规范的培训方案或实施计划,简单重复地举办综合性培训,没有充分挖掘自身的学科和师资优势,没有体现出应有的特色和水平。二是缺乏核心课程。部分辅导员基地在开展各类培训时,课程设置随意性较大,拼凑痕迹严重,不经科学论证,不够合理统一,专业性针对性不强。三是教材使用不规范。思政司专门组织专家力量编写出版了培训教材,但部分辅导员基地却不重视使用教材,教材规格、种类、质量上也是参差不齐,导致培训内容不是很规范。四是缺乏核心师资。目前开展培训的师资,大多具备一定的专业知识背景,但部分对大学生思想政治教育工作和辅导员工作缺乏专门的研究和了解,不能有效贴合辅导员的知识需求和指导辅导员的工作实际。

博士招生培养工作需要进一步规范。部分招生高校实施辅导员在职攻读思想政治教育博士计划的生源组织工作需进一步改进，招生宣传力度需进一步加强。少数辅导员基地忽视对录取对象的资格审查，未按照公平、公开、公正的原则开展招生录取工作，人情优先、本校优先、近亲繁殖。部分基地配备的博士生导师数量不足，甚至出现连续几年只有两三名导师负责招收研究生，每人累计指导十几名博士生的状况。在招生录取和培养的针对性上，部分高校忽视根据辅导员身份特点和工作性质进行命题，考试内容缺乏针对性；设计的学位培养方案指导性不强，缺乏符合实际的核心课程，偏离了设立辅导员在职攻读思想政治教育博士的初衷。

科学研究和咨政育人的能力需要进一步加强。高校辅导员基地承担着队伍培训、人才培养、科学研究、咨政育人等功能。辅导员基地建设标准对以基地名义发表思想政治教育类论文、出版论文集和专著、承担省部级以上思想政治教育课题等均有明确要求；思政司组织的专项课题申报中，也专门给辅导员基地开了一个口，基地可以单独申报课题。但目前辅导员基地的科研和咨政功能普遍没有很好地体现和完成，对辅导员工作理论与实践问题的研究积极性不够高，成果不够突出，辐射效应不够明显。

三、提高辅导员培养培训质量的着力点

今后辅导员基地建设管理工作的重点，仍然体现在"规范"和"质量"这两个关键词上。"规范"就是要进一步加强辅导员基地的规范化管理；"质量"就是要进一步提高辅导员培训和研修的质量。要坚持质量导向和内涵发展，切实把辅导员基地建设成为培养优秀辅导员和大学生思想政治教育专家的人才摇篮，成为推进大学生思想政治教育特别是辅导员工作协同创新的孵化基地。

规范课程和教材建设。辅导员培训要以实施好基础教育性课程为主要内容，以满足辅导员专业发展、个性化需求为工作目标，引领辅导员专业成长。各地各高校要提前开展辅导员培训需求调研分析，根据辅

导员不同发展阶段的工作实际和需求,有针对性地开展岗前培训、专题培训和高级研修等,根据不同类别、层次、岗位的培训对象设计具有针对性、富有吸引力的结构化课程。课程内容要充分体现学科间的交叉融合、理论与实践的结合,强化多学科成果对大学生思想政治教育的支撑。要以思想政治理论教育、专业素养提升和职业能力培养为主要内容,重点建设学术研究类、政策报告类、专题实务类等精品培训课程。要积极吸收国内外最新研究成果和大学生思想政治教育有益经验,组织编写富有针对性和实效性的培训教材、参考资料,逐步建立开放、丰富、规范、富有时代创新精神的培训教材体系。要使用且用好培训教材,辅导员基地实施的培训,要广泛使用已出版的核心教材,进一步规范培训内容。

推进培训师资队伍建设。要建立理论与实践指导相结合的全国辅导员培训专家库,把思想政治教育等学科专家和中青年理论骨干吸收到师资库中,注重从学校党政领导、相关部门负责同志、离退休教授和一线优秀辅导员中选聘培训师资。培训师资主要从培训专家库中遴选,并实行动态调整,不断优化师资配置。有条件的省(区、市)要建立省级师资库,构建开放型师资格局,实现各地培训师资的信息共享。要提供平台和机会,加大保障和支持,促进培训专家之间开展交流和学习。培训专家要结合自身知识背景,深入开展大学生思想政治教育和辅导员工作的研究和实践,组成课题组研究专门问题,有条件的可以探索集体备课、团队授课形式,不断增强提供优质培训的能力。

加强培训质量监管。思政司依托"易班"建立了"全国高校辅导员互动社区",为每一期培训建立一个班级,通过网上注册、网上管理,使所有参加过全国高校辅导员骨干培训班的辅导员都能在同一平台上实现长期的资源共享和互动交流。此前思政司通过这个平台对多期辅导员骨干培训班进行了网上质量调查评估试点,今年将在所有国家级示范培训中全面铺开此项工作,对培训组织、课程设计、教材使用、授课情况等开展网上质量调查评估,并将出台全国高校辅导员骨干培训年度质量报告,促进辅导员基地不断提高培训质量和服务水平。同时,各省级教育工作部门也要分步骤、分类别、分层次对省级辅导员培训和研修基地及本行政区域内高校的培训情况进行全面质量检查。探索编发基地工作动态简报,各省各基地要定期向思政司报送本单位开展培训培养工作信息,及时交流经验、反映问题、沟通情况、改进工作。

狠抓博士招生和培养工作。从2014年起,辅导员在职攻读思想政治教育专业博士学位名额由100人增加至150人,名额增加的同时要更注意把握好以下几个关键环节。一是规范生源组织。考生所在高校学生工作部门、人事部门和所在省级教育工作部门要按照思政司规定的条件,严格审查考生资格。省级教育工作部门可以根据工作情况推荐表现突出、业务优秀、学有潜力的辅导员报考。二是扩大招生辐射面。生源要覆盖全国,招生人数在6人以上的高校原则上要有一定的名额进行对口招生,重点是边远欠发达地区和未设立教育部辅导员基地的省份。三是完善招录环节。考试命题在体现思想政治教育专业特点的同时,应充分体现辅导员的工作特点,既考查辅导员基础知识的宽度和专业知识的深度,也要紧密联系辅导员实际工作内容。辅导员基地要与所在省级教育工作部门、所在高校共同进行复试,结合考生考试成绩与工作实绩,择优确定录取名单,并对考生资格进行复查,坚决杜绝招考过程中出现不正之风。四是优化培养过程、提高培养质量。各辅导员基地要制订符合高校辅导员专业化、职业化发展的博士生培养方案,要注重博士生的科研能力培养,对在读期间发表学科论文、出版学术著作提出明确要求。要建设高质量、高水平的导师队伍,鼓励有条件的高校实行思想政治教育学科的理论导师和学生工作系统的实践导师并行的"双导师制"。导师要从立德树人、教育现代化、交叉学科、拔尖创新人才培养、提升思想政治教育科学化水平等视角,积极组织博士生研究大学生思想政治教育创新发展的前沿问题,并带头深入实际,推动研究成果向应用转化、指导实践。

深化学科建设,发挥科研和咨政功能。要注重多学科交叉融合,以马克思主义理论为指导,综合借鉴政治学、教育学、心理学、经济学、法学、伦理学、社会学、历史学等其他社会科学学科的知识,围绕辅导员工作专业化建设以及大学生思想政治教育发展中的重大理论和实际问题，从跨学科的视角形成一批重大理论和实践研究成果。要深入实施"德育名师"计划，由省级教育行政部门和教育部辅导员基地择优推荐中青年学者，参与教育部组织的"德育名师"评选，对选出的"德育名师"，给予一定资助，支持其针对辅导员工作的热点难点问题，组织专项问题研究小组开展联合攻关，出高水平的研究成果。各基地要做好"选苗育苗"工作，注重每年选拔1名至2名学术基础好、实践经验丰富的博士生，作为"德育名师"的候选人加以重点培养培育。要加大对研究成果的培育和资助，重点培育和资助一批具有决策咨询价值和推广示范意义的理论和实践成果。比如思政司大力建设《思想政治教育研究文库》，每年评选资助出版一批大学生思想政治教育理论和实践研究优秀著作，各地各基地要积极参与，每年至少推荐2本相关著作；还将实施"辅导员工作精品项目"建设计划，鼓励各基地围绕高校辅导员工作，积极建设辅导员党课、团课、就业创业指导课、生涯规划课、心理健康教育课、形势政策课、安全教育课等内容的辅导员精品项目。

注重形成工作合力。各地各高校要推进校内资源、校际资源、社会资源的有机整合，把辅导员基地打造为推进辅导员工作协同创新的重要平台。省级教育工作部门要研究制定推动辅导员基地建设和发展的有关政策，要用更开阔的视野和胸襟，整合好校内外、省内外的优势资源，包括跨学科的资源；要加强对基地培训工作的指导和督察，给予辅导员基地相应的配套经费和后勤保障等支持，有条件的省（市、区）要实现经费1∶1配套。辅导员基地所依托高校要整合校内资源，充分集成学校教育、管理、服务部门的资源，加强各有关部门的交流协作，形成内生动力；要加强对辅导员培养培训的宏观指导和资源投入，为辅导员基地开展工作提供良好的条件，对国家级示范培训项目要实现1∶0.5以上的经费配套支持。辅导员基地要充分发挥示范辐射作用，不仅要实施教育部的培训项目，也要积极承担省内的辅导员培训任务，大力帮扶未设立教育部辅导员基地省份开展辅导员培训工作。要主动整合资源，积极探索建立辅导员基地校际间交流与合作的长效机制，加强辅导员跨省交流挂职，推进基地之间信息互通、资源共享、优势互补。

建立新增和退出机制。要明确奖惩制度，探索建立辅导员基地新增和退出机制。根据对基地建设检查考核和培训质量评估的情况，实行"竞争入选、定期评估、达标增补、不合格淘汰"的动态管理原则，通过优进劣退适当调整教育部辅导员基地布局。对于考核优秀的基地，在资源、政策等方面给予更多倾斜，比如赋予基地对所培训学员参加海外研修、申报科研课题、评奖评优的推荐建议权等。对于达到建设标准、培训组织工作出色、培训质量高、学员反映好的省级辅导员培训基地，可以遴选新增为教育部辅导员基地。对因存在博士招生工作不规范、连续两年不申报或未中标国家级示范培训项目、培训质量不高、学员反映普遍不好等问题，未能通过评估的教育部辅导员基地，酌情采取减少经费、限期整改直至取消基地资格的惩罚措施，在动态管理中保持基地工作质量。

第十三章　思想政治教育持续发展的内生动力

　　自改革开放以来，思想政治教育在创新发展中积累了丰富成果，这些成果在促进人的全面发展和实现培养合格建设者、可靠接班人的教育目标中发挥了重要作用。当前，国际环境风云变幻，国内社会矛盾明显增多，面对新形势、新任务、新挑战，思想政治教育应该实现什么样的发展、怎样创新发展，成为新时期必须回答的现实问题。世上没有无源之水、无本之木，推动思想政治教育健康、可持续发展，既需要关注外部环境，更需要深入研究思想政治教育本身的内在规律，探索其发展过程中的内生动力。

第一节　以马克思主义为指导深刻把握中国发展大势

　　思想政治教育是党和国家全面发展中的一项重要内容，探索思想政治教育发展的内生动力，不能把它独立于社会发展、党和国家各项工作之外，而是要在马克思主义理论的指导下，结合中国改革发展大势，在中国特色社会主义建设过程中来加以理解，使改革发展和社会进步的成果成为推动思想政治教育创新发展的持续力量，使中国特色社会主义建设实践和理论成为开展思想政治教育创新发展的丰厚滋养和肥沃土壤。

一、坚持以马克思主义理论为根本指导

激发思想政治教育运行过程中的内生动力，实现自身的持续发展，必须要坚持以马克思主义理论特别是马克思主义中国化最新成果为指导，自觉地把高校思想政治工作作为中国共产党治国理政新理念新思想新战略实践发展的组成部分，始终坚持党对高校的领导。习近平总书记强调："我们的高校是党领导下的高校，是中国特色社会主义高校。办好我们的高校，必须坚持以马克思主义为指导，全面贯彻党的教育方针。"[①] 在思想政治教育的体制机制设计中，需要牢牢坚持马克思主义理论的指导地位，贯彻和落实党的基本方针、路线和政策，使思想政治教育的制度设计始终与党和国家的发展方向相一致，和人民群众的自由全面发展相一致，确保思想政治教育方向不动摇。

探索思想政治教育运行中的内生动力，要以"立德树人"为基本目标取向。习近平总书记指出："高校思想政治工作关系高校培养什么样的人、如何培养人以及为谁培养人这个根本问题。要坚持把立德树人作为中心环节。"[②] 立德树人，正是教育的价值所在。树木的生长过程中，既需要松土、浇水、施肥，也需要修枝剪叶，树木才能更好地成为可用之材。思想政治教育运行中的内生动力也是一样，它的目标不仅仅是为了推动思想政治教育的有效运行，更重要的是在其有效运行的基础上，不断提升人的基本素养，提高教育对象的思想政治素质、科学文化素质、身心健康素质，不断培养社会主义事业的合格建设者和可靠接班人。因此，我们所关注的内生动力是在"立德树人"价值取向指引下的内生动力。

---

① 《习近平在全国高校思想政治工作会议上强调把思想政治工作贯穿教育教学全过程　开创我国高等教育事业发展新局面》，《人民日报》2016 年 12 月 9 日。
② 《习近平在全国高校思想政治工作会议上强调把思想政治工作贯穿教育教学全过程　开创我国高等教育事业发展新局面》，《人民日报》2016 年 12 月 9 日。

二、根植于中国改革开放的伟大实践

中国改革开放实践是思想政治教育理论与实践发展的重要来源。改革开放以来,思想政治教育取得了长足发展,这种发展与中国改革发展实践是不可分割的,中国特色社会主义伟大实践为思想政治教育的创新发展提供了丰富的滋养,思想政治教育的有效运行需要立足于中国发展大势,从党探索中国特色社会主义建设的历史过程和伟大实践中,认识和把握思想政治教育运行制度的设计与执行规律。

思想政治教育的体制机制要符合中国改革发展实践。完善思想政治教育运行过程中的体制机制,既不能因循守旧,也不可毫无原则、不讲继承、推倒重来式地盲目创新;要坚持马克思主义的指导,遵循中国改革发展的实践来构建中国特色社会主义的思想政治教育理论体系和实践体系。坚持中国特色社会主义道路自信、理论自信、制度自信、文化自信,使思想政治教育的体制机制适应中国特色社会主义经济、政治、文化、社会、生态全面发展的实际,符合人民群众在中国改革开放进程中不断变化的劳动生产、生活实践和思想实际。

思想政治教育的体制机制要服务中国改革发展实践。思想政治教育的创新发展与中国改革开放的伟大实践是辩证统一关系,改革开放的实践成果为思想政治教育创新发展提供了丰富的滋养,创新发展中的思想政治教育也要为改革发展实践提供服务和支持。这即是说,思想政治教育的体制机制要与中国改革发展实践实现互相促进、协同发展、形成合力,使思想政治教育制度机制有助于解决中国改革发展实践中的实际问题,推动改革发展实践取得更好的成果,共同助力中国特色社会主义建设、助力"中国梦"的实现。这也是经济基础和上层建筑辩证关系的具体体现。

三、体制机制要充分展现中国特色

思想政治教育并非中国特有,只是各国在称谓、方式上有所不同。习近平总书记强调:"我国有独特的历史、独特的文化、独特的国情,决定了我国必须走自己的高等教育发展道路,扎实办好中国特色社会主义高校。"① 中国的思想政治教育要体现其特殊性，积极构建具有中国特色、中国风格、中国气派的思想政治教育体制机制。

首先，管理制度要体现中国特色。确保思想政治教育管理制度的科学性和有效性，需要使其适应中国的"水土"，体现中国的特色，把思想政治教育的计划、组织、指挥、协调、评价与中国国情相结合，与中华民族的文化心理相结合，使思想政治教育的管理制度在坚持政治性、方向性、民主性、开放性的基础上，贴近生活、贴近实际、贴近群众。其次，运行机制要体现中国特色。影响思想政治教育效果的因素有很多，运行机制本身与客观环境要求是否相适应就是其中一个重要方面。在思想政治教育运行机制的设计中，要充分考虑中国的经济特色、政治特色、文化特色、社会特色，使思想政治教育的运行得以可操作、落得下、接地气、能持续、有实效。最后，评价机制要体现中国特色。自改革开放以来，社会环境和人的思想观念发生了较大改变，思想政治教育的评价制度和标准也要实事求是、与时俱进，体现中国改革发展实际，符合中国发展大势，契合人民群众的文化心理和思想变化，适应改革开放以来思想政治教育不断创新发展的现实实际。

第二节 思想政治教育目标与学生成长发展需求的一致性

马克思指出："'思想'一旦离开'利益'，就一定会使自己出丑。"② 思想政治教育一旦脱离教育对象的生活实际及现实需求，将会影响工作的吸引力、感染力和影响力。因此，正视、重视、理解学生成长发展需求，是激发思想政治教育内生动力的重要内容。

---

① 《习近平在全国高校思想政治工作会议上强调把思想政治工作贯穿教育教学全过程　开创我国高等教育事业发展新局面》，《人民日报》2016年12月9日。
② 《马克思恩格斯文集》第1卷，人民出版社2009年版，第286页。

探索思想政治教育发展的内生动力

思想政治教育的对象是现实的人、具体的人。对于有血有肉的个体而言，都会有成长成才、全面发展的合理诉求。是否重视、能否回应、有无关切这些合理诉求，直接关乎思想政治教育的有效开展和实际效果。习近平总书记指出："思想政治工作从根本上说是做人的工作，必须围绕学生、关照学生、服务学生，不断提高学生思想水平、政治觉悟、道德品质、文化素养，让学生成为德才兼备、全面发展的人才。"[①] 思想政治教育必须正视受教育对象的成长发展需求，离开了这一需求，无疑就是刻舟求剑、缘木求鱼，使思想政治教育脱离现实基础，损害自身生命力。

思想政治教育要科学理解学生的成长发展需求。马克思指出，从现实性上讲，人的本质是一切社会关系的总和。[②] 也就是说，人不是单独存在的，而是具有广泛的社会性，个人的生存、发展与其所处的社会具有密切关系。个人的发展是社会、国家发展的基础，而社会、国家的发展又是个人发展的保障。二者相辅相成、互为前提。青年学生也是现实社会中的一员，他们的成长发展需求是与国家、社会的发展紧密联系在一起的。习近平总书记强调，"有信念、有梦想、有奋斗、有奉献的人生，才是有意义的人生"，勉励青年"在激扬青春、开拓人生、奉献社会的进程中书写无愧于时代的壮丽篇章"，"勇做走在时代前列的奋进者、开拓者、奉献者"[③]。这即是说，学生正确的成长发展需求，并不是脱离社会和国家发展的单纯自然需求，它是以个人成长成才为目标、以社会和国家发展为前提的综合发展需求。因此，只有将个人、社会、国家发展需求相结合，才是对学生成长发展需求的科学理解，是学生确立成长发展需求的正确方向，也是思想政治教育应该重视、回应和关切的学生现实发展需求。

---

① 《习近平在全国高校思想政治工作会议上强调把思想政治工作贯穿教育教学全过程　开创我国高等教育事业发展新局面》，《人民日报》2016年12月9日。
② 《马克思恩格斯文集》第1卷，人民出版社2009年版，第501页。
③ 《习近平谈治国理政》，外文出版社2014年版，第167—176页。

学生的成长发展需求与思想政治教育的基本目标不是相互脱离的两层皮，二者具有内在的一致性。习近平总书记在全国高校思想政治工作会议上强调，要教育引导学生正确认识世界和中国发展大势，正确认识中国特色和国际比较，正确认识时代责任和历史使命，正确认识远大抱负和脚踏实地。① 这"四个正确认识"是青年学生成长发展的需求，也是当前思想政治教育的重要目标。坚定理想信念，正确理解世情、国情、党情，在实践中不断提升自身的认识能力和工作能力，是学生成长发展过程中的基本素养，是社会环境对学生成长发展提出的基本要求，从现实性上讲，它们都是学生成长发展的具体需求。思想政治教育的目标与这些现实的具体需求是密切相关的。习近平总书记指出："我国高等教育发展方向要同我国发展的现实目标和未来方向紧密联系在一起，为人民服务，为中国共产党治国理政服务，为巩固和发展中国特色社会主义制度服务，为改革开放和社会主义现代化建设服务。"② 党的治国理政、中国特色社会主义制度、改革开放和社会主义现代化建设，说到底也都是为了实现和保障人民的根本利益，因此总的来说，思想政治教育的基本目标就是为人民服务，这与学生成长发展需求是相一致的，正确理解二者的一致性，是我们开展这项思想政治教育的重要前提和逻辑基点。

第三节 科学看待思想政治教育的供给结构

在经济学中，供给与需求的平衡统一是市场持续发展的内在动力。同样，思想政治教育过程中的供给也要与需求相适应，这不仅是提升思

---

① 《习近平在全国高校思想政治工作会议上强调把思想政治工作贯穿教育教学全过程　开创我国高等教育事业发展新局面》，《人民日报》2016年12月9日。

② 《习近平在全国高校思想政治工作会议上强调把思想政治工作贯穿教育教学全过程　开创我国高等教育事业发展新局面》，《人民日报》2016年12月9日。

想政治教育效果的基本要求，同时也是推动思想政治教育持续发展的重要内在动力。激发思想政治教育持续发展的内生动力，要科学理解思想政治教育供给结构的客观变化，构建和完善与学生成长发展需求相平衡的思想政治教育供给结构。

自改革开放以来，思想政治教育在取得丰硕成果的同时，自身也出现了一些新的情况、遇到了一些新的挑战，供给结构的变化是其中的一个重要内容。首先，育人主体多元。以往思想政治教育以思想政治理论课教师为主体力量，但随着改革开放以及思想政治教育实践的创新发展，思想政治教育的主体供给结构已经发生多元性变化，思想政治理论课教师和哲学社会科学课教师、辅导员、班主任以及心理健康教育教师、党务干部和共青团干部等队伍都成为思想政治教育的重要力量，专业教师的育人作用进一步凸显。其次，育人场域多样。思想政治理论课是高校思想政治教育的主要渠道，但是随着我国高等教育的全面发展，教学场域不断丰富和发展，课堂教学、实践教学、第二课堂、第三课堂、网络课堂等已成为思想政治教育的重要补充，形成了以思想政治理论课为主体的多元育人场域，社团、实践、班级、宿舍、网络等都发挥出越来越强大的育人功能。最后，育人方式多态。习近平总书记在全国高校思想政治工作会议上强调，要构建党委统一领导、各部门各方面齐抓共管的合力育人的工作格局，中央31号文件也明确将"七个育人"列入加强和改进高校思想政治工作的基本原则，即"把思想价值引领贯穿教育教学全过程和各环节，形成教书育人、科研育人、实践育人、管理育人、服务育人、文化育人、组织育人长效机制"[①]。全员全过程全方位育人是在传统育人方式基础上的丰富和扩展，从育人方式上开拓了思想政治教育的供给结构。不正视供给结构的这些变化，就不能对现代思想政治教育形成准确的判断，以至于不能对思想政治教育过程中出现的新问题做出正确的应对，这也正是习近平

---

① 《关于加强和改进新形势下高校思想政治工作的意见》，《人民日报》2017年2月28日。

总书记所强调的,"做好高校思想政治工作,要因事而化、因时而进、因势而新"①。

思想政治教育供给结构的新变化给高校育人系统的构建提出了新的要求。首先,专职思想政治教育队伍内部需要协同发展。高校思想政治理论课教师、辅导员、学生工作中的专职思想政治教育工作者等都是思想政治教育的专职人员,但现实中,思想政治理论课教师注重理论研究和课堂教学,辅导员和学生工作中的专职工作者更关注实务工作,这就容易出现理论研究、课堂教学、实践开展相互分离的情况。思想政治教育供给中的专职队伍系统,要坚持几支队伍的协同发展,相互支撑,互为补充,使实践需求成为理论研究和课堂教学的素材和动力,同时使理论研究成为实务工作的支撑与指导。其次,专职队伍和兼职队伍需要协同发展。兼职队伍是高校思想政治教育的重要力量,这支队伍具有显著的特点。一方面,受到专业素养的限制,在思想政治教育的开展过程中难免存在专业性不强等问题;但另一方面,由于兼职队伍大多来自教学和学生工作的一线工作者,与学生的联系更为紧密,影响力更为显著。因此,在高校思想政治教育供给结构中,既要充分发挥专兼两支队伍各自的优势,也要有效实现两支队伍的优势互补,形成专兼搭配、力量统一、互相支撑的供给结构。最后,家庭、学校、社会间要协同发展。当前,思想政治教育的供给不再局限于校园,已经形成了一个包含家庭、学校、社会的大思政供给格局。要把思想政治教育融入学校教育、家庭教育、社会教育全过程,实现高校、家庭、社会间的有效互动,着力提高学生思想道德素质,全面培养具有社会责任感、创新精神、实践能力的一代新人。

---

① 《习近平在全国高校思想政治工作会议上强调把思想政治工作贯穿教育教学全过程　开创我国高等教育事业发展新局面》,《人民日报》2016年12月9日。

第四节　激发思想政治教育持续发展的内生动力

创新发展不是推倒重来，而是抓住重点，持续发力，久久为功，形成突破。目前，激发思想政治教育的内生动力，推动思想政治教育持续发展，要着重关注体制机制、供给结构、文化蕴含、交叉学科视野四个方面。

一、创新思想政治教育体制机制

实现以思想政治教育的内生动力推动自身的持续发展，学生的成长发展需求是一个重要着力点，具体而言就是在科学理解学生成长发展需求的基础上，完善思想政治教育体制机制的设计、运行和评价。首先，目标设计要关照学生成长发展需求。思想政治教育机制设计具有一定的目标指向，因此它不仅仅是一个事实判断，同时也是一个价值判断。目标设计不能仅仅从教育主体的视角考虑，而要把学生的成长发展需求放在更加重要的位置，满足学生成长发展需求和期待，从而提升受教育者在工作机制运行中的内在驱动力。其次，运行方式要关照学生成长发展需求。在思想政治教育机制运行过程中存在多个要素，例如话语体系、组织形式、管理方式和宣传途径等，都要真正符合青年学生的成长特点，遵循思想政治工作规律和教书育人规律，满足学生的个性化需求，提升思想政治教育亲和力和针对性。最后，评价标准和方式要关照学生成长发展需求。不仅要将是否促进了学生的成长成才、全面发展纳入思想政治教育评价体系，而且要将其放在更加重要的位置。同时，也要注意把思想政治素质等价值元素纳入一般性教育评价、人才核心素养等评价体系之中，自觉做到同向同行、双向融合。

二、优化思想政治教育供给结构

面对思想政治教育供给主体的多元转向，要在充分认识各教育主体特点的基础上，实现多元供给主体的优化配置，提高思想政治教育供给结构的科学性和有效性。首先，根据具体需求优化主体结构。例如，大学生创新创业教育的价值引导，就要整合就业指导教师、辅导员、专业课教师等多个群体的力量；大学生法制教育要整合思想理论课教师、辅导员、法律专业教师的力量。通过优化主体结构，满足不同需求。其次，根据时代特点优化供给方式。例如，以往思政课主要集中在课堂授课，而新的时代特点则要求理论教学和实践教学相结合、线上教学与线下教学相结合等。通过优化供给方式，提升教育科学化水平。最后，根据自身实际优化资源配给。各个地区、各个高校、各个部门的工作基础和工作情况有所不同，资源配给也要有所不同。比如有些高校硬件上还达不到要求，有些高校专职辅导员难以足额配备等，有些高校文化建设还存在短板，这就要求进行资源优化配给，形成有益互补。通过优化资源配给，实现工作整体推进。

三、增强思想政治工作的文化蕴涵

青年学生处于思想形成和发展的重要阶段，需要科学理论做指引，在多元思想交锋的社会环境中，理论灌输是确保学生健康成长的重要保证。但同时，文化渗透在思想政治教育中具有独特优势。随着时代的发展和青年学生新的思想特点，文化的力量在思想政治教育中的作用越发凸显。思想政治教育作为一种政治文化，从本质上讲是人的一种生存方式，与人的生产生活实践密切相关。将思想政治教育融于文化现象当中，通过文化渗透的方式，可以实现"蓬生麻中不扶自直""入芝兰之室久而自芳"的教育效果。

在思想政治教育中发挥文化的力量，要实现理论灌输与文化渗透的有效融合。理论灌输和文化渗透并不是相互脱离的两层皮，一"显"一"隐"是思想政治教育的有效组合方式。理论灌输离不开文化的滋养，在理论灌输的过程中可以有效利用文化的力量，在为人们所熟知的文化氛围中提升理论灌输的吸引力、影响力和感召力；同时文化渗透同样也离不开理论灌输的指引，在文化渗透中需要坚定马克思主义理论为指导，以社会主义先进文化为抓手，明确文化渗透的方向。因此，理论灌输与文化渗透需要互为补充、相互支撑，在具体的思想政治教育实践中要实现二者的有效融合。

四、借助多学科理论和方法

思想政治教育学科建设既需要坚定学科自信、提升学科质量、促进自身学科发展，同时也要坚持问题意识，充分借鉴相关学科力量和方法研究思想政治教育中的重大问题，为我所用。通过构建学科交叉研究平台、对话平台，解决思想政治工作中的现实问题，形成思想政治教育的创新成果，促进学科之间的交流、影响、认可。

借鉴人文学科教学与研究中的人文关怀。人文学科的教育方式强调通过运用文化的感召力，展现广泛的人文关怀，提升受教育者对专业知识的兴趣，使受教育者在浓郁的人文情感中接受专业教育，这为思想政治教育方式提供了重要的借鉴。在思想政治教育中，坚持政治性方向性的同时要注意体现以人为本，重视受教育者的主体性，正视受教育者的实际需求，在实践中寻找教育活动与受教育者的情感共鸣，做到以情动人、以情感人、以情化人，增强思想政治教育方式的人文属性。

借鉴社会学科教学与研究中的实证研究范式。社会学科强调实证研究，在教学过程中同样重视实证的教学范式。比如，社会学教学强调学生在广泛的社会调查中认识、理解专业知识，提升专业素养；人类学教学强调学生在广泛的田野调查中记录专业知识、理解专业知识、运用专业知识；等等。社会学科的教学研究方式对于完善思想政治教育方式具有重要的借鉴意义。思想政治教育要有效运用社会实践教学，但这种实践教学不应让学生简单地参加社会实践，而是要根据学生的学科背景以及思想政治教育的实际内容，有针对性地开展社会实践，将思想政治教育、专业教育、社会教育有效结合在一起，使学生在社会实践中感悟社会、理解专业、提升思想，在实践教学中完成知行合一。

第十四章　改革开放以来高校思想政治教育政策设计与发展展望

思想政治教育政策是党和国家为实现思想政治教育目标、完成思想政治工作任务而制定的纲领和原则，主要以公文如通知、规定、意见、办法等形式呈现出来。[①] 在改革开放40周年之际，回顾改革开放以来高校思想政治教育政策设计和发展历程，总结经验、探究规律、把握趋势，对于增强思想政治教育政策设计的科学性、实效性和前瞻性，进而加强和改进新时代高校思想政治教育工作具有重要意义。

第一节　改革开放以来高校思想政治教育政策发展回顾

自1978年以来，高校思想政治教育伴随着改革开放波澜壮阔的发展历程，主要经历了调整恢复、加强改进、快速发展、深化改革创新四个阶段。作为推动高校思想政治教育发展的重要指针，高校思想政治教育政策的发展也可大致分为恢复调整、加强改进、深化改革和全面创新发展四个阶段。

---

① 冯刚、郑永廷：《思想政治教育学科30年发展研究报告》，光明日报出版社2014年版，第415页。

探索思想政治教育发展的内生动力

一、恢复调整阶段（1978年至1989年）

党的十一届三中全会结束了自1976年10月以来党的工作在徘徊中前进的局面，重新确立了马克思主义的思想路线、政治路线和组织路线，我国社会主义现代化建设进入了一个新的历史时期。从党的十一届三中全会到党的十三届四中全会前，我们党着力恢复高校思想政治工作，制定了系列政策文件。

首先，重新确立高校思想政治教育重要地位。1980年，教育部、共青团中央联合印发了《关于加强高等学校学生思想政治工作的意见》，提出"社会主义大学与资本主义大学的本质区别，就在于它培养出来的学生具有社会主义觉悟，拥护共产党的领导，热爱社会主义祖国，努力为人民服务，刻苦钻研业务，立志为建设社会主义现代化强国而奋斗"，"忽视和削弱思想政治工作，必将犯历史性的错误"。① 这一时期，党中央还转发了《国家教委关于加强高等学校思想政治工作的决定》（1986年），印发了《中共中央关于改进和加强高等学校思想政治工作的决定》（1987年），多次强调和重申高校思想政治教育的重要地位。

其次，逐步恢复高校马克思主义理论课。1978年，教育部办公厅印发《关于加强高等学校马列主义理论教育的意见》，提出马克思主义理论是社会主义各类高等学校的必修课；开设马列主义理论课，是新中国大学区别于旧中国大学，社会主义高等学校区别于资本主义高等学校的一个重要标志。1980年与1984年，教育部先后印发《改进和加强高等学校马列主义课的试行办法》《关于高等学校开设共产主义思想品德课的若干规定》，不断改进和加强高等学校马列主义课的教学工作。1985年，中共中央下发《关于改革学校思想品德和政治理论课程教学的通知》，并成立全国马克思主义思想理论课教材编审委员会，正式启动了高等学校思想理论教育改革的序幕。在此基础上完善了思想政治教育的课程体系，形成"85"方案。

---

① 教育部思想政治工作司组编：《加强和改进大学生思想政治教育重要文献选编（1978—2014）》，知识产权出版社2015年版，第4页。

第十四章 改革开放以来高校思想政治教育政策设计与发展展望

再次，恢复重建高校思想政治教育工作队伍。1984年，中宣部、教育部联合印发《关于加强高等学校思想政治工作队伍建设的意见》，提出高等学校的思想政治工作队伍必须实行专职和兼职相结合，应配备精干的专职人员（包括党、政、工、团各系统所必需的专职人员，不包括这些系统的办事人员）作为思想政治工作队伍的骨干，同时还应动员和组织一些教师、高年级大学生、研究生兼职做思想政治工作。《意见》对专职思想政治工作人员政治素质和知识水平的基本要求、思想政治工作人员的来源和发展方向、培训、待遇、表彰等作出了明确规定。

最后，加强与改善高校思想政治工作领导。这一阶段印发的《关于加强高等学校学生思想政治工作的意见》（1980年）、《关于改进和加强高等学校思想政治工作的决定》（1987年）强调，贯彻党和国家的教育方针，改进和加强思想政治工作关键在校、系两级领导。学校党委要加强对学生思想政治工作的领导，把它列入党委的重要议事日程。全党全社会都应关心青年学生的健康成长，各省、自治区、直辖市党委和中央、国务院有关部门应当切实加强对高等学校的领导，并协调各有关方面，共同做好高等学校的思想政治工作。

二、加强改进阶段（1989年至2002年）

从党的十三届四中全会到十六大，党中央对大学生的成长及高校思想政治教育给予高度关注，作出战略部署。教育系统积极应对新形势、新变化，整体规划大学德育体系，出台了加强和改进高校思想政治教育的系列文件与制度。

首先，系统设计高校思想政治教育体系。1993年，中共中央、国务院颁布《中国教育改革和发展纲要》，提出对广大青少年要加强全党的基本路线教育以及爱国主义、集体主义和社会主义思想教育，把坚定正确的政治方向摆在首位，培养有理想、有道德、有文化、有纪律的社会主义新人，是学校德育的根本任务。1994年，《中共中央关于进一步加强和改进学校德育工作的若干意见》印发，提出要整体规划学校的德育体系，要遵循青少年学生思想品德形成的规律和社会发展的要求，根据德育工作的总目标，科学地规划各教育阶段的具体内容、实施途径和方法。为贯彻落实上述两个重要文件精神，1995年，国家教委颁布试行《中国普通高等学校德育大纲》，对高校德育的目标、内容、原则、途径、考评和实施作出了明确规定，全面系统规划了有中国特色的高等学校德育体制，成为指导和规范高校思想政治教育的重要依据。

其次，推进高校思想政治教育改革发展。国家先后出台《关于加强和改进高等学校马克思主义理论教育的若干意见》（1991年）、《关于高校马克思主义理论课和思想品德课教学改革的若干意见》（1995年）等文件，深入推进高校马克思主义理论课和思想品德课教学改革，把高校"两课"作为高校思想理论教育的主渠道和主要阵地，积极推进邓小平理论"三进"工作，对高校以邓小平理论"三进"为主要任务的"两课"教学改革和课程建设作出新的部署，并对"两课"的内容、教法、组织管理作出了具体规定，形成了"98"方案。

最后，创新拓展思想政治教育路径。1992年，中共中央办公厅、国务院办公厅转发中宣部、国家教委、共青团中央《关于广泛深入持久地开展高等学校社会实践活动的通知》，要求把社会实践活动列入高等学校的教育计划。1996年，共青团中央、中宣部、国家教委下发《关于深入持久开展大学生社会实践活动的几点意见》，社会实践成为大学生思想政治教育的重要途径。同时，基于研究生教育的不断发展，教育部出台《关于加强和改进研究生德育工作的若干意见》，明确德育是研究生教育的重要组成部分，在研究生的全面培养中具有不可替代的作用；基于现代科学技术的发展，教育部制定《关于加强高等学校思想政治教育进网络工作的若干意见》（2000年）；基于大学生群体的新变化，教育部出台《关于加强普通高等学校大学生心理健康教育工作的意见》（2001年）；基于高等学校后勤社会化改革的迅速推进，教育部下发《关于进一步加强高等学校学生公寓管理的若干意见》（2002年），这些政策文件不断丰富拓展了高校思想政治教育的阵地、载体和途径。

第十四章　改革开放以来高校思想政治教育政策设计与发展展望

三、深化改革阶段（2002 年至 2012 年）

从党的十六大到十八大前，我国高校思想政治教育进入积极开拓、深化改革的时期。党中央从"培养什么人、如何培养人"的战略高度，对大学生思想政治教育作出了系统部署和制度安排。

首先，注重对大学生思想政治教育的总体规划。2004 年中共中央、国务院印发《关于进一步加强和改进大学生思想政治教育的意见》（中发〔2004〕16 号），对大学生思想政治教育的指导思想、基本原则、主要任务、队伍建设、环境建设和组织领导等方面作出了具体安排。从 2004 年到 2009 年，围绕贯彻落实中央 16 号文件，有关部委制定了 30 多个配套文件。可以说，这一时期思想政治教育政策设计取得显著成效。中央 16 号文件及其配套文件的颁布和实施形成了较为系统化、科学化的高校思想政治教育政策体系，从制度设计上有力地推进了高校思想政治教育的创新发展。

其次，不断加强思想政治理论课和思想政治教育学科建设。2004 年，《中共中央关于进一步繁荣发展哲学社会科学的意见》启动实施马克思主义理论研究和建设工程。2005，中宣部、教育部联合下发了《关于进一步加强和改进高等学校思想政治理论课的意见》，对新形势下加强和改进高等学校思想政治理论课的重要性、指导思想和总体要求进行了系统阐述，确定了"05"方案，启动思想政治理论课精品课程建设工程。同年，国务院学位委员会和教育部发布《关于调整增设马克思主义理论一级学科及所属二级学科的通知》，决定在《授予博士、硕士学位和培养研究生的学科、专业目录》中增设马克思主义理论一级学科及所属五个二级学科，思想政治教育成为马克思主义理论一级学科下设的二级学科。

再次，注重各项工作长效机制构建。根据不同时期学生的实际情况作出相关规定，教育部会同有关部门相继出台了《关于加强和改进高等学校校园文化建设的意见》《关于进一步加强高等学校校园网络管理工作的意见》《关于进一步加强和改进大学生心理健康教育的意见》《关于加强和改进大学生社团工作的意见》《关于进一步加强和改进大学生社会实践的意见》《关于进一步加强和改进高等学校共青团建设的意见》《关于在大中小学开展廉洁教育试点工作的意见》等，进一步丰富了思想政治教育的载体和途径，思想政治教育政策的连续性和可操作性特征明显。

最后，着重建立工作标准，注重质量和实效。《高等学校思想政治理论课建设标准（暂行）》《普通高等学校学生心理健康教育工作基本建设标准（试行）》《普通高等学校学生心理健康教育课程教学基本要求》《全国大学生思想政治教育工作测评体系（试行）》《普通本科学校创业教育教学基本要求（试行）》《教育部高校辅导员培训和研修基地建设与管理基本标准（试行）》《全国大学生思想政治教育工作测评体系（试行）》等文件，着重加强高校思想政治教育工作标准研究与建立，积极探索思想政治教育各项工作在不同的发展阶段应有的状态，为思想政治教育发展找好定位，为完成"树人"使命、实现育人目标探寻方向。

四、全面创新发展阶段（2012年至今）

党的十八大以来，以习近平同志为核心的党中央审时度势、高瞻远瞩，从进行伟大斗争、建设伟大工程、推进伟大事业、实现伟大梦想的高度，从培养中国特色社会主义合格建设者和可靠接班人的高度，对新形势下加强和改进高校思想政治工作出台了一系列重大方针政策，推出了一系列重大举措，推进了一系列重大工作。

首先，加强高校思想政治工作的顶层设计、系统谋划。2017年2月，中共中央、国务院印发《关于加强和改进新形势下高校思想政治工作的意见》（中发〔2017〕31号文）。意见共分为七个部分，对加强和改进新形势下高校思想政治工作作出了战略安排，成为新时代加强和改进高校思想政治工作的行动指南。为了深入贯彻落实中央31号文件精神，大力提升高校思想政治工作质量，2017年底，教育部制定了《高校思想政治工作质量提升工程实施纲要》，为新时代高校思想政治工作创新发展描绘了施工图。

其次，积极培育和践行社会主义核心价值观。自党的十八大报告提出"三个倡导"以来，培育和践行社会主义核心价值观成为高校思想政治教育的重要内容。2013年，中共中央办公厅印发《关于培育和践行社会主义核心价值观的意见》，提出把培育和践行社会主义核心价值观融入国民教育全过程。随后，教育部党组、共青团中央印发《关于在各级各类学校推动培育和践行社会主义核心价值观长效机制建设的意见》，综合运用课堂教学、实践养成、文化熏陶、制度保障、研究宣传等方式，将培育和践行社会主义核心价值观工作落实到教育教学和管理服务各环节。

最后，狠抓思想政治理论课质量提升。2015年，教育部实施普通高校思想政治理论课建设体系创新计划，整体推进教材、教师、教学等方面综合改革创新，重点建设一批教学、科研皆强的马克思主义学院，逐步构建重点突出、载体丰富、协同创新的思想政治理论课建设体系，努力把思想政治理论课建设成为学生真心喜爱、终身受益、毕生难忘的优秀课程。同年，教育部修订出台《高等学校思想政治理论课建设标准》，建立了5项一级指标、22项二级指标、39项三级指标体系。2017年，教育部制定了《高等学校马克思主义学院建设标准》，着力打造马克思主义理论教学、研究、宣传和人才培养的坚强阵地。2018，教育部研究制定了《新时代高校思想政治理论课教学工作基本要求》，坚持全流程管理，贯穿思想政治理论课课前、课中、课后各个环节。

第二节　高校思想政治教育政策设计重点处理的几对关系

改革开放以来，党和政府传承革命、建设时期党的思想政治工作优良传统，着眼民族振兴、国家建设、社会发展大局，立足高校实际，直面师生思想问题、现实问题，不断探索思想政治教育规律、教书育人规律、大学生成长规律，使我国思想政治教育政策设计既符合政策学、教育学、思想政治教育学等学科学理建构的科学性原则，又兼顾政策设计的有用性需求，同时也符合时代发展的阶段性特征，保证了思想政治教育政策在宏观上把方向、顾大局、服务国家建设，在中观上目标明、职责清、协调推进，在微观上可操作、能落实、管用见效。

第一，政策设计与学理建构。学理性问题关乎政策科学与否，决定着政策的长效性和延展性。一方面，思想政治教育政策设计应尊重思想政治教育各个方面的理论研究，政策设计既要切实体现基础性、规律性、根本性问题的学理研究成果，又要充分支撑学理研究的继续推进。另一方面，学理研究是制定思想政治工作文件的理论支撑，应走在前列，发挥智库功能作用，积极指导和引领实践发展。思想政治教育学理研究如果脱离了实践，不了解实践，则不可能发挥"智库"作用指导实践。因此，思想政治教育政策设计与思想政治教育理论研究是相互支撑而发展的，在具体工作中要充分体现、恰当表达二者之间的密切关系，发挥好政策在理论与实践之间的连接转化功能。

第二，政策设计与问题解决。政策的主要功能是根据社会运行现状，及时制定相应的社会政策来解决或预防社会问题，缓解社会矛盾，引导和约束社会运行，以弥补其他社会控制手段的遗漏、不足和迟缓。[①]政策的制定和实施，一定是以预防、解决某一现实问题为目的的。思想政治教育政策的制定绝不是政府相关部门"例行公事"，而是针对思想政治教育和思想政治工作中不断出现的新情况、新问题进行决策，以政府力量保证思想政治教育专业发展和实践推进有序进行。树立问题意识，坚持问题导向，是增强思想政治教育政策针对性的第一步，就政策落地、实效发挥而言，还须确保思想政治教育政策能落实、可操作。在达到政策目标的过程中，更多的是取决于有效的执行。思想政治教育政策的设计既要考虑方向、理念的正确，还要考虑现实的可操作性。

第三，政策设计与历史衔接。我国思想政治教育政策制定以政府为主导力量和基础力量。政府在推动高校思想政治教育政策变迁时，高度重视新旧政策的前后衔接、配套跟进，表现出较强的渐进性和稳定

---

① 郑杭生：《社会学概论》，中国人民大学出版社1994年版，第459页。

性,这是由社会发展形态和思想政治教育需求决定的,是思想政治教育持续发展的基本保证。历史发展是连续不断进行的,政策的设计不可能一劳永逸,它是一个不断改进与完善的过程,新旧政策之间必定存在遗留问题的交接问题。思想政治教育政策要切实解决思想政治教育问题、引领思想政治教育发展,就需要在政策设计中既承接前期政策想解决而没有解决的问题,继续攻克前期政策要解决而没有彻底解决的问题,也要为后期思想政治教育发展打好前战、开辟路径、做好准备。也就是说,思想政治教育政策设计有时候需要"退一步进两步""走一步看三步",要充分考虑政策的延展性、可持续性。

第四,政策设计与阶段性特征。阶段性问题关乎政策是否突出重点,决定着政策的角度和宽度,即针对性和时代性。既要始终把握好政策设计需要解决的方向性问题和总体趋势性问题,又要注意每一个政策设计在其发展阶段的具体要求和切入点、突破口。思想政治教育政策的制定要围绕党和国家各个时期、阶段的使命和任务,使思想政治教育在国际国内形势的动态发展中始终保持为社会主义服务、为人民服务的定力。要把准不同历史时期思想政治教育面临的挑战和机遇,使思想政治教育在时代发展、科技进步中不断增强与时俱进、服务大局、自我革新的本领。要关切不同时代大学生的接受水平、方式、习惯等特点,使思想政治教育在一代代青年的成长进步中始终保持春风化雨、润物无声的本色。例如,中发〔2004〕16号文从思想政治理论课、学生教育管理、思想政治工作队伍三个维度,对大学生思想政治教育各实施主体、各阶段、各方面作出全面部署和详细规划,更加突出教育特点,这是思想政治教育深化推进、内涵式发展的现实需求,是充分凝聚、激发、释放思想政治教育内生动力的必然要求。2017年中共中央、国务院印发《关于加强和改进新形势下高校思想政治工作的意见》,其中把思想政治教育作为一项系统工程全面铺开,要求形成教书育人、科研育人、实践育人、管理育人、服务育人、文化育人、组织育人长效机制,高校思想政治教育工作质量提升、内涵发展的要求和协同育人、合力育人的大思政工作格局进一步凸显,这是思想政治教育工作适应新形势的充分体现。

第三节 高校思想政治教育政策的发展趋势

思想政治教育政策制定的正确与否关系思想政治教育工作的成效甚至成败。要确保思想政治教育政策的科学有效,未来思想政治教育政策设计和发展要继续发扬优良传统,立足中国发展实际,树立开放的视野格局,为大学生思想政治教育立标准、建机制,确保思想政治教育工作质量进一步提升。

立足中国国情和发展实际,高校要牢牢把握提高人才培养能力这个核心点,以学生成长成才为中心,围绕学生、关照学生、服务学生,满足学生成长发展的期待,以此来带动其他工作。首先,要牢牢把握思想政治教育的本质。从本质上来讲,思想政治教育是一种培养人的实践活动,但是与一般的教育活动不同,它主要是对人进行思想教育的活动,是要用社会主流的思想政治道德观念教育引导人,使之形成符合社会要求的思想道德品质的活动。马克思指出:"批判的武器当然不能代替武器的批判,物质力量只能用物质力量来摧毁;但是理论一经掌握群众,也会变成物质力量。理论只要说服人,就能掌握群众;而理论只要彻底,就能说服人。所谓彻底,就是抓住事物的根本。"[①] 做好思想政治教育工作,关键是做人的思想工作,用正确的理论教育引导人,使科学理论和正确思想成为人成长成才的重要助力。其次,要保持思想政治教育的初心使命。思想政治教育是一切经济工作和其他工作的生命线,要坚持围绕中心、服务大局,着力培养又红又专、德才兼备、全面发展的中国特色社会主义合格建设者和可靠接班人。当前,思想政治教育的使命主要就是要坚持为人民服务、为中国共产党治国理政服务、为巩固和发展中国特色社会主义制度服务、为改革开放和社会主义现代化建设服务,着力培养担当民族复兴的时代新人。再次,要遵循思想政治教育的

---

① 《马克思恩格斯文集》第 1 卷,人民出版社 2009 年版,第 11 页。

第十四章　改革开放以来高校思想政治教育政策设计与发展展望

规律。坚持遵循教育规律、思想政治工作规律、学生成长规律,把握师生思想特点和发展需求,注重理论教育与实践活动相结合,教育与自我教育、教育与管理服务相结合,解决思想问题与解决实际问题相结合,普遍要求与分类指导相结合,因事而化,因时而进,因势而新,不断增强工作的科学性、针对性、实效性。最后,要坚持思想政治教育的优良传统。思想政治教育是我们党的一项优良传统。在长期的工作实践中形成了许多有效的方法原则和载体途径。例如实事求是的传统、民主平等的传统、紧紧围绕党的中心任务进行思想政治教育的传统、领导带头以身作则的传统、群众路线的传统、全党动手齐抓共管的传统等。与此同时,要善于将思想政治教育与中华优秀传统文化相结合,从深厚的中华优秀传统文化中发掘丰富的思想政治教育资源,汲取价值引领、人格塑造、行为养成的文化育人力量。思想政治教育政策设计要不忘思想政治教育的本质,牢记思想政治教育政策设计的初心,以思想政治教育发展历史和思想政治教育政策变迁历程为坐标,遵循自身运行机制和规律,使思想政治教育政策设计把握规律性、凸显时代性、富有创造性。

人类文化和文明发展进步的过程表明,文化之间的交流和碰撞、冲突和融合,是保持其生命力、实现自我更新和发展的重要机制,是文化演进发展的一种带规律性的现象。[①] 因此,在开放环境下面对多元文化的影响和挑战,思想政治教育的政策设计与发展同样要保持开放的视野和格局,在多元当中立主导、多样当中谋发展。首先,对于思想政治教育政策理论研究而言,要把视野放到哲学、社会学、政治学、管理学、经济学等相关学科,培养交叉学科视域,更有力地支撑思想政治教育专业发展,注意解决好思想政治教育实践发展中的现实问题,并以此提升学科内涵。其次,对于思想政治教育实践工作来说,开放的视野和格局就是要吸收教育部门之外的智慧和力量。思想政治教育是一项系统的复杂的工程,仅仅依靠学校、教育部门等一部分人和力量是不能完成

---

① 冯刚:《推动思想政治教育创新发展》,《人民日报》2014年6月10日。

的，必须通过政策设计与合理分工，明确规定相关部门、社会组织和人员的职责，保证全社会参与到思想政治教育中来。再次，对于我国思想政治教育政策设计来说，树立开放的视野和格局就是要积极借鉴国外优秀教育经验。目前，学者们围绕思想政治教育的理论、方法、特点、途径、内容、体制等对西方思想政治教育进行专题研究或比较研究，致力于挖掘西方教育经验。随着改革开放的不断深入，西方社会思潮对我国青少年一代的影响范围越来越大、影响手段越来越多、影响力越来越强，给思想政治教育带来很大挑战，这一客观形势要求我们既要关注、研究西方意识形态渗透的手段、方法、途径等，有的放矢地对青少年进行教育引导，又要积极研究西方国民教育的经验教训，取其所长、为我所用。最后，在政策设计、执行等环节，要加强挖掘、充分利用大众传媒等思想政治教育载体，发挥文化的力量，使青年学生在熟知的文化生活中潜移默化地接受教育，使思想政治教育政策更能体现其文化的一般蕴涵。

思想政治教育政策设计还必然体现为既要关注顶层设计，又要关注政策落实，确保政策的系统化、科学化和可持续化这样一种趋势要求。首先，高校思想政治教育政策设计要加强顶层设计。高校思想政治教育是一项系统、复杂的工作，其中包含众多要素。从工作队伍上讲，主要包括党政干部、学生工作辅导员队伍、思想政治理论课教师队伍等；从工作内容上讲，主要包括思想政治理论课教学和日常思想政治教育；从教育内容上讲，主要包括理想信念教育、党的路线方针政策教育、世界观人生观价值观教育等；从教育途径上讲，主要包括教书育人、科研育人、实践育人、管理育人、服务育人、文化育人、组织育人等；从教育规律上讲，主要包括思想政治工作规律、教书育人规律、学生成长规律；等等。因此，高校思想政治教育政策设计需要从进行伟大斗争、建设伟大工程、推进伟大事业、实现伟大梦想的高度，牢牢把握"培养什么样的人、如何培养人以及为谁培养人"这一根本问题，立足工作实际，把握时代特征，提升高校思想政治教育政策设计的整体性、系统性，深入研究和推进高校思想政治教育政策设计的顶层设计。

其次，不断完善思想政治教育政策设计的基本框架。如果说顶层设计是"战略"层面，那么完善政策框架就是"战术"层面。对于思想政治教育政策而言，需要结合中国发展实际、思想政治教育目标以及青年学生的成长发展实际，完善高校思想政治教育政策框架，努力树立高校思想政治教育政策的"四梁八柱"，避免相关政策的交叉、重复、低效，确保高校思想政治教育政策设计与制定的系统性与科学性。最后，积极推进高校思想政治教育政策的"落细、落小、落实"。思想政治教育政策需要具体的落实与执行才能凸显成效。在高校思想政治教育的创新发展过程中，需要坚持以马克思主义理论为指导，结合中国发展实际与时代发展特征，将高校思想政治教育政策落到实处。具体而言，政策制定要具有可操作性，使高校思想政治教育符合实际情况，在高校思想政治教育工作当中可以落实；政策的制定部门及相关职能部门要积极推进、有力保障相关政策的贯彻执行，及时评估、调整、完善相关政策；要进一步加强高校管理者对思想政治工作的重视程度，将高校思想政治教育政策细致地、有效地落到实处。

回顾改革开放以来我国思想政治教育政策发展历程，面对新时代思想政治教育形势及现实工作，我们可以对思想政治教育及其政策的未来发展趋势作出如下预测。首先，思想政治教育的重要性不会变，思想政治教育政策只能加强不能削弱。思想政治教育是做人的工作，具体地说是做人的思想工作，即通过思想观念、政治观点、道德品质等方面的教育引导，使受教育者认同、接受统治阶级的思想体系和政治观点，进而在不断的学习和实践中内化于心、外化于行。这个过程，是个体社会化的过程，也是国家意志融入个人精神世界的过程。党和国家的指导思想成为个体的信仰，党和国家的奋斗目标成为或指引着个体的人生目标，党和国家的规定和要求成为个体自觉遵守的内心规范，各阶层人民为实现共产主义全力奋斗，全社会的和谐、协调、共生与发展最终实现。因此，思想政治教育的"生命线"地位不会变，未来思想政治教育政策要在完善中不断加强。其次，思想政治教育的复杂性不会变，思想政治教育政策设计要突出综合性。思想政治教育政策的综合性，指的是

探索思想政治教育发展的内生动力

思想政治教育政策设计、制定、执行往往依赖多个国家部门,政策内容涉及政策宣传、学科建设、理论研究、人事管理等多方面实际工作的特征。思想政治教育是一项复杂的系统工程,它着眼于人的"知、情、意、信",落脚于"行"。为达到"知行合一"的目标,思想政治教育政策的制定实施主体应到现实中去寻找契合点、切入点和突破点,中央宣传部、组织部、教育部、司法部、人保部、中央综治办、财政部、共青团中央等国家政府机关和职能部门应协同配合,切实解决与师生切身利益密切相关的现实问题,如教师晋升、教师教育、学生资助、就业等一系列问题,充分尊重、恰当满足思想政治教育者、工作者和学习者的客观需求,激发教师"教"和学生"学"的内生动力。正如习近平总书记在全国高校思想政治工作会议上所强调"要把解决思想问题同解决实际问题相结合",这同时也是我们党思想政治工作的优良传统。再次,思想政治教育的专业性不会变,思想政治教育政策要继续重视师资队伍建设。思想政治教育作为一个专业、一门科学,有其特定的研究对象、完整的理论体系和科学的研究方法。思想政治教育的科学性、专业性决定了不是谁都可以成为思想政治教育者。思想政治教育者扮演着"信息传播源"角色,其知识储备、教学技能、理论素养、道德素质、理想信念等直接影响着学生对思想政治教育内容的接受态度和理解程度。我们常说,"人是生产力中最活跃的因素",为巩固思想政治教育实践的专业化、推进思想政治教育专业发展,国家相关部门必须完善政策规定,从体制机制、规章制度、资金保障等方面鼓励教师专业化成长,自觉秉承专业精神、提升专业素养、锤炼专业意志、形成专业格局。最后,思想政治教育的"不变"是思想政治教育政策设计要始终关注、加强重视、持续用力的问题,另一方面,一切事物都处在不断地发展变化之中,思想政治教育政策设计也要充分把握思想政治教育在发展过程中出现的新情况、新特征、新问题。立足新时代,思想政治教育的育人阵地要扩大、方法手段要创新、效果评价要全面、育人资源要整合。扩大育人阵地,即加强网络阵地、校园文化阵地等思想政治教育主阵地建设。创新方式方法,即充分利用现代化手段开展线上线下联动。完善效果评价,即探索构建供给侧与需求侧相结合的思想政治教育效果评价体系。整合育人资源，即要合理估计思想政治教育的作用，注重合力育人、协同发展。育人本身是一个"协同"的过程，比如知识的内化、校园文化的熏陶、情感体验、知行合一等，为此，专职思想政治教育队伍内部需要协同发展，专职队伍与兼职队伍需要协同发展，家庭、学校、社会间需要协同发展，形成育人合力。

第十五章 高校思想政治教育质量评价

思想政治教育质量评价是思想政治教育过程中的重要内容、环节和机制。改革开放以来，质量评价问题一直伴随着中国高等教育，历次关于高等教育的重要文献都着重提出了质量的要求和质量评价的任务。2004年，中共中央、国务院颁布《关于进一步加强和改进大学生思想政治教育的意见》，指出："要把大学生思想政治教育工作作为对高等学校办学质量和水平评估考核的重要指标，纳入高等学校党的建设和教育教学评估体系。"明确提出了高校思想政治教育质量问题。研究高校思想政治教育质量评价的进程，回顾历史，总结反思，有助于进一步提升高校思想政治教育质量。

第一节 改革开放以来高校思想政治教育质量评价的回顾

1985年，中共中央《关于教育体制改革的决定》中提出，"衡量任何学校工作的根本标准不是经济收益的多少，而是培养人才的数量和质量。紧紧掌握这一条，改革就不会迷失方向"。因此，"国家及其教育管理部门要加强对高等教育的宏观指导和管理。教育管理部门还要组织教育界、知识界和用人部门定期对高等学校的办学水平进行评估"。这也明确了以评估的方式来判断质量。1993年，中共中央、国务院《中国教育改革和发展纲要》提出，"中国高等教育要适应加快改革开放和现代化建设的需要，质量和效益明显提高"，因此，要"加强质量监督和评估制度","建立各级各类教育的质量标准和评估指标体系",对高等教育,"要采取领导、专家和社会用人部门相结合的办法,通过多种形式进行质量评估和检查","要建立有教育和社会各界专家参加的咨询、审议、评估等机构,对高等教育方针政策、发展战略和规划等提出咨询建议,形成民主的、科学的决策程序"。这一文件为思想政治教育质量评价提供了政策依据,1994年,中共中央《关于进一步加强和改进学校德育工作的若干意见》明确要求,"要建立德育工作评估制度,并把德育工作作为评价一个地区、一所学校教育教学工作的重要内容。高等学校德育工作应列入'211工程'评估标准"。1999年,《中华人民共和国高等教育法》开始施行,其中要求"提高高等教育的质量和效益","高等学校应当以培养人才为中心,要保证教育教学质量达到国家规定的标准","高等学校的教育质量,接受教育行政部门的监督和由其组织的评估",以法律的形式规定了高校教育质量评价这一任务。2015年,《中华人民共和国高等教育法》修订,进一步完善了教育评价方面的要求。2000年,教育部《关于加强和改进研究生德育工作的若干意见》中提出,"要建立研究生德育工作评估制度,把研究生德育工作的落实情况和效果作为评价和衡量研究生德育工作的重要质量并列入研究生培养工作评估体系,使研究生德育工作逐步走向制度化、规范化和科学化。"明确思想政治教育质量评价的目标是思想政治教育的制度化、规范化和科学化。可以看出,随着高等教育的发展,质量越来越成为高等教育的生命线,质量评价不仅是工作评定和价值判断的明确任务,更是反馈和改进高等教育的重要方法,而对于高校思想政治教育质量评价的要求和需求也在不断提升。

2004年,中共中央、国务院颁布《关于进一步加强和改进大学生思想政治教育的意见》,作为新世纪大学生思想政治教育的纲领性文件,提出高校思想政治教育两个层面评估,高校内部自身要"把思想政治教育与教学、科研、社会服务工作结合起来,同时部署,同时检查,同时评估",而从外部"要把大学生思想政治教育工作作为对高等学校办学质量和水平评估考核的重要指标,纳入高等学校党的建设和教育教学评估体系"。同时,文件明确了加强和改进大学生思想政治教育的主要任务、思想政治理论课、日常思想政治教育和思想政治教育工作队伍等具体内容,从而为高校思想政治教育质量评价具体落实和实施提供了各方面支撑。文件的实施为高校思想政治教育质量评价研究的发展和实践的深化提供了坚实的基础,近十年来,关于高校思想政治教育整体或是部分研究不断深化,在实践中,伴随高校思想政治工作也不断推进,成果大量涌现,这些都丰富了高校思想政治教育质量评价体系。本书也以此为时间起点,梳理高校思想政治教育质量评价的主要研究,集中体现在:一方面,关于高校思想政治教育质量评价整体的、系统的研究不断出现。这其中包括代表性著作,也包括丛书中比较系统的研究章节,有的以年度报告的形式,梳理思想政治教育工作素材,形成质量评价基础材料的,有的虽然没有出版,但已经有了相对完整研究,尤其是博士学位论文,有的是各类基金资助项目,反映出国家和各部门对这一问题的持续高度关注,有的是其他学科从本学科理论出发涉及这一研究领域。有的针对高校思想政治教育质量评价在具体领域应用,如针对不同学校,面向思想政治教育不同对象,用不同研究方法进行评价等。另一方面,围绕思想政治教育质量评价的具体讨论不断涌现。主要表现在拓展了思想政治教育质量评价的研究内容,不仅包括以往的内涵、范围、特点、标准、原则等内部要素研究,还增加了关于历史研究、中外比较、理论基础等方面的探讨,研究论文不断涌现,对中国知网的检索发现这些研究的对象更加多元具体,研究的总结性、对策性和前瞻性明显增强,研究成果的规范性和学术性以及数量都有所提升。同时,从学位论文的情况也从一个侧面反映出高校思想政治教育质量评价的研究不断接续。

第二节　高校思想政治教育质量评价研究的主要成果

在对高校思想政治教育质量评价研究成果进行梳理总结之前，需要对几个经常性术语作一分析。在政策文件或是具体研究中，关于高校思想政治教育质量评价这一领域，会出现诸如"思想政治教育评价""思想政治教育评估""思想政治教育测评""德育评价""德育评估"等不同表述。这些表述各有侧重，在内涵、范围、标准、原则以及指标构建、操作流程和途径方法上有许多相似之处，都是对思想政治教育作出的评判或判断，是围绕同一个问题展开的研究，彼此之间的区别仅在于或侧重于定性描述、或侧重于定量分析、或侧重于对结果或过程的价值判断，都是基于思想政治教育质量的讨论。

思想政治教育质量评价不只是对价值判断和量化测评的强调，而且是对高校思想政治教育质量的整体强调，思想政治教育质量评价涵盖以上多种表述，旨在反映高校落实和开展立德树人根本任务的实际情况，近年来关于思想政治教育质量评价研究领域的成果，主要可以归纳为五个部分：一是中国思想政治教育质量评价史研究，二是中外高校思想政治教育质量评价比较研究，三是高校思想政治教育质量评价理论基础研究，四是高校思想政治教育质量评价指标体系研究，五是高校思想政治教育质量评价在具体领域应用的研究。下面就这些方面成果作一简要整理。在具体引证中，仍然沿用原有表述，在具体语境下不作区分。

一、中国思想政治教育质量评价史研究

中国历史上虽然没有现代意义上思想政治教育质量评价的概念和理论，但因中国古代教育和选人受到"德才兼备"思想的影响，对人才的德行评判由来已久，中国古代在"德"的评价方面有着丰富的经验和素材，有学者总结了中国历代在德育评估方面思想表达，从官学、私学

两个层面，探讨了不同朝代对品德标准的侧重，同时梳理了古代品德评估的技术路径。① 有学者更加强调德育评估的价值判断，总结了中国传统德育评估思想的政治价值、教化价值，进而列举了古代不同主张中德育评估的标准和评估方法。② 这些思想，更多聚焦于对教育对象的评价，定性为主，反映了中国古代官方主流价值取向。有的学者将改革开放以来思想政治教育测评分为四个发展阶段，总结了每一阶段发展历程，梳理了思想政治教育测评成果，指出思想政治教育测评存在"指标困境"和"方法困境"两方面问题，研究认为，思想政治教育测评未来发展重在新的测评理念的指导、权威指标体系的建构以及新型途径方法的探索。③

有研究从教育学学科领域入手，从教育评估的角度，系统整理了中国教育评估史，研究把中国教育评估史分为三个阶段：一是中国古代教育评估思想的发生和实践，认为近代以前的官学私学和科举制度都在品德评估方面提出了思想源流和实践依据，④ 尤其是西周时期，对当时学生学习主要科目"六艺"中的"射"提出了"五射"的标准，可以说是中国教育评估史上明确出现的一个量化指标。⑤ 二是中国近代教育评估的实践与探索，分析了西方教育思想和理论引入对中国教育中督导、考试、测量等方面产生的影响。⑥ 三是中国当代教育评估的复苏与创新，重点梳理了改革开放以来中国教育评估领域督导制度恢复、高等教育评估理论研究、实践探索和体系化建设。研究认为，新中国成立以后，中

---

① 秦尚海：《高校德育评估论》，中国社会科学出版社2006年版，第35—62页。
② 赵祖地：《高校德育评估研究》，南京师范大学博士学位论文，2014年，第43—51页。
③ 沈壮海、段立国：《思想政治教育测评研究的回顾与展望》，《思想教育研究》2014年第9期。
④ 孙崇文、伍伟民、赵慧：《中国教育评估史稿》，高等教育出版社2010年版，第2页。
⑤ 孙崇文、伍伟民、赵慧：《中国教育评估史稿》，高等教育出版社2010年版，第8页。
⑥ 孙崇文、伍伟民、赵慧：《中国教育评估史稿》，高等教育出版社2010年版，第70页。

国逐渐形成了有特色的教育评估体系，1985年召开的"高等工程教育评估问题专题研讨会"是国内学术界公认的高等教育评估正式开始的起点。① 研究还提出了教育评估领域的趋势，如质量评估成为教育评估的核心内容，多元参与的社会化评估日益兴起等。②

二、中外高校思想政治教育质量评价比较研究

随着《关于进一步加强和改进大学生思想政治教育的意见》文件的颁布，21世纪以来中国更加关注全球视野和国际比较，这一阶段对于中外高校思想政治教育质量评价的比较研究不断增加，有的学者梳理西方古今名人或是学术流派的相关思想，延伸至教育学、心理学等学科领域，总结出西方现代德育评估理论有评估标准多元化、评估形式自主性、评估方法定量化、评估本质个体化等特征。研究认为，西方德育评估经历了从目标评价专项过程评价，从效能评价专项价值评价，从结果评价专项素质评价的一系列过程，从而指出相比教育评估的其他领域，德育评估依然是相当薄弱的领域。③ 也有的研究专注于具体国别的比较研究，重点在评价理论、指标体系、实施方法等方面进行探讨。④ 中外思想政治教育评价比较研究不仅扩大了思想政治教育质量评价的空间视野，放置在国别比较框架内，而且因不同国家开展评价研究和实践的学科依托有所差别，拓展了思想政治教育质量评价的学科视野。

有研究提出西方价值观教育评价中，定量研究、质性研究和行动研究都发挥着重要作用，科学取向的评价研究通过测量行为等外显变

---

① 孙崇文、伍伟民、赵慧：《中国教育评估史稿》，高等教育出版社2010年版，第138页。
② 孙崇文、伍伟民、赵慧：《中国教育评估史稿》，高等教育出版社2010年版，第160—170页。
③ 秦尚海：《高校德育评估论》，中国社会科学出版社2006年版，第63—85页。
④ 如韩迎春：《中美高校德育评估标准比较及其启示》，《湖南师范大学教育科学学报》2011年第1期；闫晓：《当代中美高校德育评价比较研究》，厦门大学硕士学位论文，2007年。

量，推测价值观这个潜在变量，并以统计计算说明各变量之间的关系，侧重以学生、教师和家长的视角看待价值观教育的过程及效果。诠释取向与行动取向的评价研究凸显价值观教育的主观性与主体性，侧重鼓励当事人参与评价过程，进行主动思考与反思。① 有研究聚焦日常思想政治教育的工作，把国内不同省份对高校心理健康教育评估标准与北美高校心理咨询服务推荐标准对比研究，提出加强教师专业背景和再教育，加强职业伦理建设，关注社会资源的利用与单位协作等建议。② 有研究借用美国在美育质量测评中使用的审美程度公式进行修订，提出了基于美育目标与美育课程两大支点，美育教材、教师美育教学和学生审美学习三大教学因素，五位一体的美育质量测评系统。③

有研究系统整理了20世纪80年代中后期以来，美、英、法、德、日、荷、澳等国家高等教育质量保证体系的产生背景、组织机构、质量标准和运行机制，对质量保证体系的整体构建进行了国别比较研究。④ 研究以20世纪80年代西方国家以提高高等教育质量为核心的教育改革为背景，提出高等教育质量保证是为维持和提高高等教育的质量所实施的有计划、有组织、有系统的质量持续促进活动。研究总结了高等教育质量保证的六条国际经验，由此提出了构建我国高等教育质量保证体系的策略。

三、高校思想政治教育质量评价理论基础研究

有学者认为，马克思主义哲学，包括认识论、价值论和评价论，

---

① 王熙:《西方价值观教育评价的研究范式与研究方法》，《教育学报》2017年第4期。
② 林立涛:《关于完善高校心理健康教育评估标准的思考》，《思想理论教育》2015年第3期。
③ 赵伶俐:《以目标与课程为支点的美育质量测评——为了有效实施〈国务院办公厅关于全面加强和改进学校美育工作的意见〉》，《华东师范大学学报》（教育科学版）2017年第5期。
④ 马健生等:《高等教育质量保证体系的国际比较研究》，北京师范大学出版社2014年版。

为思想政治教育评价提供了科学的世界观和方法论，思想政治教育学、心理学、管理学、教育测量学、教育统计学和系统科学等相关学科则为思想政治教育评价奠定了坚实的理论基础。① 有学者提出，马克思主义哲学与伦理学是德育评估的根本理论基础，伦理学中关于道德原则、道德规范等学科理论为德育评估提供了丰富的内容和方法论基础。② 理论基础的研究为高校思想政治教育质量评价提供了明确的方位，尤其是政治方位，同时也为各学科理论应用于高校思想政治教育质量评价研究和实践提供了可行性参考。

有学者还梳理了马克思主义经典作家的德育评估思想，这些研究观点包括马克思、恩格斯关于人的本质理论是德育评估的理论前提，对人的全面发展的论述为德育评估指明了目标和方向，唯物史观为德育评估的客观性、科学性和实践性奠定了基础。③ 马克思、恩格斯的价值理论是德育评估理论的基石，他们提出的数量分析法，为德育评估提供方法论的原则，同时也为德育评估直接提供"方法"。④ 此外学者们还总结了中国化马克思主义德育评估思想，尤其是党的领导人对德育评估理论和实践的贡献。⑤ 主要观点如毛泽东系统提出了德育目标，全面论述了关于德育的基本内容，为德育评估提出了一系列方法论原则，提出了动机与效果相统一的原则，提出了实践是检验德育效果的评估标准。邓小平提出的"四有"新人培养目标和"三个有利于"的提法为德育评估提供了方位和标准。马克思主义经典作家和中国化马克思主义丰富了思想政治教育质量评价思想和理论，党的主要领导人的论述客观上推动了思想政治教育质量评价工作的整体发展。

在思想政治教育质量评价研究中，对多学科的借鉴也非常多。如

---

① 王茂胜：《思想政治教育评价论》，中国社会科学出版社2006年版，第59页。
② 秦尚海：《高校德育评估论》，中国社会科学出版社2006年版，第129—130页。
③ 秦尚海：《高校德育评估论》，中国社会科学出版社2006年版，第86—89页。
④ 赵祖地：《高校德育评估研究》，南京师范大学博士学位论文，2014年，第58—63页。
⑤ 秦尚海：《高校德育评估论》，中国社会科学出版社2006年版，第92—128页；赵祖地：《高校德育评估研究》，南京师范大学博士学位论文，2014年，第63—70页。

有研究将社会工作中的助人自助、平等尊重、优势视角等价理念和理论,需求评估、多方评估、自我反思等方法手段融入高校学生思想政治教育评价,推进理论突破和实践创新。① 有研究认为在网络信息社会,引入大数据理论、分布式认知理论和多元智能发展理论能够实现思想政治教育客观评价。② 有研究分析了高等教育评估权的来源、属性和特点,分析了评价的法理性基础和规范化方向。③

在高校思想政治教育质量评价研究中,其实都包含对前人研究的整理和评价,这些过程包含着对高校思想政治教育质量评价本身的思考。2004年以来,随着研究和实践的深入,对这一问题的总结和反思越来越多,许多论述都涉及思想政治教育质量评价的理论依托。有的学者认为高校德育评估理论准备不足、价值认识不清、对结构要素标准以及体系建构途径方法等方面把握不当,根本原因是基础研究缺失、本体研究薄弱、评估方法研究和应用研究缺乏。④ 有的学者认为思想政治教育评估存在范围、效益、技术三方面困境,要通过新目标的确立和研究理念、内容研究、方法研究三方面进行创新,理念上实现从学理主义向实证主义转变,内容上从单一强调结果向过程与结果双向统一转变,方法上从单一强调定性分析与定量分析到两者内在统一转变。⑤ 有的学者认为德育评价的概念不清导致定位存在误区,评价基本理论缺失,德育评价重量化而缺少人文关怀,德育评价缺乏宏观性和实践性的研究。⑥ 有

---

① 吴立忠、王玉香:《论社会工作视野下高校学生思想政治教育评价的创新》,《中国青年研究》2016年第7期。
② 李怀杰:《思想政治教育大数据评价及其实践路径》,《思想理论教育》2017年第6期。
③ 祁占勇、罗澜、陈鹏:《高等教育评估权的行政法透视》,《高等教育研究》2017年第3期。
④ 赵祖地:《高校德育评估研究》,南京师范大学博士学位论文,2014年,第41—42页。
⑤ 孙梦云、杨国辉、曹友华:《思想政治教育评估的状况分析》,《湖南师范大学社会科学学报》2006年第1期。
⑥ 张忠华、张典兵:《对德育评价研究的回顾和反思》,《高教发展与评估》2011年第1期。

研究认为当前评价活动中存在的问题，可以通过借助发展性评价理念，构建价值生成的评价模式。①

四、高校思想政治教育质量评价指标体系研究

指标体系是思想政治教育质量评价各要素的集中体现，是理论研究能够应用于实践工作的关键，近年来，学界关于思想政治教育质量评价指标体系的研究从零星到系统，从研究框架落地为工作案例，形成了丰富的成果。

论及思想政治教育质量评价指标体系之前，要对指标体系的前提作一说明，这个前提包括高校思想政治教育质量评价的基本原则，也包括能够开展评价的共识。关于思想政治教育质量评价原则的论述一般包含两个维度，理论维度是指思想政治教育质量评价的基本遵循，近年来理论方面阐释高校思想政治教育质量评价原则的观点有党性原则、实事求是原则、历史性原则、②导向与目标相统一原则、客观而全面原则、创新性和发展性相统一原则、③辩证性原则、科学性原则、人本性原则、④动态性原则、对比性原则、系统性原则等。⑤理论原则把握了思想政治教育质量评价的政治方向，尊重规律，以人为本。实践维度是指开展思想政治教育质量评价的操作规范，近年来的研究对实践维度的原则集中在定性与定量评价结合原则，⑥还有静态与动态有机结合原则、⑦

---

① 董平、丛晓波：《思想政治教育生成评价模式的建构理路》，《思想教育研究》2016年第7期。
② 王斌：《思想政治教育评估研究》，西南师范大学硕士学位论文，2004年。
③ 秦尚海：《高校德育评估论》，中国社会科学出版社2006年版，第134—138页。
④ 罗布江村、赵心愚、冯瑛、李永政：《大学生思想政治教育原则测评体系的建构原则与方法研究》，《四川师范大学学报》（社会科学版）2009年第6期。
⑤ 万美容：《论评价对大学生思想政治教育质量提升的作用》，《思想理论教育》2015年第7期。
⑥ 成春、李向成：《定性与定量测评相结合原则在大学生思想政治教育测评中的应用研究》，《思想教育研究》2013年第12期。
⑦ 王斌：《思想政治教育评估研究》，西南师范大学硕士学位论文，2004年。

全面评价与重点评价结合、静态评价与动态评价结合原则、形成性评价与总结性评价相结合原则、① 自我评价与他人评价相结合原则、正式评价与非正式评价结合原则。② 也有研究强调了依据"行为判断思想"原则开展思想政治教育大数据评价,③ 或是提出高校德育评估有系统外适律、要素耦合律和量质统一律等基本规律。④ 有研究提出思想政治教育评价要兼顾理论有效性和实践实效性二重维度,才能保证评估的系统性、完整性。⑤ 有研究认为评价标准与社会发展阶段和社会成员思想道德水平的客观状况相适应,受到时空条件与生活环境的制约,也要体现超越功利的意义志向引领原则,要构建好评价标准通约和共享,才能弥合分歧,形成共识。⑥

论及指标体系构建方面,有的研究从整体框架、人员组织、要素设计、评估方法等内容入手,并设立了案例和问卷,定性与定量相结合,尝试搭建思想政治教育质量评价指标体系,⑦ 有的学者将高校德育评估构成要素细化为目标、内容、指标标准、途径方法、评估主体等子要素,一一讨论深化,从而形成高校德育评估体系。⑧ 随着研究的不断推进和实践的反馈,对于思想政治教育质量评价指标体系的研究更加具体,形成了一些可供应用的指标体系。有的学者把高校院系学生思想政

---

① 王茂胜:《思想政治教育评价论》,中国社会科学出版社2006年版,第175—178页。
② 王士永、马驰知:《深度辅导评价的理论构建与解析》,《思想教育研究》2014年第1期。
③ 王莎:《大数据评价:把脉高校学生思想动态的现实选择》,《思想理论教育》2017年第10期。
④ 赵祖地:《高校德育评估研究》,南京师范大学博士学位论文,2014年,第123—130页。
⑤ 鲁杰、刘培峰:《论思想政治教育评估的二重维度》,《思想教育研究》2017年第8期。
⑥ 谢迪斌:《评价标准通约与共享是意识形态整合的重要前提——论社会主义核心价值观凝聚功能的实现》,《思想政治教育研究》2017年第1期。
⑦ 王斌:《思想政治教育评估研究》,西南师范大学硕士学位论文,2004年。
⑧ 秦尚海:《高校德育评估论》,中国社会科学出版社2006年版,第151—201页。

治教育评价作为案例,重点设计了高校院系学生思想政治教育评价指标构成、权重设计、具体观测点的设计和具体操作方法,并给出了评价的时间范围以及方法步骤,形成了可供实施的方案。① 有的研究借用顾客满意指数模型,开发了基于学生满意度的德育评价模型,并在一定范围内进行了采样分析,将研究用于日常工作。② 有的研究以大学生政治素质评估为研究内容,面向专家、辅导员、大学生和社会群体征集了指标体系中指标、权重、等级和评语等内容,从而制定了相应的指标体系,并设计了实施开展的途径方法。③ 有的研究在搭建指标体系的基础上,进行了信效度检测,加入了结果反馈等环节,制定了针对校、院、班、生四个层次的具体实施方案,④ 有的研究面向"90"后为主体的入伍大学生群体的思想政治工作,以调研发现的问题为导向,制定了评估指标体系。⑤ 对指标体系的研究和探索,引入了更多科学化规范化的要求和标准,为思想政治教育质量评价从研究走向实践奠定了坚实基础。

  与此同时,也有关于指标体系本身的总结与反思,如有的学者认为,评估指标的综合性与评估对象的差异性难以平衡,应该把握社会价值与个体价值同构的培养目标,在评估中坚持形成性和发展性同构,坚持科学性与系统性同构。⑥ 有学者认为思想政治教育评估指标体系面临理论发展的渐进性与理论应用的迫切性、量化评估的可能性与创新研究的艰难性相互交织、指标参数的庞杂性与实际操作的便捷性之间的矛盾,提出应该把握以动态发展为基础的理论维度、以操作便捷为原则的

---

① 王茂胜:《思想政治教育评价论》,中国社会科学出版社2006年版,第233—272页。
② 杨瑞东、倪士光:《基于学生满意度的德育评价模型的开发和应用》,《现代教育技术》2014年第8期。
③ 李杰:《大学生政治素质评估研究》,中国地质大学博士学位论文,2013年。
④ 赵祖地:《高校德育评估研究》,南京师范大学博士学位论文,2014年,第204—250页。
⑤ 范杨:《新时期军队入伍大学生思想政治教育工作评估指标体系研究》,《思想理论教育导刊》2015年第7期。
⑥ 鲁烨:《大学生思想政治教育评估理念论析——基于社会价值与个体价值同构的论域》,《江苏高教》2015年第2期。

实践维度和以绩效最优为依托的价值维度。①

五、高校思想政治教育质量评价应用到具体领域的研究

高校思想政治教育质量评价的对象是大学生思想政治教育工作，涵盖了思想政治理论课评价、日常思想政治教育评价、辅导员工作评价等多个方面，也涵盖了不同层次类型的高校。思想政治教育质量评价研究不断发展的同时，这些具体方面的质量评价研究也在同步发展。

思想政治理论课方面，有研究以高校思想政治理论课"05方案"的实施为评价对象，对全国33所高校和9个省市教育厅进行了调研，总结出高校思想政治理论课教育教学评价的主要做法。研究提出，教师教学评价成为重点，评价内容和方式向立体化、多方位发展，课程建设评估方案、教学评价机构和教学督导制度都在逐渐推进，学生学习效果注重全过程考核，实践能力和研究能力成为考核亮点。同时提出了高校思想政治理论课教育教学评价的问题。② 在此项研究的基础上，有研究分析了主要考察思想政治理论课评价中，"投入和过程"的"以教评教"和重点关注"产出和结果"的"以学评教"两种模式，针对思想政治理论课四门课程分别制定了"以学评教"监测体系，组织了三次测试，分别面向研究者所在学校华中师范大学，武汉市10所高校和湖北省部分高校，开展了课前和课后测试，形成了《湖北高校思想政治理论课教育教学质量监测报告》，③ 形成了相对完整的高校思想政治理论课评价研究成果。此外，有学者从马克思主义理论教育的整体切入，提出了马克思主义理论教育评价的结构功能、原则方法、模式构建等。④ 有的学者系

---

① 刘倩：《思想政治教育评估指标体系研究的困境与出路》，《思想教育研究》2013年第4期。

② 张凤华、梅萍、万美容：《高校思想政治理论课"05方案"实施及测评的实证研究》，中国社会科学出版社2011年版。

③ 张耀灿等：《高校思想政治理论课教育教学质量监测体系研究》，经济科学出版社2014年版。

④ 蔡晓良：《马克思主义理论教育评价》，社会科学文献出版社2009年版。

统论述了高校思想政治理论课评价的依据、功能本质、主体、客体、标准、过程、方法等，回应了"什么是高校思想政治理论课程评价，为什么要开展高校思想政治理论课程评价和怎样开展高校思想政治理论课程评价"等问题。①

在日常思想政治教育方面，如学生党建、主题教育、就业创业教育、心理健康教育、资助管理、网络思政等方面，因为指向明确，评价体系构建相对简便，相关质量评价研究较多。在辅导员工作评价方面，2004年《关于进一步加强和改进大学生思想政治教育的意见》明确了辅导员的身份，客观上推动了辅导员队伍、工作和对应研究的全面发展，有关高校辅导员工作评价的学术文章中，有不少研究引入了管理学中的绩效评估、360度评价等理论。在不同类型高校的应用研究方面，有的研究以应用型本科院校为切入点，提出了大学生思想政治教育自我评价体系、大学生思想政治教育学校评价体系和大学生思想政治教育社会评价体系。②有的研究着眼于学校办学产学研合作的突出特色，从提升人才培养质量的角度，分析产学研合作人才培养质量评价问题，提出了明确的指标体系、内容权重标准以及具体评价办法。③

第三节 思想政治教育工作质量评价的时代特征

党的十九大报告明确指出："经过长期努力，中国特色社会主义进入了新时代，这是我国发展新的历史方位。"④同时，提出了培养担当民

---

① 骆郁廷主编：《高校思想政治理论课程评价新探》，中国社会科学出版社2011年版。
② 鲁宇红、郭建生编著：《应用型本科院校大学生思想政治教育评价体系研究》，东南大学出版社2008年版。
③ 张忠家、黄义武等：《产学研合作提升人才培养质量研究》，教育科学出版社2014年版。
④ 习近平：《决胜全面建成小康社会 夺取新时代中国特色社会主义伟大胜利——在中国共产党第十九次全国代表大会上的报告》，人民出版社2017年版，第10页。

族复兴大任的时代新人的要求。思想政治教育质量评价应紧紧围绕培育时代新人的要求，坚持以习近平新时代中国特色社会主义思想为指导，以立德树人为根本，以理想信念教育为核心，以社会主义核心价值观为引领，以全面提高人才培养能力为关键，以正确的政治方向和富有规律性、人本性、整体性和长效性的质量评价工作推动和促进学生的思想水平、政治觉悟、道德品质、文化素养提升，把学生培养成为德智体美全面发展的社会主义建设者和接班人。新时代思想政治教育工作的质量评价既蕴含了历史发展过程中的延续，也必然体现出与时俱进的鲜明时代特征。

一、坚持思想政治教育工作质量评价的正确政治方向

思想政治教育工作质量评价是通过树立评价目标、制定科学的评价指标体系和标准、运用科学的评价方法等评估思想政治教育工作，满足党和国家事业发展需要和大学生成长发展需求状况的价值判断。当今世界范围内，各种思想文化交流交融交锋日益频繁，国际思想文化领域斗争深刻复杂，我国主流意识形态依然面临着各种社会思潮的冲击、渗透和分化。高校作为各种社会思潮的集散地，也是意识形态斗争的前沿阵地，抵御和防范敌对势力渗透的任务更加繁重。作为思想政治教育工作重要环节的思想政治教育工作质量评价，必须坚持正确的方向，以巩固马克思主义在高校意识形态领域的主导地位。坚持正确的政治方向，事关高校"为谁培养人""培养什么样的人"以及"如何培养人"的根本。思想政治教育工作质量评价应自觉把坚持正确的政治方向摆在首要位置。习近平总书记在全国高校思想政治工作会议上指出："我国高等教育肩负着培养德智体美全面发展的社会主义事业建设者和接班人的重大任务，必须坚持正确政治方向。"① 只有坚持正确的政治导向，才能确保高校社会主义办学方向，充分发挥中国特色社会主义高校育人的优势，彰显高校人才培养鲜明的政治底色。习近平总书记指出："我国高

---

① 《习近平在全国高校思想政治工作会议上强调把思想政治工作贯穿教育教学全过程　开创我国高等教育事业发展新局面》，《人民日报》2016年12月9日。

等教育发展方向要同我国发展的现实目标和未来方向紧密联系在一起，为人民服务，为中国共产党治国理政服务，为巩固和发展中国特色社会主义制度服务，为改革开放和社会主义现代化建设服务。"① 当前在思想政治教育工作质量评价中坚持正确的政治方向，最重要的就是坚持以习近平新时代中国特色社会主义思想为指导，坚持党对高校思想政治工作的领导权和主导权，坚定中国特色社会主义道路自信、理论自信、制度自信、文化自信，增强政治意识、大局意识、核心意识、看齐意识，自觉在思想上政治上行动上同以习近平同志为核心的党中央保持高度一致。

思想政治教育工作质量评价要注重把坚持正确的政治方向贯穿于评价工作的全过程，体现于评价工作的全方位。就评价主体而言，国家各级教育主管部门和高校自身要自觉承担起思想政治教育工作质量评价政治使命和政治责任。清楚地认识到思想政治教育工作质量评价不仅是一项对大学生开展思想政治素质价值判断活动，还是对高校政治站位的一种考核和检验。就评价内容而言，要适度增加对大学生政治立场、政治觉悟、政治态度、政治理论水平等方面内容考核权重。就当前而言，重点加强高校对习近平新时代中国特色社会主义思想进教材进课堂进学生头脑，大学生坚定中国特色社会主义道路自信、理论自信、制度自信、文化自信和增强政治意识、大局意识、核心意识、看齐意识等方面的政治表现评价考核。就评价标准而言，要强化新时代思想政治教育工作质量评价的政治标准，并且把政治合格作为思想政治教育工作质量评价首要标准。让政治过硬、不忘初心、牢记使命、崇高理想、坚定信念成为新时代思想政治教育工作质量评价崭新的风向标。

二、遵循思想政治教育工作质量评价的内在规律

辩证唯物主义认为，规律是事物之间内在的、固有的、本质的、

---

① 《习近平在全国高校思想政治工作会议上强调把思想政治工作贯穿教育教学全过程　开创我国高等教育事业发展新局面》，《人民日报》2016年12月9日。

必然的联系，它决定着事物发展的必然趋向。"质量提升是思想政治工作创新发展的内在要求。提升思想政治工作质量是一项全方位的系统工作，遵循科学规律是基本前提和重要方面。"① 开展思想政治教育工作质量评价，促进高校思想政治工作科学发展，需要认识、把握和遵循科学规律。实践证明，只有遵循事物内在规律，并加以自觉运用，才能取得事半功倍的效果。思想政治教育工作质量评价围绕着思想政治教育质量"为什么评""谁来评""评什么""如何评"等一系列问题而展开，其中蕴含着丰富而深刻的规律性认识。习近平总书记指出："做好高校思想政治工作，要因事而化、因时而进、因势而新。要遵循思想政治工作规律，遵循教书育人规律，遵循学生成长规律，不断提高工作能力和水平。"② 新时代思想政治教育工作质量评价除了要遵循思想政治工作规律，遵循教书育人规律，遵循学生成长规律这些基本规律之外，还应重点把握大学生思想品德形成和发展规律，以及思想政治教育质量评价实施过程的规律。

遵循大学生思想品德形成和发展规律。大学生是高校思想政治教育的主要对象，大学生思想品德状况是思想政治教育质量评价的重要内容。遵循大学生思想品德形成和发展规律是进行思想政治教育质量评价的前提。大学生思想品德形成和发展的规律指的是在社会环境的影响下，通过社会实践，大学生思想品德知、情、信、意、行等因素经过内化与外化，不断平衡发展，知与行不断从旧质到新质循环往复、螺旋上升的矛盾运动过程。遵循大学生思想品德形成和发展规律可以为思想政治教育工作质量评价的指标体系设计、内容规范和方法选择运用提供科学的参考依据。

遵循思想政治教育工作质量评价实施过程规律。思想政治教育工作质量评价是一个涉及多种要素和诸多环节的系统过程。在对大学生思

---

① 冯刚：《在遵循规律中提升思想政治工作质量》，《思想教育研究》2017年第4期。
② 《习近平在全国高校思想政治工作会议上强调把思想政治工作贯穿教育教学全过程　开创我国高等教育事业发展新局面》，《人民日报》2016年12月9日。

想政治教育质量实施评价的过程中,要关注学生的成长发展需求,"找准思想政治工作与学生成长发展需求的结合点"①,自觉遵循评价质量统一规律、社会评价与自我评价衔接规律、整体评价和局部评价结合规律。就评价质量统一规律而言,注重把定性评价和定量评价紧密结合起来,使评价更精确、更具体、更全面,从而更具有说服力。在评价中,认识到定性分析是评价的出发点、归宿和本质要求,同时又必须以定量分析为基础和依据。在总体分析把握评价对象性质的基础上,设计和开展定量的研究分析,再以此为依据,深化量和质结合的分析、比较、综合,在更高层次上进行定性评价,达到定性评价和定量评价的有机统一。就社会评价与自我评价衔接规律而言,注重把社会评价和自我评价有机衔接起来。既通过国家各级教育主管部门、社会机构、社会群体对大学生思想政治教育状况进行客观评价,又通过高校各职能部门、院(系)开展自我评价。将两种评价方式有机衔接,既有效克服社会评价忽视具体过程和缺乏长远效果的弊端,又能克服自我评价偏重主观性不良倾向,从而提升评价的科学性和准确性。就整体评价和局部评价结合规律而言,注重坚持整体评价和局部评价相结合,既可以掌握思想政治教育工作的总体状况,又可以对某一方面的情况了如指掌,加深对思想政治教育工作各个环节的认识,进而充分发挥思想政治教育的整体功能。既重视对某些阶段性、局部性工作的评价,更重视对整个高校思想政治教育工作系统、工作开展情况的总体分析,在局部分析与整体分析有机结合的基础上作出全面、准确的评价。

三、体现思想政治教育工作质量评价的价值导向

坚持以人为本是思想政治教育的重要价值取向。思想政治教育工作质量评价说到底仍是属于价值评价活动范畴,其必然还是要指向人本身。"从思想政治教育的价值角度来说,无论是社会经济价值、政治价值、文化价值,人的发展价值,其最终都体现在思想政治教育在人类社

---

① 冯刚:《在遵循规律中提升思想政治工作质量》,《思想教育研究》2017 年第 4 期。

会发展中的重要价值，而价值判断的标准也是以人的需求是否得到满足为尺度的，是以人的主体性是否得以实现为标志的。"① 不仅思想政治教育工作质量评价主体、评价客体是人，评价内容、评价指标体系、评价标准等都和人有着密切的关联。习近平总书记指出："思想政治工作从根本上说是做人的工作，必须围绕学生、关照学生、服务学生"②。量化的技术、方法、工具对大学生思想政治教育评价固然重要，但我们仍不能忽视评价过程中"人"的因素的重要性。坚持以人为本，是思想政治教育工作质量评价落实立德树人根本任务，促进大学生全面发展健康成长成才目的使然。质量评价不仅是作为工具性价值而存在，而且更具有提升大学生思想政治教育质量和水平、满足新时代大学生全面发展健康成长成才的目的性价值取向。因此，在思想政治教育工作质量评价中应摒弃"为了评价而评价"的弊端，进一步深化评价工作人本属性，充分挖掘评价人文精神蕴含，给予评价更多人文关怀，坚持评价更为深远的人本取向。

　　为此，我们要将以人为本的思想、理念和精神贯穿于新时代思想政治教育工作质量评价的全过程。一是深化评价目的与以人为本相契合。目的具有鲜明的导向性和激励性，将以人为本同大学生思想政治教育质量紧密结合，可以充分调动评价工作中各个方面的积极性、主动性和创造性，激发思想政治教育工作质量评价强大的内在动力，促进评价工作朝着所期望的目标迈进。二是在评价标准中体现以人为本。我们知道，价值评价的本质是客体属性同主体需要之间的满足程度的判定。思想政治教育工作质量评价标准的确定应立足大学生思想实际，切中大学生内部价值冲突和精神困惑，关注大学生精神需要的满足和精神生活的优化。三是评价内容具有更丰富的人文精神内涵。在思想政治教育工作

---

① 项久雨：《以人为本：思想政治教育主客体关系的马克思主义人学之维》，《教学与研究》2016 年第 2 期。
② 《习近平在全国高校思想政治工作会议上强调把思想政治工作贯穿教育教学全过程　开创我国高等教育事业发展新局面》，《人民日报》2016 年 12 月 9 日。

质量评价过程中,更加注重评价内容人文精神内涵丰富和发展,更加重视对新时代大学生理想信念、世界观、人生观、价值观、道德观、文化观以及大学生心理素质等方面的评价。四是在评价方法选择和运用上体现以人为本。尤其是在定性评价方法方面充分发挥质性分析阐释的优势。在评价工作中展现评价者丰富的实践经验和人文素养,加强与评价对象人文交流和人文关怀,更加深入细致地了解评价对象思想实际和心理特征。五是注重评价人文环境的优化。在社会评价中,营造社会评价育人的良好人文氛围。在自我评价中,高校应自觉加强评价人文环境的创设,发挥自身具有良好人文环境的优势,进一步增强评价的有效性。

四、注重思想政治教育工作质量评价的整体建构

思想政治教育工作质量评价涉及多个领域、部门和环节,需要多项工作的有序协调和多重政策的配套落实。思想政治教育质量评价不仅注重量化测评,还应是对高校思想政治教育质量的整体强调。大学生思想政治教育是一个复杂的系统工程,其功能与作用的发挥受到社会客观条件的制约和内部各要素之间相互作用的影响。比如,家庭教育对大学生成长具有深远影响。而家庭作为初级社会群体,家庭成员之间的交往具有交换的短途性、身体的基础性、指向的个体性等特征。① 家庭、学校、社会多方力量作用下,共同对大学生思想形成深刻影响。同时,大学生的思想品德结构和行为表现,也都具有层次性、多样性、动态性等系统特征。因此需要把思想政治教育工作质量评价放到思想政治教育整体工作中去考量、分析和设计。思想政治教育质量评价是一项专业性很强的工作,有严格的工作要求和详细的工作流程。从已有的思想政治教育质量评价来看,尽管不同地方、不同高校、侧重点不同的质量评价工作在体系构建和组织实施等方面会存在差异,但它仍然是作为一个由指标体系设计、资料收集、比较分析、作出判断和效果反馈等一系列环节构成的一个相对完整的结构体系,而且其每一个环节均需要做到全面、

---

① 刘谦:《家庭研究中感性视角的彰显与价值》,《中国人民大学学报》2012年第5期。

协调、合理，以突出思想政治教育工作质量评价的整体性构建。

指标体系设计是基础，是开展质量评价的前提条件；指标体系是思想政治教育质量评价各要素的集中体现，是理论研究能够应用于实践工作的关键；要牢牢把握思想政治教育的根本目标，着眼全局，注重整体，构建起系统科学、操作性强、动态长效的指标体系。对于学校而言，评价的指向、类型是多种的，不可能只是对思想政治教育工作一个方面进行评价，也就是说往往同时存在着多种评价指标和评价要求。应该从整体性考虑来分析这些评价与高校思想政治教育质量之间的关系，包括分析别的指标体系对高校思想政治教育质量标准的参考借鉴。思想政治教育质量评价要注意和这些评价协同起来，整体构建，既体现一致性，又注重反映自身的特点和规律。资料收集是开展质量评价的关键步骤，只有完整、准确地收集评价所需要的各种资料，才能保证质量评价的客观性。高校思想政治教育工作质量评价影响因素的多样性，决定了必须综合运用多样方法，才能全面收集到系统要素的多方面信息。比较分析是开展质量评价的重要一环，采用什么样的比较维度和比较方法，决定了比较的效果和分析的结果。作出判断就是在比较的基础上，对大学生思想政治教育质量进行肯定或者否定式的评价，它可以有效揭示思想政治教育工作质量评价内在关系和发展趋向。效果反馈是保证质量评价成效和功能实现的重要保障，它要求根据质量评价的结果对质量评价的指标体系、过程方法等作出调整，以保证质量评价的科学性和长效性。"随着高等教育的发展，质量越来越成为高等教育的生命线，质量评价不仅是工作评定和价值判断的明确任务，更是反馈和改进高等教育的重要方法。"[1] 可见，效果反馈对于提升思想政治教育工作质量评价具有重要作用。这些内容都是整体构建思想政治教育工作质量评价应该考虑的方面。

---

[1] 冯刚：《改革开放以来高校思想政治教育质量评价的回顾与思考》，《教学与研究》2018年第3期。

五、完善思想政治教育工作质量评价的制度机制

思想政治教育工作质量评价是一项长期的系统工程。确保思想政治教育工作质量评价的长效运行是整个评价体系的本质要求和重要特征。思想政治教育工作质量评价深刻地反映作为供给一方大学生思想政治教育工作满足党和国家事业发展需要以及学生成长发展需要的实际效果。时代是思想之母，实践是理论之源。在新的时代背景下，面对社会环境和大学生行为思想心理的变化，思想政治教育工作质量评价指标体系、评价内容、评价方式方法、评价制度等方面都应同党和国家事业发展和大学生全面发展成长成才的需要相适应，力求形成一套持续性、滚动型的评价系统。确保评价系统在推广之后，大学生思想政治教育工作一些新的变化和进展能及时反馈到评价系统，使得系统能及时进行自我完善、更新和优化，以保证评价持续有效正常运行。总体来讲，要实现思想政治教育工作质量评价的长效运行，应坚持以马克思主义理论和方法为指导，立足思想政治教育工作实际，结合特定的社会历史条件；落实立德树人根本任务，坚持社会主义办学方向的时代要求，扎根中国大地办大学；贯彻党的教育方针政策，回应为谁培养人、培养什么人、如何培养人的根本要求；以供给侧结构性改革构建导向机制，以需求侧调适构筑动力机制，以管理层变革完善目标机制，遵循评价自身规律，认真分析思想政治教育评价活动中各要素、各环节之间的相互作用与联系，努力构建质量评价工作的科学体系。

具体来说，思想政治教育工作质量评价的长效运行须从合理设计评价指标体系、优化评价内容、创新评价方式方法、建立健全评价制度等方面进行有效推进。一是制定开放的、可持续发展的评价指标体系。着眼思想政治教育工作质量评价的长效运行，必须制定开放的、可持续发展的评价指标体系。指标体系不仅要能够满足对现实工作测评的需要，还应当对未来工作的开展具有一定的指导意义，并且能够在实践中不断修正、完善。二是评价内容符合时代要求。结合评价的长效性，我们的评价内容符合新时代党和国家对高校人才培养的要求以及大学生全面发展和健康成长成才的需要。随着实践的发展和学科建设的推进，评价的内容可能继续增加，评价的对象还可能细化，最终目的在于对思想政治教育系统内部各要素的调控，实现系统整体的最优化。三是创造性采用多种评价方式方法。要立足质量评价的可视化、可操作、可推广、可延伸，形成一套定性与定量相结合的研究工具包，并借助信息化、网络化的技术手段，为用户收集数据、明确分析、准确追踪和清晰描述相关规律和趋势提供便利。要把思想政治教育质量评价作为一种推动工作、指导实践的长效工作，通过评价来总结经验、发现不足，通过评价来查缺补漏、促进发展。要引入多方力量开展思想政治教育质量评价，不仅要自我评价、上级主管部门评价，还要包括第三方（社会）评价。四是实施严格的评价制度。制度具有导向、激励以及约束功能，是推动思想政治教育工作质量评价的有力保障。对于已经明确的评价指标体系、评价内容、评价方法等要素要以制度化形式确立下来，不仅形成规范化的文件，而且要着力形成推动文件执行落实的运行机制和动力系统，同时注意加强对思想政治教育工作质量评价的监督指导，以此来保证思想政治教育工作质量评价的可持续发展。

第四节　新阶段高校思想政治教育质量评价的反思

当前，中国正在从高等教育大国向高等教育强国的转变过程中，强首先体现在质量上。高校思想政治教育质量评价，有着鲜明的中国特色，是衡量高校培养社会主义合格建设者和可靠接班人的整体状况，这一特色，体现在高校思想政治教育质量评价体系的方方面面。构建高校思想政治教育质量评价体系，是一项长期动态的系统工程。回顾高校思想政治教育质量评价的成果，思考和改进以后的研究和工作，需要处理好回答好三组对应关系：

第一，高校思想政治教育质量标准是什么与如何确定评价体系的关系。关于高校思想政治教育工作，党和国家提出了一系列的要求，文件和政策也给出了需要完成的任务，高校思想政治教育质量基于新时代对高校提出的人才培养要求，有其独特的历史方位，新中国成立以来，在不同阶段对高校人才培养提出过不同要求和目标，但总体上仍然相对笼统，高校思想政治教育质量的目标、要素、指标等尚待进一步确定。高校思想政治教育质量评价是全面性的评价，而在高校内部，同时存在着多种评价指标和评价工作，这些评价与高校思想政治教育质量之间的关系是什么，其指标体系对高校思想政治教育质量标准有哪些可参考借鉴之处，其评价结果与高校思想政治教育质量评价是否同向，需要仔细研究，厘清界定。高校思想政治教育质量标准的科学性，既反映在指标体系是否合理，更应反映高校人才培养的质量能否与其他评价、社会反响相一致。质量评价只有标准明确，才能建立起符合要求可判断可度量的评价体系。

第二，高校思想政治教育质量评价哪些内容与如何科学开展评价的关系。高校思想政治教育质量评价以高校为整体视角，思想政治教育工作的开展和人才培养的效果是一枚硬币的两面，互为表里。在评价过程中会发现，高校思想政治教育质量评价的内容主要包含事实和效果两部分，对于事实部分的评价相对容易，学校投入、资源配置、工作开展乃至环境营造，都一定程度能够可见可查，具备良好的观测基础。对于效果部分如何反映、如何衡量，是普遍认为的难点。一是思想政治教育的范畴不易界定，而且处于动态变化的过程中，在各地各校还存在着发展不均衡的情况。二是高校思想政治教育活动与效果之间的因果关系难以确定，大学生同时受到家庭、学校和社会的教育，其效果往往是综合体现的，高校思想政治教育因其内隐、长期等特点，对于教育对象产生的影响如何估量是个难点。三是随着国内高等教育的不断发展，学校的层次类别差异化越来越大，数千所高等院校无论是大小规模、学校硬件、师资水平、教育活动和教育成效都有着巨大差别，如何能够准确地反映该校该地思想政治教育的效果，需要分层分类，更有针对性的区分。

第三，高校思想政治教育质量评价应在提升人才培养质量中发挥什么作用与如何定位高校思想政治教育质量评价的关系。高校人才培养的过程中,思想政治教育质量评价成为必不可少的环节之一。高校思想政治教育质量评价既是反映质量现状,更着眼于通过评价,总结经验,反思不足,反馈建议,不断改进,形成工作的闭环。当前,高校思想政治教育质量还更多停留在摸清高校现状,把握学生情况的阶段,开展思想政治教育,质量评价将成为一项常规制度,2012年《全国大学生思想政治教育工作测评体系(试行)》的颁布实施将高校思想政治教育质量评价引入一个新的发展阶段。2017年2月,《关于加强和改进新形势下高校思想政治工作的意见》提出"研究制定内容全面、指标合理、方法科学的评价体系,坚持定性分析和定量分析相结合、工作评价和效果评估相结合",对思想政治教育质量评价提出了新的要求。近年来高校思想政治教育质量评价研究的范围越来越宽广,对于高校思想政治教育工作各具体模块的评价研究也越来越多,集中反映了不同层面对于人才培养质量提升的普遍期望。思想政治教育质量评价研究开展的同时,也形成了一定的学术共同体。随着研究的深入和多学科的引入,高校思想政治教育质量评价将形成一个新的学科发展方向,也将推动这一领域走向专业化。

第十六章 大学生思想政治教育的创新发展

习近平总书记在全国高校思想政治工作会议上指出:"高校思想政治工作关系高校培养什么样的人、如何培养人以及为谁培养人这个根本问题"①,这一论断明确了新时期高校思想政治工作的战略定位。为了促进大学生自由全面发展,提升思想政治工作质量,更好地为人民服务,为中国共产党治国理政服务,为巩固和发展中国特色社会主义制度服务,为改革开放和社会主义现代化建设服务,必须立足世情、国情、党情,坚持问题导向,深刻把握思想政治教育的前沿问题,在遵循规律中推动大学生思想政治教育创新发展。

第一节 思想政治教育发展中的问题导向

以问题为导向是指在科学研究过程中,根据所选定的问题将抽象的、宏大的研究对象或研究领域限定在一个具体的范围内进行更加深入、更加系统的研究。思想政治教育作为一门研究人的思想形成和变化的规律,并指导人形成正确思想、行为的科学,要紧跟时代发展的步伐,密切关注人才培养过程中的规律性、前沿性问题,以问题为导向推进自身的创新发展。

实现大学生思想政治教育创新发展的问题导向应当具备世界眼光、

---

① 《习近平在全国高校思想政治工作会议上强调把思想政治工作贯穿教育教学全过程 开创我国高等教育事业发展新局面》,《人民日报》2016年12月9日。

拥有中国情怀、凸显时代特征，在结合经济社会发展的国情基础之上，根据党的十八大对高校思想政治教育提出的新任务和新要求，坚持理论联系实际，把十八大精神落实到高校思想政治教育的创新发展之中。当前，实现大学生思想政治教育的创新发展，需要将思想政治教育放在教育现代化进程、网络时代宏观背景中统筹谋划，并在学科建设视野下系统设计、全面推进。

一、教育现代化进程中的思想政治教育

教育现代化是实现社会现代化和国家现代化的必然要求与组成部分，是教育事业正在经历的动态发展过程。教育规划纲要将"基本实现教育现代化"作为教育事业的战略目标[①]；党的十八大作出了到2020年"教育现代化基本实现"的战略部署。[②] 教育现代化已成为建设中国特色社会主义事业的重要内容。教育现代化的最终目的是为了实现人的现代化，而这正是与把促进人的全面发展作为目标和任务的思想政治教育相一致的，因此，在教育现代化的过程中，思想政治教育必将有更大的空间和舞台。在教育现代化的进程中，思想政治教育的现代化不仅是思想政治教育发展中的本质要求，而且是思想政治教育适应教育现代化大背景的必然结果。

思想政治教育的内容要优化拓展，以建设现代化的知识体系。社会总是处在一个不断发展、不断变革的过程之中，要保证思想政治教育始终能够适应社会的发展、满足社会的需要，其内容就必须不断更新、不断发展，并形成一套完整的现代化的知识体系。在教育现代化这个动态发展的历史过程中，思想政治教育内容的现代化既要做到继承与弘扬中华民族优秀的文化传统，又要吸收人类文明发展的一切优秀成果，大胆借鉴发达国家教育工作的先进经验；还要根据国情、社情的变化，及

---

① 《国家中长期教育改革和发展规划纲要（2010—2020年）》，人民出版社2010年版。
② 胡锦涛：《坚定不移沿着中国特色社会主义道路前进　为全面建成小康社会而奋斗——在中国共产党第十八次全国代表大会上的报告》，人民出版社2012年版。

时、合理地作出调整，进而推动具有中国特色的思想政治教育创新发展。党的十八大从国家、社会、个人三个层面为社会主义核心价值体系建设指明了方向，那么思想政治教育就应该以贯彻落实十八大精神为任务而与时俱进地实现内容的丰富和发展。在现代化的过程中，只有根据实际情况和现实需求不断创新和发展思想政治教育的内容，才能从核心层面推进思想政治教育现代化。但是，需要强调的是，无论社会和时代如何变革，思想政治教育内容的现代化都必须以马克思主义为指导，不能偏离正确的政治方向。

思想政治教育的方法要不断创新，以适应现代化的教育需要。在思想政治教育过程中，方法对于教育者和受教育者之间的相互交流、互相影响起着重要的作用。"人"是思想政治教育活动的对象，如何对"人"进行有效的教育，方法显得尤为重要。在当今信息化时代，各个领域飞速发展的科学技术为思想政治教育方法的现代化提供了可能。例如教育者可以利用微博、微信等全方位覆盖的社交手段来对受教育者进行润物细无声的影响；可以利用移动媒体、电子书等新型媒介来提升思想政治教育活动的吸引力；可以利用远程教育、网络平台等扩大思想政治教育活动的覆盖面；还可以利用其他学科已经比较成熟的诸如社会调查、量化分析等方法来提高思想政治教育活动的有效性；等等。"但是，尽管现代化信息技术在思想教育中的作用日益突出，但相比较而言，讲座报告、课堂授课、先进示范、深度谈心、文件学习、党团活动、社会实践等传统方法仍具有导向鲜明、公信力较强等独特优势，不太可能为依托现代信息技术的方式方法完全替代。"[①] 因此，追求思想政治教育方法的现代化，一定要坚持工具理性和价值理性的有机统一，绝不能将思想政治教育的现代化简单寄托于方法的现代化之中，更不能盲目崇拜科学技术的植入和应用，要始终坚持思想政治教育是"人"的活动的本质。

思想政治教育工作人员要与时俱进，以形成现代化的素质结构。

---

① 冯刚：《德育新视野》，当代中国出版社2011年版，第114页。

思想政治教育的实践活动是检验学科理论是否科学的标准，也是促进人的全面发展的关键步骤。而加强思想政治教育队伍的建设则是思想政治教育实践工作稳步推进的基本保障。加强思想政治教育队伍的建设，需要培养一批思想上可靠、理论上过硬、观念上开放、工作方法上科学的具有现代化素质结构的工作人员。在这个过程中，一方面要注意加强对大学生思想政治教育队伍的主要组成部分——高校思想政治理论课教师和高校学生工作人员的选拔，建立与完善职业标准与准入机制；另一方面要加强对思想政治教育工作人员的培养与培训，努力提升高校思想政治教育工作人员的素质与水平。

思想政治教育的评价要不断完善，以符合现代化的发展标准。对思想政治教育的效果进行科学评价一直是学界研究的重点和难点，也是实际工作中的重点和难点。思想政治教育评价的现代化，是检查监督教育对象能否真正理解、接受和掌握理论知识，并将其科学合理地运用到实践当中，最终实现人的全面发展的必经过程；也是考察思想政治教育内容是否科学，方法是否有效，工作是否扎实，整体是否提升的必要环节。由于思想政治教育理论和实践活动的复杂性以及学生接受教育情况的多层次性，致使针对思想政治教育效果和目标的科学评价体系至今尚未完全建立。要实现思想政治教育评价的突破和创新，就需要在坚持目前已经比较成熟的定性分析方法的基础上，利用现代化的科学技术和设备，结合国内外其他社会科学中较为成熟的研究人的情绪、心态、理念等精神因素的方法，研究形成一套适用于思想政治教育领域的、定性与定量相结合的、具有很强操作性和通用性的效果与目标评价体系，从而推动思想政治教育更好地适应教育现代化的发展需要。

二、网络时代的大学生思想政治教育

随着现代信息技术的迅猛发展和广泛应用，我们不可逆转地进入了网络时代。伴随着网络化的深入，大数据时代已经来临。有学者提出大数据与大思想，大数据的重要标志就是数据的海量增长，意味着巨大的经济效益和信息方式的改变，也意味着以此为基础而推动科技革命的大思想的产生。海量数据的流动催生了以数字信息技术为基础，以互动传播为特点的新兴媒体。发展至今，已形成了以"互联网技术、多媒体技术、信息安全技术、新媒体技术、移动通信技术"为代表的综合技术系统，实现了互联网络、手机网络、电视网络的三网融合，并以不可逆转的态势在政治、经济、文化以及社会生活中的方方面面得到广泛应用，这不仅改变了人的生存状态、交往空间和发展条件，而且营造出了信息时代一种崭新的生活环境。面对时代对大学生思想政治教育提出的新要求，如何在准确把握网络环境对于大学生思想政治素质形成的影响的基础上，切实增强网络环境下思想政治教育活动的成效，是现实的考验和挑战。

对于思想政治教育，网络不仅是工具，更是环境。当前，对于网络与思想政治教育的关系存在两种不同解读方式：一种是将二者的关系确定为"网络时代的思想政治教育"，另一种是确定为"基于网络的思想政治教育"。第一种解读是对网络思想政治教育的广义界定，是指在网络技术得到广泛应用的背景下，社会生产方式和生活方式等受到来自网络的全方位影响，思想政治教育应当如何创新发展；第二种解读是对网络思想政治教育的狭义界定，其仅仅把网络当作思想政治教育的一种新载体、新工具和新手段，思想政治教育应当如何运用好网络这个工具。应该看到的是，工具可以使用、也可以摆脱，而环境的摆脱却难以随心所欲，更多地需要去主动适应、积极建设。正是由于把网络作为新的育人环境加以高度重视，新形势下的思想政治教育工作才能够从体制、机制上扩大覆盖面，才从大力开发网络教育资源和加强网络内容建设等视角拓展了思想政治教育的育人功能。

对于思想政治教育，网络不仅是虚拟，也是现实。网络是现实的人和社会的延伸，而网络环境实际上是"网上"与"网下"相互影响的系统。"网上"虚拟世界中的新情况和新问题必然来自"网下"的现实背景和现实根源，而"网下"现实社会的实践活动才是解决"网上"虚拟世界中问题的落脚点。同时还应认识到，网络世界不仅仅是对现实社会的"复制"，网络思想政治教育同样也不是"网下"思想政治教育的"电子版"。网络时代思想政治教育的创新发展，既要在掌握网络信息传播交流技术的作用机制的基础上，坚持思想政治教育的基本原则和方法，创新网络思想政治教育活动的方式方法；又要着力于虚拟世界与现实世界的相互渗透、相互补充、相互转化，从"网上"与"网下"的结合上找到创新思想政治教育的突破点。

网络时代的思想政治教育，既要强调主导，更要注重引导。网络空间的教育活动，不能仅仅拘泥于单向灌输式的教育模式，一方面要强调教育者的主导作用；另一方面更要注重在与受教育者的互动中实现潜移默化的引导。博大精深的理论并不一定都需要高深莫测，往往可以用通俗的语言、平易的形式走进学生的思想。教育者要充分重视受教育者的主体性，关注学生成长发展的全面、协调和可持续，努力建立一种尊重学生、理解学生、悦纳学生的平等的教学关系；要在科学运用网络传播、交流等新技术的基础上，营造一种大学生喜闻乐见的网络情境，掌握大学生网络交流活动中常用的话语方式和特点，用学生容易接受的"普通话"去阐释他们关心的热点难点问题，用通俗的语言解读深刻的道理，用熟悉的事例论证不熟悉的规律，在平等的交流中"因势利导"，在互动的氛围中"顺势引导"。

网络时代的思想政治教育，既要坚持巩固阵地，也要着眼于拓展阵地。近年来，随着博客、网络互动社区、微博等网络应用的不断涌现，大量学生逐渐进入社会商业网站和论坛中，出现学生的思想动态难以及时了解、社会网上的有害信息难以有效控制的新情况，思想政治教育工作在网络空间的主导权面临削弱。因此，主动建立适应大学生成长特点的主流门户网站和主流网络互动社区是迫切的现实之需。这就需要我们准确把握网站及网络社区的发展特点及其内在机制，努力优化与大学生思想政治教育相关的网站和社区环境，发挥出学生网站和社区成员同质性强的优势，通过现实世界和虚拟世界的融合，促进高校思想政治教育网站以及网络社区在学生中形成较强的归属感和认同感；在遵循网站和网络社区共性交往方式的基础上，有机融入校园文化，使德育网站和网络社区充满亲和力和感染力；在发挥网站和网络社区交流平台功能的同时,还要合理利用网络反映学生情绪的作用,及时发现学生心理上存在的问题,为学生排忧解难,通过培育大学生的网络民主意识,引导大学生的民主参与行为,增强门户网站和网络社区思想政治教育的针对性和实效性。

三、学科建设视野下的思想政治教育

经过多年努力,思想政治教育学科建设取得了令人瞩目的成就:学科定位已经明确,研究对象和学科边界日益明晰,研究者之间的话语体系正在逐步形成,研究队伍正在逐步壮大。但是,思想政治教育学科建设还不成熟,我们还需要深化对学科建设重要性的认识,明确学科建设的原则要求以及学科建设的着力点。

(一) 加强思想政治教育学科建设的重要意义

加强思想政治教育学科建设有利于澄清人们的质疑,为思想政治工作提供科学依据。早在20世纪70年代末80年代初,关于思想政治工作是不是一门科学的问题就引起了不少争论。1980年8月11日,《光明日报》刊登了题为《思想政治工作是一门科学》的文章。[1]1982年,中宣部、教育部联合召开政治理论教育座谈会,一致认为思想政治工作是一门科学。经过30多年的发展,思想政治教育理论和实践工作者对该问题的认同度提高了,社会的共识也在逐渐扩大,但毋庸讳言,仍有不少人对思想政治教育作为一门学科心存质疑。加强思想政治教育学科建设,就是要从学科和学理层面对这一问题做出正面回答,激浊扬清,统一思想,强化思想政治工作的科学性。

加强思想政治教育学科建设有利于为思想政治工作的创新发展提供理论支撑。当前,思想政治工作面临的外部环境日益复杂,工作对象的个性特征和思想行为模式都发生了很大变化,国家经济社会发展大局对思想政治工作的要求又在不断提高,在这种情况下,要保证思想政治工作科学、持续、创新发展,必须有针对性地加强对工作对象、工作内

---

[1] 孙友余:《论思想政治工作科学化》,山西人民出版社1981年版。

容、工作方法的规律性研究，自觉按客观规律办事，克服工作的主观随意性和片面性，这离不开思想政治教育学科的建设和发展。

加强思想政治教育学科建设有利于思想政治工作专业人才的培养。思想政治工作科学发展，专业人才是关键。思想政治教育学科的发展、专业人才培养体系的健全与完善，必将有利于为思想政治教育工作培养更多高素质的人才。思想政治教育学科建设与人才培养是相互促进的，学科的发展将提升专业培养的数量和质量，而专业人才的培养反过来又将推动学科的不断发展。

（二）思想政治教育学科建设的基本原则

要兼具政治性与科学性。既有意识形态色彩，又有科学特性。思想政治教育是与一定社会和阶级的意识形态活动紧密联系的特殊教育活动，旨在让社会成员掌握和接受一定的思想观点，形成科学的世界观、人生观和价值观。实质上，它是一种意识形态灌输和传播的活动，必然具有意识形态色彩。因此，学科建设必须坚持意识形态性。但同时，思想政治教育又是一门科学，必须深入研究和掌握马克思主义基本理论，遵循教育学基本规律，遵循人的思想和行为的基本规律、思想行为和环境影响的基本规律、思想行为与教育管理的基本规律等。政治性是思想政治教育的根本，科学性是思想政治教育的关键。

要兼具理论性与应用性。既要开展理论研究，又要有明确的现实指向。思想政治教育的科学性决定了其必须开展学科自身的基本理论研究，例如思想政治教育学原理、思想政治教育史、比较思想政治教育等，努力形成思想政治教育学理论体系。同时，思想政治教育理论研究的重要目的是为思想政治工作服务，进一步加强思想政治教育应用研究是学科建设和发展的价值旨归。这就决定其理论研究必须具有明确的现实指向，必须以思想政治工作中的重点、难点问题作为开展理论研究的"指挥棒"和"风向标"。思想政治教育的理论性与应用性是相互促进的，理论的创新必将对实践具有开创性的指导意义，而实践工作中的探索，无论成功与否，都为理论研究的发展方向提供了重要依据。

要兼具专业性与开放性。既要明确学科边界,又要有开放视野。没有边界不成为学科,无论是理论研究还是实际工作,思想政治教育学科都要有明确的边界,为此,要明确学科定位,凸显学科性质,凝练学科特色,把该做的事情做好、做深、做实是基本要求。但这并不意味着要固守既有的范畴,相反要具有开放的视野,要综合运用多学科的理论和知识,借鉴其他学科在发展成长过程中的有益经验,为我所用,少走弯路,使思想政治教育学科更快地成长成熟。

(三)思想政治教育学科建设的关键环节

要在加强思想政治教育学科范式建设上下功夫。当前,思想政治教育的研究范式还很不成熟,很多基本概念、基本范畴、基本理论还存在争议,甚至在一些重要的教辅书中,基本概念都未能做到贯通一致,各研究者之间在一些基本概念、基本原则、基本方法上仍存在分歧。所以,要在完善思想政治教育的学科范式建设上下功夫,形成一套思想政治教育研究的"经典著作"和人才培养的"入门书目",通过这项工作,明确思想政治教育的研究范围、特定概念,解决思想政治教育研究基本理论和方法问题,增强研究者的学科意识,为学科持续健康发展"打好桩""固好基"。2013年,教育部思想政治工作司依托人民出版社启动了培育和建设《思想政治教育研究文库》工作,就是要支持一批思想政治教育研究精品走上出版平台,走向公众视野,为思想政治教育的学科建设发挥好引领和示范作用。

要在加强思想政治教育研究的问题意识上下功夫。一是要有问题意识,要把握理论研究的动态和前沿。马克思指出:"问题就是公开的、无畏的、左右一切个人的时代声音。问题就是时代的口号,是它表现自己精神状态的最实际的呼声。"[①]自觉地关注问题、回应问题,是思想政治教育理论创新的重要前提。在问题之中,又要抓住前沿。而前沿是不断变化的,有的问题在以前是前沿,现在已经解决了或者发现是个假问题,那就不再是前沿;有的问题在以前不是前沿,但经过一段时间仍然

---

① 《马克思恩格斯全集》第40卷,人民出版社1982年版,第289页。

不能解决或者出现了新的情况，那就有可能成为前沿。要牢牢抓住这样的前沿问题不放，以"咬定青山不放松""打破砂锅问到底"的精神和毅力，一个一个地去加以"破题"。

要在加强思想政治教育研究队伍建设上下功夫。一是要加强思想政治教育学科教师队伍建设，统筹谋划，加大投入，为开展思想政治教育研究提供保障和支持，努力培养学科带头人，为学科领军人物脱颖而出创造条件和营造氛围；二是要培养好思想政治教育研究后备力量，对思想政治教育专业的本科生、硕士生和博士生，分别确立不同层次的培养目标，由浅入深，由宏观到具体，有计划地组织开展相关理论和实践问题研究。思想政治教育研究队伍要最终形成学术带头人、学术骨干、学术后备力量相结合，年龄、知识结构合理，具有较强凝聚力与合作精神的学术梯队，以此推动形成思想政治教育研究"百花齐放、百家争鸣"的局面。

世界眼光、中国情怀、时代特征是推动思想政治教育创新发展的思想维度，教育现代化、网络时代、学科建设是推动思想政治教育创新发展的新视域，以问题为导向推动大学生思想政治教育工作的创新发展，应当以抓好基层、打牢基础为重点，全面提高高校基层党组织建设科学化水平；以坚定理想信念、创新方法途径为重点，着力提升大学生思想政治教育质量；以创新校园安全管理、深化平安校园建设为重点，切实掌握维护高校稳定工作的主动权；以增强吸引力、唱响主旋律为重点，进一步加强高校网络文化、网络内容和网络思想政治教育的建设；以强化研究意识、推动工作创新为重点，进一步探索思想政治教育创新发展的规律。

第二节　深刻把握思想政治教育的前沿问题

随着中国经济社会发展与变革的不断推进，大学生思想政治教育的环境与形势正在发生深刻的变化，其理论和实践面临着诸多新考验和新挑战。不仅其研究范畴出现了新扩展、新特征，新的带有规律性的前沿问题也不断涌入人们的视野，日益成为思想政治教育工作者关注的焦点和热点。

一、为什么要关注思想政治教育前沿问题

所谓前沿问题，是指当前所面临的需要解决的正在或即将发生的、反映事物发展核心趋势的理论和实践问题。它既包括理论研究发展和创新的学理性问题，也包括在具体实践中、在一线工作中遇到的实际问题；既包括原有的研究范畴随着理论和实践的发展而呈现出的新内容、新特征，也包括在以往理论和实践方面从未遇到过的新出现、刚发生而又迫切需要解决的全新问题。前沿问题，一般是新问题，但新问题不一定是前沿问题。理论上的争论与困惑，实践中的困难与挑战，都会衍生出一系列需要研究和破解的前沿问题。前沿问题具有代表性、新颖性、复杂性和动态性等特点。有些一般命题，经过人们的研究和思考，会上升为前沿问题；而随着结论的逐步揭示、问题的逐步解决和研究热度的递减，不少前沿问题也会转化为一般命题。一个前沿问题的发现和解决，常常意味着一种新的理论和新的方法的出现。无论自然科学还是社会科学，理论研究的重大突破，几乎都是在发现和破解前沿问题的过程中产生的。

思想政治教育的前沿问题，一般可以理解为思想政治教育理论研究和实践探索中遇到的热点问题、焦点问题和规律性问题。这些问题往往关系到中国共产党和共和国的前途和命运，并对改革开放和社会主义现代化建设、大学生成长成才以及思想政治教育发展和创新产生重要影响，具有普遍性、关键性、集中性和迫切性等特点，需要思想政治教育工作者进行创造性的研究和破解。当前，思想政治教育学科建设面临着艰巨的任务，基础理论研究还相对薄弱，逻辑范畴和范式规范尚未真正统一，理论公信和学科自信还未完全确立，需要通过破解前沿问题，进一步探寻发展突破口和增长点。

前沿问题的产生，与当前教育主客体的时代特点和思想政治教育

的环境变化有着密切关系。思想政治教育的环境与经济、社会和文化的发展密不可分,随着当代中国社会生活中经济成分、利益主体、生活方式、就业方式和社会组织形式的多样化,多种价值观、多种文化发生激烈碰撞,思想政治教育的内外环境都变得更为复杂。从施教者和受教育者角度来看,大学生思想政治教育的主体涵盖了高校全体教职员工,他们是思想政治教育的承担者、发动者和实施者,在思想政治教育中具有主动性、主导性、创造性和前瞻性,但也具有强烈的随意性和不确定性;而作为受教育者的青年学生,是思想政治教育的客体,具有较强的可塑性,但个性特征鲜明、心理承受能力较弱、成长要求多样和自我教育能力不强。思想政治教育前沿问题的提出、研究和破解,都不能脱离这个现实环境和时代背景。

前沿问题的提出和破解,能够使研究视角更加新颖、研究方法更加科学、研究领域更加宽泛、研究体系更加规范。思想政治教育工作者应站在推动中华民族的伟大复兴和实现国家的长治久安的历史高度,立足经济社会发展的前沿,密切关注中国特色社会主义建设的伟大实践,认真研究与中国共产党和共和国事业紧密相关的理论和实践问题;深入社会生活进行调查研究和理性思考,把握时代发展脉搏,认真总结思想政治教育的宝贵经验,不断提高发现问题、研究问题、解决问题的能力;以追求真理和驾驭真理的科学精神面对问题,发现困扰思想政治教育实践的新问题,切中制约思想政治教育发展的真问题,聚焦攸关思想政治教育创新的大问题,努力推动思想政治教育的发展和创新。

二、如何科学把握思想政治教育的前沿问题

科学把握思想政治教育的前沿问题,必须突破传统经验和传统理论,站在新的历史起点去思考,从新的角度去审视。研究者不仅要有前沿性的研究视野和胸怀、独具匠心的问题触觉,更要具有把握时代特征的能力和科学的方法。

第一,树立问题意识。马克思指出:"问题是时代的格言,是表现

时代自己内心状态的最实际的呼声。"① 任何时代、任何民族以及任何有所追求的个人，都是在不断提出问题、解决问题的过程中发展进步的。从哲学意义上讲，问题意识是人们对存在问题的能动性、探索性和前瞻性的反映，是人们"主动发现问题、找准问题、分析问题"的自觉意识，是一种高度的文化自觉。从理论研究角度说，没有问题意识就没有理论聚焦，没有理论聚焦就不能形成对问题的关注，思想政治教育理论和实践的发展与创新过程，就是一个不断地提出问题、回应问题、解决问题的过程。从实践层面看，问题意识来自于现实生活实践的呼唤。现实生活中矛盾、问题的集中爆发，必然引起人们的普遍关注，成为当下迫切需要解决的社会热点、焦点或难点问题。正是在问题意识的牵引下，马克思主义理论一级学科的建设取得了长足进步，思想政治教育的学科地位也得到明显提升。

第二，把握时代特征。具有高度文化自觉意识的研究者是时代的弄潮儿，总能敏锐地感触到时代的脉搏，牢牢把握时代特征，努力解决时代提出的问题，特别是重大前沿问题。思想政治教育的发展离不开社会历史的发展，任何问题的提出都必然受到经济、政治和文化发展的影响。近些年来，当代中国经济社会发展取得巨大成就，国际社会对中国发展道路给予越来越多的肯定和赞扬，广大青年学生更加坚定了坚持中国共产党领导、走中国特色社会主义道路的信心和决心。但是，我们也要看到，高校作为各种思想文化交流交锋的主阵地，面临着复杂的形势和问题。从国际看，西方敌对势力仍在通过宗教和某些非政府组织，以学术交流、科研资助、扶植社团等为掩护进行意识形态渗透；从国内看，既是发展机遇期也是矛盾多发期，各种社会思潮日益多元多样多变，一些非马克思主义和反马克思主义的思潮不时兴风作浪。所以，思想政治教育前沿问题的研究，必须认真把握这一时代特征，切实着眼于解决大学生思想政治素质培养中的迫切需要和现实困难。

第三，掌握正确的方式方法。思想政治教育规律所揭示的是思想

---

① 《马克思恩格斯全集》第1卷，人民出版社1995年版，第203页。

政治教育发展过程中的内在本质联系。从受教育者的角度看，有效的思想政治教育必须遵循受教育者身心发展的一般规律，这就要求思想政治教育工作者必须正确掌握和运用科学的方式方法，既要正确处理统一要求与因材施教的关系，也要根据受教育者身心发展规律，坚持和掌握反复教育与强化教育的原则和方法。反复和强化不是简单地重复某一原理或结论，而是从各个层面阐述基本原理，从而使受教育者在感受生动性、鲜明性、独特性和新颖性中理解基本原理。其他带有规律性的相关前沿问题，还有教育要求与受教育者思想品德发展之间保持适度张力的规律、教育与自我教育相统一的规律、协调与控制各种影响因素使之同向发挥作用的规律等。只有牢牢掌握科学的方式方法，我们才能更好地认识、把握和运用这些规律。

三、当前应重点关注的几个思想政治教育前沿问题

当代中国改革开放和社会主义现代化建设的伟大实践，构成了新时期思想政治教育最鲜明的时代背景，给青年学生思想政治素质的养成带来深远影响，也为思想政治教育的理论和实践提出了很多值得关注的前沿问题。

第一，如何适应时代要求，坚持并巩固思想政治教育的正确方向。"培养什么人、如何培养人，是我国社会主义教育事业发展中必须解决好的根本问题。"① 坚持正确的政治方向，关系到我们培养的人走什么路、跟谁走的问题，更关系到中国共产党和共和国事业的兴衰成败。思想政治教育的出发点和落脚点就是培养德智体美全面发展的社会主义合格建设者和可靠接班人，通过帮助大学生树立正确的世界观、人生观、价值观，把马克思主义内化为大学生的政治信仰，将中国共产党的纲领、路线、方针、政策变成大学生的内在意志和自觉行动。思想政治教育工作者必须坚持以马克思主义为指导，落实育人为本、德育为先的教育理念，把立德树人作为教育的根本任务，充分发挥思想政治教育在人

---

① 《十六大以来重要文献选编》（中），中央文献出版社 2006 年版，第 632 页。

才培养中的重要作用。

坚持正确的政治方向要不断适应时代发展，在与时俱进中坚持正确的政治方向。马克思主义历来重视时代的变化，并且根据时代的变化不断创新自己的理论和实践，尤其在马克思主义基本原理的实际运用问题上，强调"随时随地都要以当时的历史条件为转移"①。与时俱进是马克思主义的理论品质，是在科学把握时代特征的前提下，吸收人类最新文明成果，拓宽视野，丰富内涵，为在特定的时代处境中巩固发展人民群众的历史和价值主体地位寻找新的理论定位和理论突破，是对时代发展中有益于人民的倾向的肯定和推动，也是对时代发展中损害人民的倾向的否定和破除。强调在适应时代发展中坚持马克思主义，强调马克思主义是发展中的马克思主义，就是为了防止和纠正可能出现的教条主义、僵化思想和精英意识，以更科学的态度坚持和运用马克思主义，更好地"反映时代精神、回答时代课题、引领时代潮流"②。

第二，如何认识当前经济社会发展阶段性特征对思想政治教育的新要求、新挑战。思想政治教育的实践性极强，必然会随着社会实践的发展而不断丰富和发展。当前，高校思想政治教育的发展和创新面临着更为复杂的国际国内环境，机遇与挑战并存。从国际环境看，尽管中国发展模式和发展道路取得的显著成就获得了国际上的广泛关注，但世界经济普遍低迷，经济复苏的长期性、艰巨性和复杂性日益凸显，国际经济政治关系中的不确定因素增多；从国内环境看，社会经济发展继续保持良好势头，综合国力不断增强，但稳增长、调结构、保民生的任务仍十分繁重。当前国际国内的政治、经济状况在思想政治教育中的反映，呈现出社会思潮和矛盾问题对师生思想情绪的干扰点多、干扰面广的特征，大学生对热点、难点问题的关注呈现出分散多点的态势。这对思想

---

① 《马克思恩格斯选集》第 2 卷，人民出版社 1995 年版，第 248 页。
② 《〈中共中央关于加强和改进新形势下党的建设若干重大问题的决定〉辅导读本》，人民出版社 2009 年版，第 58 页。

政治教育工作提出了新要求。

　　当前和今后一个时期,当代中国经济社会发展呈现出新的阶段性特征。总的来说,当代中国还处在并将长期处在社会主义初级阶段,人民日益增长的物质文化需要同落后的社会生产之间的矛盾仍然是当代中国社会的主要矛盾,统筹城乡之间、区域之间、沿海与内地之间、人与自然之间以及人与人、群体与群体、阶层与阶层之间等各方面利益关系的任务,艰巨而繁重。体制的深刻变革带来利益格局的重大调整和人们思想观念的深刻变化,导致人们价值观念发生矛盾和冲突。比如,以利益为中心的价值取向与理想信念之间的尖锐矛盾,功利性价值与认知、道德、审美价值之间的激烈冲突,传统重义轻利的价值观与西方功利主义、实用主义价值观之间的激烈冲突等。这一经济社会发展的阶段性特征对大学生产生深刻的影响,在少数大学生中存在思想观念多元、理想信念淡化、伦理道德退化等不良倾向。思想文化领域的多元化发展趋势,不利于社会凝聚力的增强和共同理想的确立,引发了思想政治教育对象的变化、内容的拓展和环境的渐变。思想政治教育工作者必须认真解答这些带有经济社会发展阶段性特征的前沿问题。

　　第三,如何深入挖掘和把握思想政治教育的文化内涵。挖掘和把握思想政治教育的文化内涵,坚持寓教于文,是推进思想政治教育发展和创新的又一个前沿性问题。思想政治教育规律与文化发展规律之间具有高度契合性,这种契合性源于文化融理想信念、行为规范、价值取向等为一体,具有价值导向、人格熏陶、规范激励等思想政治教育功能,内含着人们高度认同的共同价值观念,具有明确的价值导向作用。思想政治教育的根本任务,是用科学的世界观和方法论去开展教育活动,解决人的立场、观点和方法问题,提高人的认识水平和实践能力;根本目的在于以科学理论武装人,以正确舆论引导人,以崇高精神塑造人,以优秀作品鼓舞人,不断提高大学生的思想道德和科学文化素质,努力培养有理想、有道德、有文化、有纪律的社会主义事业合格建设者和可靠接班人。挖掘和把握思想政治教育文化内涵的一个重要任务,就是深入研究思想政治教育与文化发展之间相契合的内容与相沟通的途径。

胡锦涛同志在庆祝清华大学建校 100 周年大会上的讲话中，首次明确提出，大学具有文化传承与创新功能，旗帜鲜明地要求把"文化传承创新"作为大学建设和发展的努力方向，这是对高等教育提出的新要求、新使命，也是对大学生思想政治教育提出的新课题、新任务。高等教育是优秀文化传承的重要载体和思想文化创新的重要源泉，挖掘思想政治教育文化内涵的另一个重要任务，就是着力深化大学生思想政治教育在文化传承中的深刻内涵，在文化传承与创新中培育人、引领人，努力在提升当代中国文化软实力和中华文化国际影响力的战略任务中发挥积极的作用，作出应有的贡献。

第四，如何实现教育与自我教育需求的激发与引导。大学生思想品德的形成与转化，需要知情信意行等心理因素的参与。当对教育与自我教育的需求与渴望被激发出来的时候，青年学生主动的求知热情就能与我们有计划、有步骤的教育灌输相遇，从而实现震撼心灵、"直指内心"的教育实践。如何做到这一点，是一个需要深入研究的前沿课题。

只有触发了受教育者对自身发展需要的渴望，教育者同时又敏锐地捕捉到这一需要和渴望，才能达到理想的教育效果。自 20 世纪 90 年代以来，教育主体性问题就一直是思想政治教育学科建设的前沿性问题，主要原因就是想找到激发受教育者的主观能动性、创造性和自主性的办法和途径。为此，在课堂教学环节，思想政治教育工作者探讨了研究性教学、情景创设法、典型案例法等多种平等互动式的教学方法；在日常思想政治教育实践中，许多高校开展了朋辈心理咨询、综合素质拓展训练等活动。然而，就当前的实际情况来看，还有不少"瓶颈"问题有待破解。其中，最根本的是当受教育者对自身发展的渴望被激发出来后，教育者能否及时地、敏锐地捕捉到这一需要和渴望，这就是我们常说的思想政治教育与大学生思想实际的结合问题。

在马克思看来，人的自由全面发展既体现为人的社会关系的自由全面发展，又体现为人的能力与个性的丰富拓展。对学生个性发展的关注，能够激发大学生开发自身潜能的主动性与自觉性，这就是思想政治教育动力论所强调的内在力量。胡锦涛同志在庆祝清华大学建校 100 周年大会上的讲话中指出,大学生应把全面发展和个性发展紧密结合起来。这就要求思想政治教育应注重把握全面发展教育与个性化教育的有机联系,引导青年学生在正确处理个人、集体、社会关系的基础上保持个性、彰显本色;引导他们把个人理想和国家与民族的前途命运结合起来,在主动投身中国特色社会主义的伟大实践中实现个人价值。

第五,如何界定与处理高校学生教育管理中的法律问题。随着高校学生管理工作依法办事意识的不断增强和大学生法律意识的不断提高,学校与学生之间的法律纠纷呈现出越来越多、越来越复杂的趋势。如何既能保证学生的权益,也能实现高校的权益,促使学校和学生关系更加和谐,是当前思想政治教育工作者应高度关注的一个新课题。

关于高校与学生之间的法律关系,当前存在着一些争议。一种观点认为,高校只是事业单位,不是国家行政机关,因而高校与学生之间不存在行政法律关系。另一种观点认为,高校虽然不是行政机关,但根据目前中国的国情和司法实践,高校具有一定的行政管理职能和行政管理权力,可被认定为拟制行政机关,因而高校与学生之间既是民事法律关系,也是行政法律关系。还有一种观点认为,高校与学生之间的关系是一种特殊的行政法律关系,司法机关对学生事件的受理是有限的介入。无论哪种说法,法律关系的定位都相对比较模糊,存在较大自由裁量空间。只有进一步研究明确高校与学生之间的法律关系,学校才可以正确评估其在学生的安全、学位、学籍等有关的纪律处分中要承担的责任,进而调整学生教育管理方法。

当前,学校与学生之间发生法律纠纷,主要有以下几方面原因:一是中国的《教育法》和《高等教育法》比较详细地规定了学生的权利种类,但是保障学生具体权利的法律还有些缺位;二是学校在实施处分的相关案例中没有很好地遵循合理的程序;三是学生申诉和申请行政复议的通道没有完全打通,学生比较倾向于向法院提起行政诉讼;四是媒体和公众对高校与学生事件的过度关注,在一定程度上影响了高校教育管理的效能和法律关系的公正。因此,应进一步明晰权责,厘清高校与学生之间的权利义务关系,既保护学生的合法权益,也不能让高校成为无限责任主体；进一步完善校规校纪，不断提升教育管理队伍的法治意识和法律素养；努力创设良好的社会法治环境，呼吁社会媒体和普通大众的理性公正心态和责任担当意识等。

第三节 在遵循规律中推动思想政治工作创新发展

提升思想政治工作质量，促进思想政治工作科学发展，需要认识、把握和遵循科学规律。习近平总书记在全国高校思想政治工作会议讲话中指出："做好高校思想政治工作，要因事而化、因时而进、因势而新。要遵循思想政治工作规律，遵循教书育人规律，遵循学生成长规律，不断提高工作能力和水平。"① 当前，遵循思想政治工作规律，要紧密结合中国特色社会主义理论与实践，把握大学生自身发展和思想实际，坚持以文化人、以文育人，在顶层设计、系统推进、协同创新和累积发展上下功夫，立标准、建机制、提质量、促发展，努力形成一套可示范、可检验、可复制、可推广的思想政治工作理论和实践成果，在持之以恒、绵绵用力中不断促进思想政治工作的可持续发展。

一、把握大势，让思想政治工作根植于深厚的中国土壤

把握国家发展大势，是提升思想政治工作质量的基本要求。思想政治工作的创新发展源于党的革命和建设实践，同时服务于革命和建设实践，离开实践的需求和指引，思想政治工作如同无源之水、无本之木，既不能得到自身的完善与发展，也不能更好地为中国特色社会主义实践服务。习近平总书记强调："要教育引导学生正确认识世界和中国发展大势，从我们党探索中国特色社会主义历史发展和伟大实践中，认识和把握人类社会发展的历史必然性，认识和把握中国特色社会主义的

---

① 《习近平在全国高校思想政治工作会议上强调把思想政治工作贯穿教育教学全过程 开创我国高等教育事业发展新局面》，《人民日报》2016年12月9日。

历史必然性，不断树立为共产主义远大理想和中国特色社会主义共同理想而奋斗的信念和信心。"① 思想政治工作今天取得的成就得益于改革开放这一坚实基础，没有改革开放三十多年的积淀，也就不可能有今天思想政治工作的积极成效。因此，思想政治工作的创新发展必须扎根于中国大地，扎根于中国特色社会主义事业的伟大实践，扎根于中国梦的实现和中华民族伟大复兴的历史进程，从中汲取丰富的滋养，体现历史的纵深感，以此增进学生对思想政治工作的信任，进而在信任的基础上与学生交流，在交流的基础上与学生沟通，在沟通的基础上实现影响，在影响的基础上完成传承。

思想政治工作的内容要反映中国特色社会主义实践。思想政治工作的内容与思想政治工作的目标密切相关。改革开放的伟大革命，极大激发了广大人民群众的创造性，极大解放和发展了社会生产力，极大增强了社会发展活力，使中国赶上了时代，实现了中国人民从站起来到富起来、强起来的伟大飞跃。为了推动中国特色社会主义实践的不断发展，实现"两个一百年"奋斗目标，促进人民群众的自由全面发展，思想政治工作的内容需要汲取和反映中国特色社会主义实践。同时，思想政治工作的内容与人民群众的思想实际也具有密切关联。思想政治工作的内容只有符合对象的思想实际，才能真正做到入脑入心、内化于心、外化于行。自改革开放以来，随着经济制度、政治环境、文化氛围的改变，人们的思想越发多元、自由、开放，对国家发展和社会实际更为关注，能否反映中国特色社会主义实践，将直接影响思想政治工作的吸引力和感召力，进而影响思想政治工作质量。因此，要以中国特色社会主义理论为指导，立足于中国特色社会主义实践这片深厚土壤，回答人们在现实生活中最关心的问题，用中国特色社会主义理论与实践丰富教育内容、发展教育内容、检验教育内容，关注现实中最生动的事情，增强思想政治工作内容的时代感、影响力。

---

① 《习近平在全国高校思想政治工作会议上强调把思想政治工作贯穿教育教学全过程　开创我国高等教育事业发展新局面》，《人民日报》2016年12月9日。

思想政治工作的方法要跟进中国特色社会主义实践。选择和完善思想政治工作方法绝不是简单的主观判断，是否反映社会发展实际、教育对象的思想实际，关乎方法的生命力和实际效用。在我国几千年的德育实践和党的思想政治工作实践中，形成了众多思想政治工作方法，比如理论灌输法、比较鉴别法、典型示范法、自我修养法、实践锻炼法等。但是，随着社会发展以及人的思想变化，传统思想政治工作方法需要与时俱进，这就要求要与中国特色社会主义理论与实践相结合，要与时俱进地跟进中国特色社会主义的伟大实践。一方面，用中国特色社会主义理论丰富思想政治工作的方法论，提升思想政治工作方法的科学性与时代化；另一方面，在继承传统思想政治工作方法的基础上，汲取中国特色社会主义实践经验，创新思想政治工作的原则方法和具体方法，使思想政治工作方法体现时代特色，适应教育对象思想的新特点，使方法更加具体、实际、接地气。

思想政治工作的评价要符合中国特色社会主义实践。教育主体、教育客体以及社会大众都会对思想政治工作进行评价，科学有效的评价不仅可以促进思想政治工作自身的不断完善，同时也可以提升社会认同，进而提升思想政治工作质量。关于思想政治工作的评价虽然不是一个新问题，但它仍然是一个重要的理论课题和实践课题。评价本身具有极强的主观性，在思想政治工作评价过程中，如何保证在客观和公正的基础上，既能反映时代的发展和人们思想的变化，又能对思想政治工作自身发展提供必要的咨询建议，是完善思想政治工作评价的一个重要原则。中国特色社会主义实践为完善思想政治评价提供了一个重要切入点。中国特色社会主义实践是广大人民群众共同取得的成果，它不仅是人们通过劳动取得的客观发展实际，同时也客观地反映了改革开放三十多年来人们思想的客观变化。因此，无论是哪一群体对思想政治工作进行评价，都需要把它放在中国特色社会主义实践当中，它所取得的成绩和反映的问题都需要在中国特色社会主义实践中进行检验。

二、以人为本，着眼于学生成长发展需求新的着力点生长点

关注学生的成长发展需求，是提升思想政治工作亲和力和有效性的重要途径，也是思想政治工作必须遵循的内在规律。习近平总书记指出："思想政治理论课要坚持在改进中加强，提升思想政治工作亲和力和针对性，满足学生成长发展需求和期待。"① 这即是说，高校思想政治工作要坚持以学生为本，关注学生在成长成才发展过程中的正确需求，解决学生的实际问题。思想政治工作说到底是做人的工作，坚持思想政治工作中的以人为本，不是简单地迎合教育对象，而是要从教育对象的成长发展需求出发，关注对象的全面、可持续、协调的发展，从中寻求思想政治工作新的着力点和生长点。马克思指出："'思想'一旦离开'利益'，就一定会使自己出丑。"② 如果脱离人的正当利益，脱离青年学生的成长发展需求实际，思想政治工作就容易脱离学生、不接地气，这样就会对青年学生理解和接受教育内容以及教育活动本身造成障碍，影响学生内化于心、外化于行，进而影响高校思想政治工作质量。因此，高校一方面要正确理解当代学生成长发展需求的内涵，另一方面要找准思想政治工作与学生成长成才发展需求的结合点，增强高校思想政治工作的内生动力，让思想政治工作成为学生成长发展的内在需要。

学生的成长发展需求是全面且具体的，理解和把握当代学生成长发展需求，既要在纵向上对比不同时期需求的特点，也要在横向上解构当前需求的具体内容。马克思认为，按照历史发展的纵向顺序，人类社会划分为三种形态，即对人的依赖、对物的依赖和人的自由全面发展。③ 这种划分从侧面反映出，不同时期人的成长发展需求具有不同的侧重点。自改革开放以来，随着对外开放的不断扩大和社会主义市场经济的深入发展，我国社会经济成分、组织形式、就业方式、利益关系和

---

① 《习近平在全国高校思想政治工作会议上强调把思想政治工作贯穿教育教学全过程　开创我国高等教育事业发展新局面》，《人民日报》2016年12月9日。
② 《马克思恩格斯文集》第1卷，人民出版社2009年版，第286页。
③ 《马克思恩格斯全集》第30卷，人民出版社1995年版，第107—108页。

分配方式日益多样化，人们思想活动的独立性、选择性、多变性和差异性日益增强。尤其是青年学生，对于自身成长发展需求的关注更为显著，需求的种类更为多元化，层次也有所提升。在准确理解当代学生成长发展需求特点的基础上，高校思想政治工作要结合国家发展和大学生的实际情况，全面掌握学生的具体成长发展需求，坚持一般与个别相结合的原则，一方面多层次、多角度、全方位的解构当代大学生的成长发展需求；另一方面总结和归纳当代大学生成长发展的核心素养，确保高校思想政治工作有的放矢。

找准思想政治工作与学生成长发展需求的结合点。高校思想政治工作与青年学生的成长发展不是"两层皮"，后者是前者的目标，前者是后者的保障。高校思想政治工作如果脱离学生的成长发展需求，将影响思想政治工作质量，阻碍思想政治工作目标的实现。习近平总书记在谈及培育和践行社会主义核心价值观时指出："一种价值观要真正发挥作用，必须融入社会生活，让人们在实践中感知它、领悟它。要注意把我们所提倡的与人们日常生活紧密联系起来，在落细、落小、落实上下功夫。"[①] 高校思想政治工作同样需要融入校园生活，青年学生的成长发展需求是融入的一个重要纽带。高校思想政治工作要着眼于学生成长发展需求，坚持思想引领和以人为本，深入理解思想政治工作的目标、内容与青年学生成长发展需求的同构性，准确把握和有效运用二者的结合点，以此增强青年学生对思想政治工作的信任和理解，进而提升思想政治工作质量。

在关注学生成长发展需求的基础上，增强思想政治工作的内生动力。以人为本，不仅是思想政治工作的价值取向，同时也是提升思想政治工作质量的重要规律。在思想政治工作过程中，存在教育者与受教育者、受教育者与教育内容的客观矛盾，它们对思想政治工作的效果具有重要影响。解决这些矛盾，一个重要的途径就是变被动为主动，让学生从被动接受主体灌输转变为主动内化和外化教育内容，使学生自发地、

---

① 《习近平谈治国理政》，外文出版社2014年版，第165页。

内在地接受思想政治工作,即提升思想政治工作的内生动力。增强思想政治工作的内生动力,需要理解思想政治工作内容、学生成长发展需求、国家和社会发展现实需要三者之间的关系。这即是说,除了要找准思想政治工作和学生成长发展需求的结合点,同时还要理清教育目标、受教育者的实际需求是否符合国家和社会发展实际。国家和社会的发展不断更新着人才的评定标准,当前的社会究竟需要什么样的青年人才,社会对青年学生的基本要求究竟表现在哪些方面,这些问题需要有效结合到高校思想政治工作当中,以此增强思想政治工作的内生动力。

三、以文化人,切实增强思想政治工作的文化力量

思想政治工作要凸显文化蕴含。习近平总书记强调:"要更加注重以文化人以文育人,广泛开展文明校园创建,开展形式多样、健康向上、格调高雅的校园文化活动,广泛开展各类社会实践。"① 思想政治工作本身即人类在劳动实践过程中创造的一种文化现象,这就要求思想政治工作要注重以文化人以文育人,增强思想政治工作的文化力量,要重视教育对象的思想情怀的培养,注重对人的思想的引导和塑造,体现思想政治教育的人文性。一方面,要总结改革开放三十多年来思想政治工作取得的成就,探索其对中国优秀传统文化、革命文化、社会主义先进文化的继承与发展,增强思想政治工作的文化底蕴;另一方面,文化是人的生存方式,增强思想政治工作的文化蕴含就是要坚持与教育对象的劳动生活实际相结合,用人们熟知的生存方式教育人自身。因此,增强思想政治工作的文化蕴含,就是要加强校园文化建设,通过构建和完善文化载体,有效运用文化的方式和手段,提升思想政治工作质量。

构建和完善思想政治工作的文化载体。文化与人们的日常生活密切相关,它能为教育主体所运用,承载和传递教育内容或信息,增进教育主客体之间的互动。在高校思想政治工作中完善文化载体,要做好课

---

① 《习近平在全国高校思想政治工作会议上强调把思想政治工作贯穿教育教学全过程 开创我国高等教育事业发展新局面》,《人民日报》2016年12月9日。

堂内外两个文化载体的构建。首先，在课堂教学中创建思想政治工作的文化载体。课堂教学不等于简单的理论灌输，它同样可以发挥以文化人的功效。政治理论课教学可以针对不同学科专业学生的特点，深入挖掘提炼其中蕴含的德育价值和德育元素，明确教材编写、课堂教学等环节的德育要求，突出学科专业的科学属性、社会属性和德育属性，坚持整体设计与分类指导相结合，教学目标与德育目标相融合，知识学习与实践体悟相统一，科学构建课内文化载体，在课堂教学中结合文化，凸显思想政治工作的文化内涵。其次，重视课外文化载体建设。除了课堂教学，学生的业余生活为思想政治工作文化载体的搭建提供了广阔空间。高校思想政治工作要结合学生的专业实习、社会实践、校园文体活动等，创建和完善思想政治工作的文化载体，在知行结合中培育学生。

增强思想政治工作的文化方式和文化手段。盐是人生活的必需品，但是人不会直接去吃盐，必须要将其融入各类菜品当中。思想政治工作同样需要强调融入、渗透、潜移默化。高校思想政治工作要重视人文教育、隐性教育，注重精神成长、思想提升，坚持潜移默化、润物无声，通过人们喜闻乐见的方式，长久地、默默地、逐渐地感染人、影响人、转化人，让人们在潜移默化中接近和接受正确的价值观、远离和摒弃错误的价值观。[1]比如在高校创新创业教育中，融入必要的价值引导，进行必要的价值观教育；在专业课的案例教学中，融入职业道德和职业理想教育，在提升学生专业素养的同时增强学生的职业道德水平；结合学生关注的热点问题和舆论动态，融入思想引领和理想塑造，提升学生认识世界和改造世界的能力。总的来讲，就是发挥文化的吸引力和感染力，通过文化的滋养，帮助学生理解和接受思想政治工作。

加强网络文化和校园文化建设。对于高校思想政治工作而言，坚持以文化人，增强思想政治工作的文化力量，网络文化建设和校园文化

---

[1] 冯刚、刘晓玲：《坚持以文化人　深入推进社会主义核心价值观培育践行》，《思想理论教育导刊》2016年第1期。

建设是最为直接的有力抓手。网络是高校师生学习生活的"第一环境",也是高校思想政治工作面临的"最大变量",推动高校思想政治工作创新发展,需要加强网络文化建设,发挥网络文化育人功能。要坚持研究各类媒体的融合发展,推动思想政治工作传统优势同信息技术高度融合,增强网络正能量,增强网络工作动力。同时,重视校园文化建设,加强校园基础设施建设、学校制度建设、校园精神文化建设、校园文体活动建设等,将思想政治工作内容与这些文化载体相结合,在潜移默化、润物无声上下功夫,以更有效地实现以文化人以文育人的目的。

四、循序渐进,在持续用力中不断深化思想政治工作的创新发展

思想政治工作是一项长期的、持续的系统工程,要重视思想政治工作过程性的构建,注重循序渐进、绵绵用力。在过程性中实现系统谋划、协同配合、整体推进。首先,思想政治工作是党的各项工作的生命线,它为社会主义现代化建设指明政治方向,保证各项工作沿着中国特色社会主义道路前进,凝聚力量,达成共识,因此思想政治工作需要始终坚持,不能削弱;其次,思想政治工作的内容是与时俱进的,随着党和国家的发展和中国特色社会主义现代化建设的需要,思想政治工作的内容也会相应调整,因此思想政治工作需要持续更新、持续推进,做到因时而新、因势而进;再次,人的思想品德进步困难,倒退却十分容易,在思想政治工作过程中经常出现巩固难、易反复的问题,因此思想政治工作需要持续跟进;最后,社会环境对思想政治工作的影响巨大,当社会环境发生变化时,会影响思想政治工作的效果,因此思想政治工作要持续用力。高校各级党委要坚持常抓不懈,以适应国家经济社会发展需要和大学生成长成才为目标,围绕党和国家的重大方针政策及重大理论创新,聚焦思想政治工作中出现的重大现实问题,循序渐进,持续用力,形成稳定的思想政治工作制度机制。

利用好课堂教学这个主渠道。习近平总书记指出,要用好课堂教学这个主渠道,其他各门课都要守好一段渠、种好责任田,使各类课程

与思想政治理论课同向同行，形成协同效应。① 在高校教学体系中，思想政治理论课和专业课要做好协同创新、相互配合、形成合力，避免因思想政治理论课单一教学形式而出现的思想政治工作短期效应，使思想政治工作贯穿于高校教学全过程，以此确保思想政治工作的持续性、连贯性、有效性。比如在自然科学类专业教学中，注重培育科学精神、探索创新精神，把辩证唯物主义、历史唯物主义贯穿渗透到专业课教学中，增强人与自然环境和谐共生意识，明确人类共同发展进步的历史使命和时代责任；在工程技术类专业教学中，突出培育求真务实、精益求精的工匠精神，培养学生踏实严谨、耐心专注、执着专一、吃苦耐劳、追求卓越等优秀品质；在经济管理类专业教学中，突出公平公正、诚实守信，注重经济社会活动中的公平理念与实践的教育。通过思想政治理论课和专业课的有效结合，确保高校思想政治工作的持续运行。

持续用力需要处理好继承与创新的关系。思想政治工作要想做到循序渐进、持续用力，就要确保思想政治工作的连贯性，即有效继承中国共产党在长期实践中积累的思想政治工作经验。一方面，明确思想政治工作的学科定位，坚持以马克思主义为指导，在马克思主义中国化最新理论成果的指导下开展理论研究，切实把马克思主义立场、观点、方法贯穿于教材编写、课堂教学和课题研究；另一方面，加强思想政治工作科学研究，以政治性、实践性为原则，总结中国共产党各个时期的思想政治工作实践，坚持去粗取精、去伪存真，继承和发扬中国共产党优秀的思想政治工作经验。在继承的基础上，思想政治工作的持续发展还必须结合中国发展大势，做到因势而新，结合当代中国发展大势以及国家发展过程中出现的现实问题，探索新的思想政治工作机制，提升思想政治工作的质量。

持续强化思想政治工作队伍建设。队伍建设是思想政治工作持续发展的人才保证，没有完备的思想政治工作队伍，思想政治工作的持续

---

① 《习近平在全国高校思想政治工作会议上强调把思想政治工作贯穿教育教学全过程　开创我国高等教育事业发展新局面》，《人民日报》2016年12月9日。

用力也就无从谈起。首先，要加强学科梯队建设，优化队伍结构。要依托高端专业智库、重大研究项目、重点马克思主义学院，发现、培养、集聚一批有深厚马克思主义理论素养的名师大家，一批理论功底扎实、勇于理论创新的学科带头人，一批朝气蓬勃、锐意进取的青年学术骨干，努力建设一支政治坚定、业务精湛、师德高尚、结构合理的人才梯队。其次，推动理论实践融合，实现协同创新。既要鼓励引导从事思想政治工作的党政干部主持和参与重大理论与现实问题的攻关研究，积极学习宣传、转化应用理论成果，为思想政治工作学科建设与发展提供实践土壤，又要探索建立思想政治工作理论队伍参与思想政治工作的机制和平台，建立理论队伍对思想政治工作问题进行跟踪研究的常态长效机制，实现理论研究和实践创新相互促进。最后，加强培养培训，提升专业化水平和职业能力。要通过搭建学术平台、加强学术交流、加强教育培训、开展实践锻炼等方式提升工作队伍、学科队伍的整体素质，特别是要提升整体的马克思主义理论水平和理论修养，真正做到"学马""懂马""信马"，成为有清醒的理论自觉、坚定的政治信念、科学的思维方法的思想政治工作者。①

---

① 冯刚、王振：《学习习近平总书记关于思想政治工作新论述 探索大学生思想政治教育创新发展理路》，《学校党建与思想教育》2016年第21期。

第十七章　推动高校思想政治教育迈上新高度

党的十八大以来，以习近平同志为核心的党中央围绕治国理政形成了一系列新理念新思想新战略，系统展示了新一届领导集体面对许多具有新的历史条件的伟大斗争所形成的治国理念和执政方略。习近平同志高度重视高校思想政治教育，在多个场合作出了重要论述。这些论述内涵丰富、指向明确、意蕴深远，是对马克思主义思想政治教育理论的继承和发展，丰富和完善了党中央治国理政新理念新思想新战略，具有鲜明的时代特征、深厚的实践基础和深刻的理论蕴涵。

第一节　进一步明确高校思想政治教育的战略地位

高校思想政治教育的地位和作用是马克思主义教育也是新形势下中国共产党治国理政过程中必须解决的理论和实践问题。习近平同志指出："高等教育发展水平是一个国家发展水平和发展潜力的重要标志。实现中华民族伟大复兴，教育的地位和作用不可忽视。我们对高等教育的需要比以往任何时候都更加迫切，对科学知识和卓越人才的渴求比以往任何时候都更加强烈。"① 他强调，"高校思想政治工作关系高校培养

---

① 《习近平在全国高校思想政治工作会议上强调把思想政治工作贯穿教育教学全过程　开创我国高等教育事业发展新局面》，《人民日报》2016年12月9日。

什么样的人、如何培养人以及为谁培养人这个根本问题。"① 这就从确保中国特色社会主义事业后继有人和兴旺发达的高度，对高校思想政治工作作出了新的更高的战略定位，丰富和提高了对高校思想政治工作战略意义的理解和认识。

一、高校立身之本在于立德树人

重视高校思想政治教育工作，是我们党的一贯优良传统。党的十八大报告指出："要坚持教育优先发展，全面贯彻党的教育方针，坚持教育为社会主义现代化建设服务、为人民服务，把立德树人作为教育的根本任务，培养德智体美全面发展的社会主义建设者和接班人。"② 习近平同志进一步强调，"高校立身之本在于立德树人。只有培养出一流人才的高校，才能够成为世界一流大学"。③ "思想政治工作从根本上说是做人的工作，必须围绕学生、关照学生、服务学生，不断提高学生思想水平、政治觉悟、道德品质、文化素养，让学生成为德才兼备、全面发展的人才。"④ 这就把立德树人这一教育根本任务同培养社会主义事业建设者和接班人这一教育培养目标紧密结合起来，鲜明地揭示了我国教育的社会主义性质与立德树人的质的规定性，从而进一步丰富和发展了中国特色社会主义教育理论。

立德才能树人，德是评价人才培养质量的首要标准。习近平同志高度重视"德"在育人中的首要地位、方向和作用。道德之于个人、之于社会，都具有基础性意义。正所谓"功崇惟志，业广惟勤"，做

---

① 《习近平在全国高校思想政治工作会议上强调把思想政治工作贯穿教育教学全过程　开创我国高等教育事业发展新局面》，《人民日报》2016年12月9日。
② 《坚定不移沿着中国特色社会主义道路前进　为全面建成小康社会而奋斗——在中国共产党第十八次全国代表大会上的报告》，人民出版社2012年版，第35页。
③ 《习近平在全国高校思想政治工作会议上强调把思想政治工作贯穿教育教学全过程　开创我国高等教育事业发展新局面》，《人民日报》2016年12月9日。
④ 《习近平在全国高校思想政治工作会议上强调把思想政治工作贯穿教育教学全过程　开创我国高等教育事业发展新局面》，《人民日报》2016年12月9日。

人做事第一位的是崇德修身。他强调,"广大青年一定要坚定理想信念。'功崇惟志,业广惟勤。'理想指引人生方向,信念决定事业成败。没有理想信念,就会导致精神上'缺钙'。中国梦是全国各族人民的共同理想,也是青年一代应该牢固树立的远大理想。中国特色社会主义是我们党带领人民历经千辛万苦找到的实现中国梦的正确道路,也是广大青年应该牢固确立的人生信念。广大青年要坚持用邓小平理论、'三个代表'重要思想、科学发展观武装头脑,把理想信念建立在对科学理论的理性认同上,建立在对历史规律的正确认识上,建立在对基本国情的准确把握上,不断增强道路自信、理论自信、制度自信,增强对坚持党的领导的信念,永远紧跟党高高举起中国特色社会主义伟大旗帜。"① 这一目标的实现,离不开高校思想政治教育的努力。

立德树人,树的应该是德智体美全面发展的建设者和接班人。立足培养全面发展的社会主义建设者和接班人这一根本目标,就必须在坚持德育为先的同时,促进青年学生的德智体美全面发展、健康成长,并着力提高学生服务国家、服务人民的社会责任感,勇于探索的创新精神和善于解决问题的实践能力。习近平同志指出:"广大青年一定要练就过硬本领。学习是成长进步的阶梯,实践是提高本领的途径。"② "广大青年要坚持面向现代化、面向世界、面向未来,增强知识更新的紧迫感,如饥似渴学习,既扎实打牢基础知识又及时更新知识,既刻苦钻研理论又积极掌握技能,不断提高与时代发展和事业要求相适应的素质和能力。"③ 坚持立德树人,就是全面加强和改进德育、智育、体育、美育,坚持文化知识学习与思想品德修养的统一、理论学习与社会实践的统一、全面发展与个性发展的统一。

---

① 习近平:《在同各界优秀青年代表座谈时的讲话》,《人民日报》2013 年 5 月 5 日。
② 习近平:《在同各界优秀青年代表座谈时的讲话》,《人民日报》2013 年 5 月 5 日。
③ 习近平:《在同各界优秀青年代表座谈时的讲话》,《人民日报》2013 年 5 月 5 日。

二、高校思想政治教育事关国家意识形态安全

自觉服从、服务于意识形态工作大局是思想政治教育理论研究和实践工作的首要使命和中心任务。习近平同志在全国宣传思想工作会议上强调,"意识形态工作是党的一项极端重要的工作"①。是否能够做好意识形态工作,事关党的前途命运,事关国家长治久安,事关民族凝聚力和向心力。这一论断指明了意识形态工作的根本性、战略性和全局性意义。新形势下,要做好意识形态工作,思想政治教育是不容忽视的关键环节。

改革开放以来,我们党始终坚持以经济建设为中心,大力发展生产力,不断改善人民生活,不断提高综合国力,取得了举世瞩目的经济发展成就。但经济建设工作做好了,并不意味着国家富强、民族振兴就实现了,人民的美好生活就达成了。习近平同志指出,"实现我们的发展目标,不仅要在物质上强大起来,而且要在精神上强大起来"②。也就是说,只有国家和社会的物质力量和精神力量同步提升,物质文明和精神文明协同推进,人民群众的物质生活水平和精神生活质量同步改善,中华民族伟大复兴的中国梦才能顺利实现。

思想政治教育担负着巩固马克思主义在意识形态领域的指导地位,巩固全党全国人民团结奋斗的共同思想基础的重要责任。面对重大政治原则和大是大非问题,思想政治教育工作必须旗帜鲜明、态度坚定,敢于亮剑、敢于担当,牢牢掌握住思想政治教育工作的主动权、话语权、领导权、管理权,做到"守土有责、守土负责、守土尽责"。③

三、思想政治教育是维护高校稳定和沿着正确方向发展的重要保证

习近平同志强调:"我国有独特的历史、独特的文化、独特的国情,

---

① 《习近平在全国宣传思想工作会议上强调胸怀大局 把握大势 着眼大事 努力把宣传思想工作做得更好》,《人民日报》2013年8月21日。
② 习近平:《在同全国劳动模范代表座谈时的讲话》,《人民日报》2013年4月29日。
③ 《习近平在全国宣传思想工作会议上强调胸怀大局 把握大势 着眼大事 努力把宣传思想工作做得更好》,《人民日报》2013年8月21日。

决定了我国必须走自己的高等教育发展道路,扎实办好中国特色社会主义高校。我国高等教育发展方向要同我国发展的现实目标和未来方向紧密联系在一起,为人民服务,为中国共产党治国理政服务,为巩固和发展中国特色社会主义制度服务,为改革开放和社会主义现代化建设服务。"①

学习研究宣传马克思主义、培养中国特色社会主义事业建设者和接班人,是中国特色社会主义大学的历史使命和时代职责。这一使命和职责的实现,离不开思想政治教育。一方面是把坚持以马克思主义为指导作为构建中国特色哲学社会科学的根本遵循,解决好真懂真信、为什么人和怎么用的问题,推动高校率先成为马克思主义学习、研究、宣传的重要阵地;另一方面是进一步加强和改进思想政治教育工作,坚持以马克思主义为指导,全面贯彻党的教育方针,帮助学生掌握科学的世界观和方法论,用社会主义核心价值观教育学生,为他们的一生成长奠定良好的思想基础。只有培养更多拥有高端专业技能的忠诚而坚定的马克思主义信仰者、实践者、传播者、维护者,才能保证中国高校的社会主义方向。

高校稳定是建立和谐社会的重要内容和前提保证,是社会稳定的"风向标"。高校思想政治教育是维护高校稳定的重要手段。高校稳定首先是思想稳定和政治上的安定团结,因此,思想政治教育不可或缺。在安全稳定工作预防阶段,思想政治教育可以起到引领作用,将各种不稳定因素消灭在萌芽状态;在突发安全状况时,思想政治教育工作者可以通过多种途径了解、掌握和扩散事件真相,采取多种措施稳定人心、控制局面;后期,思想政治教育还可以发挥心理安抚和心理重建功能,配合做好后续工作。总之,思想政治教育对高校安全稳定具有重要的稳定器作用。正如习近平同志在全国高校思想政治工作会议上所强调的:"要坚持不懈促进高校和谐稳定,培育理性平和的健康心态,加强人文

---

① 《习近平在全国高校思想政治工作会议上强调把思想政治工作贯穿教育教学全过程　开创我国高等教育事业发展新局面》,《人民日报》2016年12月9日。

关怀和心理疏导，把高校建设成为安定团结的模范之地。"①

第二节　奠定青年学生人生成长发展的科学思想基础

习近平同志在全国高校思想政治工作会议上提出，要教育引导学生正确认识世界和中国发展大势，正确认识中国特色和国际比较，正确认识时代责任和历史使命，正确认识远大抱负和脚踏实地。这四个"正确认识"对如何奠定青年学生的思想基础这一命题作出了创造性回答，是新形势下开展思想政治教育必须把握好的重要切入点。

一、四个"正确认识"是有机统一整体

四个"正确认识"是一个有机整体。其中，正确认识世界和中国发展大势，也就是要从我们党探索中国特色社会主义历史发展和伟大实践中，认识和把握人类社会发展的历史必然性，认识和把握中国特色社会主义的历史必然性，不断树立为共产主义远大理想和中国特色社会主义共同理想而奋斗的信念和信心，这是从坚定理想信念层面提出的总要求，是主旋律、总基调。正确认识中国特色和国际比较，全面客观认识当代中国、看待外部世界，是要求从中国同世界关系的横向坐标来找准定位，既要认清楚特殊的历史、特殊的文化、特殊的国情形成了中国特色，又要密切关注国际形势发展变化，具备宽广的世界视野。正确认识时代责任和历史使命，就是用中国梦激扬青春梦，为学生点亮理想的灯、照亮前行的路，激励学生自觉把个人的理想追求融入国家和民族的事业中，勇做走在时代前列的奋进者、开拓者，这就要求从历史与现实的纵向坐标来找准定位，既要了解中国社会发展的历史逻辑，认清中国特色社会主义从何而来，也要了解国家和个人的时代责任，自觉担负起

---

① 《习近平在全国高校思想政治工作会议上强调把思想政治工作贯穿教育教学全过程　开创我国高等教育事业发展新局面》，《人民日报》2016年12月9日。

时代赋予的责任。正确认识远大抱负和脚踏实地,就是要珍惜韶华、脚踏实地,把远大抱负落实到实际行动中,让勤奋学习成为青春飞扬的动力,让增长本领成为青春搏击的能量,这是从思想与行动的关系维度要求大学生把理想信念与实际行动结合起来。

四个"正确认识"的提出具有鲜明的现实意义。当前,我国处于经济社会发展的关键时期,在很多方面已经接近甚至超过国际一流水平,同时也还存在很多问题。在这样的背景下,我们更要清醒地认识中国与世界的关系以及中国在世界上的位置。习近平同志强调四个"正确认识"就是要强调,既不妄自菲薄,也不妄自尊大,在国际性的比较视野中看清中国的发展态势和方向,更加明确我们的历史责任和奋斗目标,朝着有利于我们的发展方向和目标努力。要使广大青年学生认识到,我们的远大抱负不是一种空想、幻想,而是建立在我国若干年发展中已经产生的坚实基础之上,要把远大抱负落实在行动上,以脚踏实地、拼搏创新的精神开拓未来。

二、四个"正确认识"是做好当前思想政治教育工作的重要切入点

高校思想政治教育只有从四个"正确认识"切入,才能真正达到"不断提高学生思想水平、政治觉悟、道德品质、文化素养"的目的。这是因为,帮助大学生正确认识当代中国大局和把握未来发展大势,必须首先提供科学的世界观和方法论,尤其是辩证的理论思维和科学的价值导向。

最根本的是坚持马克思主义的指导。马克思主义深刻揭示了自然界、人类社会、人类思维发展的普遍规律,为人类社会发展进步指明了方向;马克思主义坚持实现人民解放、维护人民利益的立场,以实现人的自由而全面的发展和全人类解放为己任,反映了人类对理想社会的美好憧憬;马克思主义揭示了事物的本质、内在联系及发展规律,是"伟大的认识工具",是人们观察世界、分析问题的有力思想武器;马克思主义具有鲜明的实践品格,不仅致力于科学"解释世界",而且致力于积极"改变世界"。在人类世界史上,还没有一种理论像马克思主义那样对人类文明进步产生了如此广泛而巨大的影响。在革命、建设、改革各个历史时期,我们党始终坚持马克思主义基本原理同中国具体实际相结合,运用马克思主义立场、观点、方法研究解决各种重大理论和实践问题,不断推进马克思主义中国化,产生了毛泽东思想、邓小平理论、"三个代表"重要思想、科学发展观等重大成果,指导党和人民取得了新民主主义革命、社会主义革命和社会主义建设、改革开放的伟大成就。在我国,不坚持以马克思主义为指导,就会失去灵魂、迷失方向。只有坚持不懈传播马克思主义科学理论,抓好马克思主义理论教育,才能为学生一生成长奠定科学的思想基础。

关键是要用好课堂教学这个主渠道。习近平同志强调:"要用好课堂教学这个主渠道,思想政治理论课要坚持在改进中加强,提升思想政治教育亲和力和针对性,满足学生成长发展需求和期待,其他各门课也都要守好一段渠、种好责任田,使各类课程与思想政治理论课同向同行,形成协同效应。"① 高校哲学社会科学有重要的育人功能,要面向全体学生,帮助学生形成正确的世界观、人生观、价值观,提高道德修养和精神境界,养成科学思维习惯,促进身心和人格健康发展。要加快构建中国特色哲学社会科学学科体系,建立科学权威、公开透明的哲学社会科学成果评价体系,努力构建全方位、全领域、全要素的哲学社会科学体系。要继续实施好马克思主义理论研究和建设工程,抓好教材体系建设,推出更多高水平教材,形成适应中国特色社会主义发展要求、立足国际学术前沿、门类齐全的哲学社会科学教材体系。在教材编写、推广、使用上要注重体制机制创新,调动学者、学校、出版机构等方面积极性,共同做好这项工作。②

---

① 《习近平在全国高校思想政治工作会议上强调把思想政治工作贯穿教育教学全过程 开创我国高等教育事业发展新局面》,《人民日报》2016年12月9日。
② 习近平:《在哲学社会科学工作座谈会上的讲话》,《人民日报》2016年5月18日。

第十七章　推动高校思想政治教育迈上新高度

第三节　推动形成思想政治教育的工作合力

习近平同志强调:"各级党委要把高校思想政治工作摆在重要位置,加强领导和指导,形成党委统一领导、各部门各方面齐抓共管的工作格局。"① 马克思主义关于人的发展、社会发展以及教育的全面性、协调性理论告诉我们:一切历史事件的发生,都是由各种各样的原因造成的,各种原因或各种力量互相作用、互相影响,共同促进事物的发生、发展。这种互相作用的结果,总是体现在各种活动的互相作用的合力里面。要促进人的全面发展,必须从各个方面满足人的需要,实施全面教育,形成教育合力。习近平同志的相关论述体现了马克思主义理论与思想政治教育工作实际的具体结合,从领导架构和工作格局等方面,为形成思想政治教育合力、提升思想政治教育实效性指明了努力方向,对各级党委和高校思想政治教育工作者提出了明确要求。

一、要始终坚持党委统一领导

习近平同志指出:"办好我国高等教育,必须坚持党的领导,牢牢掌握党对高校工作的领导权,使高校成为坚持党的领导的坚强阵地。"② 他要求"高校党委对学校工作实行全面领导,承担管党治党、办学治校主体责任,把方向、管大局、作决策、保落实"③。"各地党委书记和各有关部门党组书记要多到高校走走,多同师生接触,多次去高校作报告,回答师生关注的理论和现实问题。要加强同高校知识分子的联系,

---

① 《习近平在全国高校思想政治工作会议上强调把思想政治工作贯穿教育教学全过程　开创我国高等教育事业发展新局面》,《人民日报》2016年12月9日。
② 《习近平在全国高校思想政治工作会议上强调把思想政治工作贯穿教育教学全过程　开创我国高等教育事业发展新局面》,《人民日报》2016年12月9日。
③ 《习近平在全国高校思想政治工作会议上强调把思想政治工作贯穿教育教学全过程　开创我国高等教育事业发展新局面》,《人民日报》2016年12月9日。

多关心、多交流、多鼓励，善交朋友、广交朋友、深交朋友，多听他们的意见，真听他们的意见。"① 党委要保证高校正确办学方向，掌握高校思想政治工作主导权，保证高校始终成为培养社会主义事业建设者和接班人的坚强阵地。

党委领导下的校长负责制是中国特色社会主义大学制度的核心内容，是党对高校领导的充分体现。党委领导下的校长负责制是一个不可分割的有机整体，必须坚持党委的领导核心地位，保证校长依法行使职权，建立健全党委统一领导、党政分工合作、协调运行的工作机制。要合理确定领导班子成员分工，明确工作职责。领导班子成员要认真执行集体决定，按照分工积极主动开展工作。党委书记和校长要树立政治意识、大局意识，相互信任，加强团结。

基层组织是党的生命力、凝聚力、战斗力与创造力的不竭源泉。高校基层党组织要立场坚定、旗帜鲜明地坚持社会主义办学方向，坚持马克思主义的指导地位，通过参与决策、宣传发动、组织实施和保证监督等工作环节，在实践中不断增强贯彻执行党的路线、方针、政策的自觉性和坚定性，在规范办学行为、保持学校稳定、办好让人民满意的高等教育上下功夫，把党组织的作用贯穿于教学、科研、管理和人才培养活动的全过程，有机渗透和融合到各项工作中。

切实把党要管党、从严治党落到实处，才能为办好中国特色社会主义大学提供源源不断的强大精神动力。高校各级党委要大力加强领导班子和领导干部纪律和规矩建设，出台相关实施办法，细化责任内容。要用好巡视"利剑"，加大对重点领域和关键环节的监督检查，建立巡视问题整改和线索处置情况考核评价制度，坚定不移惩治腐败，把全面从严治党落到实处。

---

① 《习近平在全国高校思想政治工作会议上强调把思想政治工作贯穿教育教学全过程　开创我国高等教育事业发展新局面》，《人民日报》2016 年 12 月 9 日。

二、切实加强高校思想政治教育工作队伍建设

习近平同志指出,长期以来,高校思想政治工作队伍兢兢业业、甘于奉献、奋发有为,为高等教育事业发展作出了重要贡献。要拓展选拔视野,抓好教育培训,强化实践锻炼,健全激励机制,整体推进高校党政干部和共青团干部、思想政治理论课教师和哲学社会科学教师、辅导员班主任和心理咨询教师等队伍建设,保证这支队伍后继有人、源源不断。①

教师是人类灵魂的工程师,承担着神圣使命。传道者自己首先要明道、信道。高校教师要坚持教育者先受教育,努力成为先进思想文化的传播者、党执政的坚定支持者,更好担起学生健康成长指导者和引路人的责任。要加强师德师风建设,坚持教书和育人相统一,坚持言传和身教相统一,坚持潜心问道和关注社会相统一,坚持学术自由和学术规范相统一,引导广大教师以德立身、以德立学、以德施教。做好教师,要有理想信念,要做中国特色社会主义共同理想和中华民族伟大复兴中国梦的积极传播者,帮助学生筑梦、追梦、圆梦,让一代又一代年轻人都成为实现我们民族梦想的正能量;做好教师,要有道德情操,要有"捧着一颗心来,不带半根草去"的奉献精神,自觉坚守精神家园、坚守人格底线,带头弘扬社会主义道德和中华传统美德,以自己的模范行为影响和带动学生;做好教师,要有扎实学识,不仅要有胜任教学的专业知识,还要有广博的通用知识和宽阔的胸怀视野,要具备学习、处世、生活、育人多方面的智慧,既授人以鱼,又授人以渔,能够在各个方面给学生以帮助和指导;做好教师,要有仁爱之心,把自己的温暖和情感倾注到每一个学生身上,用欣赏增强学生的信心,用信任树立学生的自尊,让每一个学生都健康成长,让每一个学生都享受成功的喜悦,要把教书育人、立德树人的责任体现到平凡、普通、细微的教学管理之中。②

---

① 《习近平在全国高校思想政治工作会议上强调把思想政治工作贯穿教育教学全过程 开创我国高等教育事业发展新局面》,《人民日报》2016年12月9日。
② 习近平:《做党和人民满意的好老师——同北京师范大学师生代表座谈时的讲话》,《人民日报》2014年9月10日。

辅导员是开展大学生思想政治教育的骨干力量，是高校学生日常思想政治教育和管理工作的组织者、实施者和指导者。高校要严格按照《普通高等学校辅导员队伍建设规定》要求，按照比例设置本、专科生一线专职辅导员岗位，根据实际情况按比例配备研究生辅导员，严格按照标准选拔高校辅导员。应根据辅导员职业能力标准的要求，结合各校实际，坚持工作实绩、科学研究能力和研究成果相结合的原则，制定专门的辅导员评聘教师职务的具体条件，单列指标，单独评审，突出其从事学生工作的特点。要加强和完善辅导员培训体系建设，建立国家、省级和高校三级辅导员培训体系，通过培训提高辅导员的思想理论水平和业务工作能力。积极选拔优秀辅导员参加国内国际交流、考察和进修深造。支持辅导员在做好大学生思想政治教育工作的基础上攻读相关专业学位，鼓励和支持专职辅导员立足本职岗位，走专业化发展道路，成为思想政治教育工作方面的专门人才。要把辅导员队伍作为学校党政干部队伍的后备人才库，加强辅导员政治培养和基层实践锻炼，在保证学生工作队伍相对稳定、专业化水平不断提高的基础上，有计划地向校内管理工作岗位选派或向地方组织部门推荐优秀辅导员。各高等学校要根据辅导员职业能力标准，制定辅导员工作考核的具体办法，健全辅导员队伍的考核和奖惩体系。

三、创新高校思想政治教育工作机制

习近平同志指出："做好高校思想政治工作，要因事而化、因时而进、因势而新。要遵循思想政治工作规律，遵循教书育人规律，遵循学生成长规律，不断提高工作能力和水平"。[①] 这是对高校思想政治教育工作的规律性认识和科学性把握，为开展高校思想政治教育工作提出了明确要求。因事而化、因时而进、因势而新，遵循规律，是提高工作科学化水平的根本要求。

---

① 《习近平在全国高校思想政治工作会议上强调把思想政治工作贯穿教育教学全过程　开创我国高等教育事业发展新局面》，《人民日报》2016年12月9日。

首先，要更加注重思想政治教育的创新发展。思想政治教育作为一门研究人的思想形成和变化的规律，并指导人形成正确思想、行为的科学，要紧跟时代发展的步伐，密切关注人才培养过程中的规律性、前沿性问题，以问题为导向推进自身的创新发展。要将思想政治教育放在教育现代化进程、网络时代宏观背景中统筹谋划，在学科建设视野下系统设计、全面推进。社会总是处在一个不断发展、不断变革的过程之中，要保证思想政治教育始终能够适应社会的发展、满足社会的需要，其内容就必须不断更新、不断发展，并形成一套完整的现代化的知识体系。在教育现代化这个动态发展的历史过程中，思想政治教育内容的现代化既要做到继承与弘扬中华民族优秀的文化传统，又要吸收人类文明发展的一切优秀成果，大胆借鉴发达国家教育工作的先进经验；还要根据国情、社情的变化，及时、合理地作出调整，进而推动具有中国特色的思想政治教育创新发展。

其次，要在创新高校思想政治理论课教学模式的同时，使各类课程与思想政治理论课同向同行，形成协同效应，构建课堂育人合力。创新高校思想政治理论课教学模式，不能只是机械地执行"规定动作"，更应发挥主观能动性设计配套"自选动作"，才能让理论与实践更紧密结合，也更能激发课堂教学的活力。要通过挖掘其他课程的育人功能，使高校思想政治理论课与其他课程的同向同行、同构共建、协同合作，实现教育效果最大化。

再次，要积极运用新媒体新技术，构建媒介育人合力。在当今信息化时代，各个领域飞速发展的科学技术为思想政治教育方法的现代化提供了可能。例如，教育者可以利用微博、微信等全方位覆盖的社交手段来对受教育者进行润物细无声的影响；教育者可以利用移动媒体、电子书等新型媒介来提升思想政治教育活动的吸引力；教育者可以利用远程教育、网络平台等扩大思想政治教育活动的覆盖面；教育者还可以利用其他学科已经比较成熟的诸如社会调查、量化分析等方法来提高思想政治教育活动的有效性，等等。

最后，要建立健全统一领导、权责清晰、齐抓共管、分工明确、运转有序的工作机制，构建全员育人合力。要拓展选拔视野，抓好教育培训，强化实践锻炼，健全激励机制，整体推进高校党政干部和共青团干部、思想政治理论课教师和哲学社会科学课教师、辅导员、班主任和心理咨询教师等队伍建设，进一步明确政策导向、完善配套措施，吸引更多教师特别是优秀青年教师兼职从事学生教育管理服务工作。高校各职能处室机关干部和管理人员同样应当发挥好育人作用，要通过提高服务质量，用良好的工作形象、工作态度和工作作风参与到大学生思想政治教育过程中。

高校思想政治教育工作，是办好中国特色社会主义大学的重要保证，也是以习近平同志为核心的党中央治国理政新理念新思想新战略的重要议题。习近平同志关于高校思想政治教育的重要论述，从战略定位、思想基础、文化蕴涵和机制创新等多个方面，深刻回答了事关高校思想政治教育的一系列重大问题，构建起了中国特色社会主义高校思想政治教育的理论和实践体系，具有很强的政治性、思想性和针对性，是指导做好新形势下高校思想政治教育工作的纲领性文献，对于办好中国特色社会主义大学、推进党和国家事业发展，具有十分重要的意义。高校思想政治工作者要深刻理解重要论述的理论蕴涵，并自觉用这一论述精神指导理论研究和实践工作，满怀信心，把握机遇，迎接挑战，把高校思想政治教育工作推向新的高度。

后　记

完成书稿既有内心的满足和喜悦，同时也有许多难以言说的感受。自己深知，研究之路还很漫长。本书主要是在近年研究心得基础上整理提炼而成，它的基础是陆续发表的系列论文，也算是一个回顾和总结。在当初论文写作时，自己力求对思想政治工作从理论到实践进行全方位的观照，并注意结合对习近平总书记关于思想政治工作系列论述的学习贯彻，使之形成与时俱进的风格。思想政治教育工作蕴涵着丰富的时代内涵、复杂的系统构造、多元的实践主体，对思想政治教育的探索是没有止境的，需要从理论到实践不断体悟与总结，加深对思想政治教育内在规律的认识和把握。研究和探索思想政治教育发展的内生动力的初衷和出发点也正在于此。

本书各章节的设计力求尽量保持已发表论文的全貌和相对独立性，同时也做了一些适度加工，注意体现各章节之间的内在联系。导论部分回顾了十余年来高校思想政治教育工作发展的轨迹和特点。各章主要从思想政治教育政策设计、原则把握、内容发展、路径拓展、方法创新、队伍建设等方面进行梳理研究，尽可能反映当时实践进程的原貌。

感谢学界同仁多年来对本人的关心，感谢人民出版社对本书出版的大力支持。

冯　刚

2017 年 5 月

责任编辑:吴广庆
封面设计:徐　晖

图书在版编目(CIP)数据

探索思想政治教育发展的内生动力/冯刚 著. —北京:人民出版社,2017.10
　(2019.1 重印)
ISBN 978-7-01-018272-8

Ⅰ.①探…　Ⅱ.①冯…　Ⅲ.①高等学校–思想政治教育–研究–中国
　Ⅳ.①G641

中国版本图书馆 CIP 数据核字(2017)第 233210 号

探索思想政治教育发展的内生动力
TANSUO SIXIANG ZHENGZHI JIAOYU FAZHAN DE NEISHENG DONGLI

冯　刚　著

人民出版社 出版发行
(100706　北京市东城区隆福寺街99号)

环球东方(北京)印务有限公司印刷　新华书店经销
2017年10月第1版　2019年1月北京第2次印刷
开本:710毫米×1000毫米 1/16　印张:20
字数:290千字

ISBN 978-7-01-018272-8　定价:68.00 元

邮购地址 100706　北京市东城区隆福寺街99号
人民东方图书销售中心　电话 (010)65250042　65289539

版权所有·侵权必究
凡购买本社图书,如有印制质量问题,我社负责调换。
服务电话:(010)65250042